丰安文理

浦江县社会科学界联合会 编

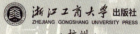
浙江工商大学 出版社
ZHEJIANG GONGSHANG UNIVERSITY PRESS
·杭州·

图书在版编目（CIP）数据

丰安文理 / 浦江县社会科学界联合会编． -- 杭州：
浙江工商大学出版社，2025．5． -- ISBN 978-7-5178
-6544-5

Ⅰ．C53

中国国家版本馆 CIP 数据核字第 2025VN4686 号

丰安文理
FENG'AN WEN LI

浦江县社会科学界联合会 编

策划编辑	任晓燕
责任编辑	熊静文
封面设计	池卓轩
责任校对	都青青
责任印制	屈 皓
出版发行	浙江工商大学出版社
	（杭州市教工路 198 号　邮政编码 310012）
	（E-mail：zjgsupress@163.com）
	（网址：http://www.zjgsupress.com）
	电话：0571-88904980，88831806（传真）
排　版	大千时代（杭州）文化传媒有限公司
印　刷	杭州捷派印务有限公司
开　本	710 mm×1000 mm　1/16
印　张	20.75
字　数	269 千
版印次	2025 年 5 月第 1 版　2025 年 5 月第 1 次印刷
书　号	ISBN 978-7-5178-6544-5
定　价	96.00 元

编委会

序

一万年前的那个时代，浦阳江畔的先民播下稻作文明的种子，翻开了新的篇章。

一千年前，白麟溪畔的郑氏家族，开始谱写"江南第一家"十五世同居共食的孝义家风，被中外史学家誉为中国封建社会以儒治家的典范。

数百年来，浦江书画名家辈出，成就了书画兴盛地的美名。

"涛落浙江秋，沙明浦阳月。"山川、溪泉、村落，历史、非遗、习俗……独特的人文地理环境，造就了浦江独特的文化气质和基因。

文以载道，成风化人。2023年1月3日起，中共浦江县委宣传部、浦江县社科联每周在潮新闻客户端及《今日浦江》同步推出《丰安文理》人文社科专栏。该专栏汇集了众多学者的最新研究文章，努力通过筑牢浦江优秀传统文化的"根"与"魂"，讲好丰安故事，探究当下意义，彰显人文魅力。

《丰安文理》正是这个专栏文章的汇编。作为地方历史文化研究成果集萃，这本书中的四十六篇文章都是对生活在这片土地上的人们最真切的写照，共同绘就了浦江文化的绚丽画卷。它让我们回望浦江的过去，感悟先辈的智慧与勤劳；它让我们审视当下，思考如何更好地保护和传承这片土地上的珍贵文化遗产；它也让我们展望未来，激励我们以更加饱满的热情和创新的精神，为浦江的文化建设添砖加瓦。

习近平总书记说："对历史最好的继承就是创造新的历史。"我们坚信，浦江的历史文化必将在新时代绽放出更为璀璨的光芒，为建设中华民族现代文明奉献出独特、坚实的力量。

方渊　中共浦江县委常委、宣传部部长

2025 年 1 月

目 录

179　百年书画

昭昭
史迹

回忆与期待：上山随想

蒋乐平

浙江省文物考古研究所研究员，跨湖桥文化和上山文化主要发现者、发掘者。

考古人书写历史的自豪感是由衷的。有句话通俗易懂：一部人类历史，百分之九十九是由考古人写就。

对于无限追求精神生活的人类而言，时间无疑是生存维度中的重要一维。推开历史的窗口向远古凝视，恰如登上礁石眺望无垠大海，那是思想放飞所需要的空间。

上山遗址发现于浦阳江流域的考古专题调查中。故事要从 2000 年 9 月 21 日说起。

那天，我乘坐从诸暨开往浦江的公交车，在浦郑公路一个叫李源的地方下车，与时任浦江县博物馆馆长芮顺淦会合。之前，芮顺淦在电话中介绍了莗塘山背遗址的位置，我们相约于此。步行约一千五百米，我们来到黄宅镇渠南村。

村南头的道路边立着一块"莗塘山背新石器时代遗址"保护石碑。我第一次见识这个奇怪的"莗"字——字典上找不到，浦江乡音近"括"，意为"不直"。村子中间，有几个水

盏塘山背遗址考古发掘现场　张雪松摄

塘，弯弯曲曲，似连非连，因称"盏塘"。

在地图上查看，这里正处在一个地瓜状小盆地的中心位置。浦阳江发源于西境的天灵岩，在龙门山脉的北山和南山之间从西南向东北穿过，沿途有大小支流汇入，形成半封闭的浦江盆地。盆地之中分布着一些低矮起伏的土丘。这些土丘由下蜀黄土、网纹红土堆积而成，属风成土，在数万年前的晚更新世，由遥远的黄土高原"吹"到这里。随着全新世的到来，不断升高的气温融化了龙门山脉的冰雪。冲决而出的溪流，在不断冲刷两岸土地的同时，也重塑了浦江盆地的地貌。因水土下切而彼此分割的土丘，造就了地质学家眼中的二级台地。冠名为"宅"的一个个大小村落，就坐落在这些二级台地上。恣肆于台地两侧的大小溪流，在无约束的泛滥改道和人类的活动过程中，大多废湮淤塞。賫塘，正是这一变迁中的遗迹。

考古调查从賫塘开始，可谓找准了历史的脉络。正是这条行将消失的古河道，引导我们走向了上山的万年之路。

2000 年 9 月 22 日，我带着技工张海真和胡少波正式进点渠南村。在浦江县博物馆老方的协调下，住在村支书周来水家。工作的第一步，是在遗址保护碑南侧的葡萄园进行探掘，但并未有所发现。第二个试掘坑转移到村口的道路边，我们终于发现了文化层。出土陶片虽然十分破碎，但还是能够辨认出鱼鳍形鼎足，具有良渚文化特征。由于遗址被村庄挤占，没有进一步工作的余地，对这一县级文物保护单位原定位置的调查也告结束。接着，考古调查队按既定的方案，在遗址的周边展开调查。

賫塘的西边有一辟为耕地的土丘，约四五亩，高出周边的水田一米多。时值秋季，土丘上生长着油菜、萝卜、甘蔗、番薯、荞麦等植物。我们向村民赔偿了青苗费，就在中部位置布了一个一平方米的小探坑。

两天后，张海真打来电话，告知在探坑里发现了一件完整的陶鼎。我怀疑有墓葬，就赶紧从诸暨赶到现场。经过小心清理，除陶鼎外，我们又陆续发现了陶罐、陶豆等器物，均具有良渚文化特征。由于探坑太小，我们无法确定墓葬的边界，就当即进行扩方发掘，终于确认了一座长方形的墓穴。

这一发现让人又惊又喜：区区一平方米范围内居然"网"到了一座墓葬，是否表明这里存在着一个密集的埋葬区？当时浙江考古界对良渚文化的范围是否过钱塘江尚有争论，如果在这里找到了良渚文化时期的墓地，不就可以有助于解答这个问题？

这可是个重要发现！

一时间，我把考古调查队主要人马都调到了賫塘山背，扩大面积探掘，不久又发现了十座墓葬，确定这里有一个良渚文化时期的墓地。从分布看，遗址区在賫塘的东边，墓葬区在賫塘的西边。如果这就是当初的布局，那么，眚塘所属的古河道，至少在距今四千年前就已经存在。良渚时期的先民们临水而居，将墓地营筑在水的另一方，呈现一种有特色的聚落模式。

墓地的发现让我们信心大增。由于类似土丘在周边还有分布，我们决定扩大调查范围。第一目标即村庄北部的一个土丘。

在土丘西侧，我们简单布了一个小探坑，居然又挖到了新石器文化遗存。2000 年 11 月 15 日，负责探掘的郑建明在探坑里将一片夹炭红衣陶片递给我看，陶片特征与眚塘山背随葬陶器完全不同，勉强可以与同样存在夹炭陶器的河姆渡文化相比较。遗址的年代，也就暂定为距今六七千年。

日记里，我一度将这个遗址称为"山背遗址"。后来明白靠近遗址的自然村不是山背村，才觉不妥——这就是后来改名的"上山遗址"。

至此，浦江的考古调查告一段落，成果可谓巨大。应当承认，当时我们并没有特别重视上山遗址。眚塘山背良渚文化时期墓地的发现，才是第一位的。

在芮顺淦的支持下，考古调查队开始酝酿 2001 年的发掘，并获得省考古所刘军所长的同意。填报发掘申请时，考虑到国家文物局不会批准同时发掘两个遗址，我便将上山遗址归入了眚塘山背遗址，叫作"北区"。但发掘结束后，文化面貌的特殊性得到更清晰的呈现，方觉得应该独立出来，单独命名。那么，给遗址取个什么名字呢？我觉得应该以遗址所在的土丘命名，但查访再三，该土丘居然没有名字。村支书老周看我为难，就介绍了西北不远处一个地方的名字"上山堰"，那就将就着叫吧！但感觉"上山堰"不适合用来称呼一个史前遗址，会让人联想起都江堰，于是就把"堰"字去掉，叫"上山遗址"。

当然，上山遗址的正式叫响，是在 2003 年年代测定之后了。这就是万年上山遗址的发现经过。

现在回过头来看，上山之名别有意味。记得严文明先生在一次会

建设前的上山遗址　张雪松摄

议上，打趣说浙江的遗址名很有内涵，从美丽小洲（良渚）出发，过一个渡口（河姆渡），跨一座桥（跨湖桥），最后上了山（上山），形象地呈现一条通向远古的诗意路径。

　　但我知道上山背后有个"上山堰"。我至今也没弄清楚"上山堰"在什么位置，似乎只是传说中的存在。部分村民甚至对这个由方言乡音翻译而来的地名的准确性抱有异议。有堰必有溪，必有河，但遗址的西边并没有河道啊？

　　在我的理解中，这条看不见的河流，可能就是蚩塘的延伸。上山遗址西侧断崖，明显受到河流的冲刷侵蚀，此处正处在蚩塘向北延伸的方向；我们在断崖底下打了一条探沟，农耕层下面都是沙滩地，这便是古河道的遗留。

　　这条古河道的形成年代晚于上山遗址，早于蚩塘山背遗址，后来逐渐淤塞湮灭，只剩下断续的菑塘。"上山堰"就存在于这条古河道的某个阶段……

这就是历史沧桑变迁。

2020 年秋，著名作家赵丽宏应浦江县委原常委、宣传部原部长徐利民和他的朋友们的邀约，来到浦江，参观了上山遗址。当我向他介绍了发现的经过后，这位爱好书法的诗人一挥而就，送我对联一副——"乐见上山万年堰，平生幸遇稻谷源"，不但将我的名字嵌入其中，而且用"万年堰"对上了"稻谷源"，使我第一次认真思考了"上山堰"意想不到的寓意。

稻之源离不开水之源。在稻主题尚没有赋予上山的 2001 年，冥冥之中，"堰"的灌溉意义已经为上山文化的终极价值埋下伏笔。

回沪后，赵丽宏写下了《寻访万年稻源》一文，刊发于《人民日报》，表达了对上山遗址发现意义的赞叹。这篇文章又被选入山东等地高考语文预考试卷，影响极大。这几年，为上山鼓呼的又何止赵丽宏。杂交水稻之父袁隆平题写"万年上山，世界稻源"；考古学泰斗严文明题写"远古中华第一村"；2021 年，上山遗址更被中国考古学会评为"百年百大考古发现"之一。谁又能想到，当年那不经意的一铲下去，竟然给人类的文明史写下了如此浓重的一笔！

于我而言，上山早已是一扇虚掩着的门，门里风景有所窥得，我也期待打开门后，门里风景能够得到公众的真正接纳与关注，但我一直羞羞答答于学术渊义的深不可测，不敢、实际上也不能堂堂正正将其展现于时代的聚光灯下，唯有以学术的坚持静待机缘。难得风云际会，上山终于有了一登山顶的机会，2022 年，"申遗"成了上山的目标。

在新的高度与背景下，如何认识上山？热心人士向我表达了忧虑，说社会上还是有人不理解、不看好。我以为重任主要在两拨人身上：一拨是考古学家，致力于将发掘与研究深入下去，从理论和实践上不断明晰上山稻作文化的起源模式，使得上山文化的"申遗"价值建立

建设后的上山考古遗址公园　赵黎摄

在更坚实的基础上；另一拨是敢抓敢担当又能够走到一线的领导干部，就如已故的徐利民，能够将考古学家发掘出来的这块"璞玉"保护好、宣传好、包装好，敢于将其置于聚光灯下接受检验。

稻作起源于中国，源头找到了上山。

幸运、责任与使命，也就落在了我们身上……

溯源万年：江南史前文化演进的一种观察

蒋乐平

浙江省文物考古研究所研究员，跨湖桥文化和上山文化主要发现者、发掘者。

打开李念主编、冯时等合著的《万年中国：中华文明的起源与形成》一书（以下简称《万年中国》），首先冲击我的还是"万年中国"四个字。

作为作者之一，我知道这本书的由来。近年文汇讲堂举办系列讲座，邀请全国十二名学者围绕重要考古发现探析中华文明的起源与形成问题，这本书是讲座内容的集成。虽是"集成"，但学术观念丝毫不敢含混。在诸位同人的努力下，一幅中华文明悠久灿烂的图景渐次铺展开来。

一个具有突破意义的概念

中华文明由"中华""文明"两词构成，但"文明"的解读长期受欧美既有学术定义的束缚，"文明三要素说"（冶金术、文字、城市）桎梏了文明定义的阐释与发展。"夏商周断代工程"试图在这一规范下确立夏文化的时间谱系与文明特质，但成果引起不少争议。"何以中国"成为热词，也可视为这一议题的延伸。但需注意的是，此处的"中国"，已打上中原青铜文明的烙印。

2019 年，良渚文化作为一个文明实体"申遗"成功，在某种意义上成为中华文明探源的一次思想解放。不但学术界找到了理解文明本质的新角度，而且"中国"一词被赋予了更为开阔的含义。我想，文汇讲堂的讲座以及现在看到的这本书，就是这一解放思想的产物。

说起来，在史前考古领域，"大中华"的观念早已深入人心。苏秉琦先生的"满天星斗"学说，通过"六大区系"划分并梳理史前文化，提出了中华文明"古国—方国—王国"的起源路径，其"超百万年的文化根系、上万年的文明起步"的著名论断，代表了中国考古学对全域性中华文明的认识与理解。严文明先生的"重瓣花朵"理论，既重视代表周边各区域文化的"花瓣"，又突出代表中原文明的"花心"，说明考古学家在重视大中华叙事的同时，没有忘记中原地区在"何以中国"形成过程中的特殊地位。但无论是六大区系中"重心"或"中心"的形成时间，还是"重瓣花朵"的成形年代，考古学家都强调距今六千年这一时段，即仰韶时代或略晚时期。

而这本书的突破点是推出八千年的文明概念，将起源时间大大提前。

说起文明起源，实际上，我们一开始就需要明晰一个关键问题——文明标准的判定。这个问题，在《万年中国》"序篇"陈胜前先生撰写的《由中国考古人自己揭示，中华文明如何"相变"》一文中，得到了充分的讨论。王巍先生为《万年中国》撰写的序言，则更明确地提出了判断进入文明社会的"中国方案"，即冲破国际上长期流行的"文明三要素说"的桎梏。正如陈胜前先生所言："从世界范围来看，文明都是以农业为基础的。中国是农业时代的幸运儿，世界上最适合农业发展的是温带区域，新大陆的农业出现比较晚，欧洲的温带区域为地中海占据，剩下的适合农业发展的地区就是西亚两河流域与中国的华北与长江中下游。中国有两个农业起源中心，北方的旱作和南方的稻作，这奠定了中华文明五千年不断绝的经济基础。"

由此，《万年中国》的整个框架，是近年坊间关于中国早期文明历史的相关作品里非常新颖独特的一种。这个框架，其实与业已启动二十余年的中华文明探源工程所取得的成果有着相当程度的一致性。中华文明探源工程将文明分成"起源"与"形成"两大阶段。具体而言，是距今万年奠基，距今八千年起源，距今六千年加速，距今五千多年进入文明社会，距今四千三百年中原崛起，距今四千年王朝建立，

上山考古遗址公园　吴拥军摄

距今三千年王权巩固，距今两千两百年统一多民族国家形成。相应地，《万年中国》除"序篇"外，分成"8000年：中华文明的起源""5000年：中华文明的形成""4000年：早期的国家与最初的王朝"三个部分。

历史学家姜义华教授在序言中写道："这部《万年中国》，通过对中国大地上诸多考古成果的深入分析，具体而生动地说明了商、周以前数千年间，也就是差不多一万年前这段时间中，生活在中国大地上的各族群的先民，如何以人的自觉共同缔造了具有鲜明独特性格的中华农耕文明、游牧文明以及山林农牧文明，为中华文明在新的历史阶段的生长奠定了坚实的基础。"

在《万年中国》里，我们可以在万年的时间尺度里，看到农耕文明的诞生和发展，看到北方的旱作和南方的稻作的交融——万年前的浙江金衢盆地，诞生了以上山遗址为代表的农业文明，我们的祖先告别了旧石器时代延续下来的穴居生活，来到旷野上，开启了农耕和聚落定居的时代。随着时代的发展、环境的变化，农业文明逐渐走出河谷盆地，沿着钱塘江来到河口湿地，继而北上过江，来到太湖平原，最终形成良渚文明，建立起庞大的城池和完善的社会组织。此时，随着北方黄河中下游中原文明的兴起，南北文明沟通、征伐、交流，最终形成完整、统一的中华文明，传续至今。

以万年为尺度，我们可以更清晰地看到中华文明的统一性有着深广的史前文明背景，更有着久远的农业文明所奠定的坚实基础。

一个距今万年的食稻族群

我在《万年中国》一书中的文章，题为《万年上山，世界稻作文化起源地》。文章突破了八千年文明起源的时空框架，梳理了上山文化这一中国稻作农业典型，并在此基础上进一步提出其作为中华文明

"万年样本"的概念。

起初，当我了解到最后成稿的书直接以"万年中国"为名时，我略感吃惊。吃惊之余，除了些许压力还有微微的兴奋。这是因为，《万年中国》全书中涉及"万年"这一时间概念的遗址只有上山。这一远离中原、僻处钱塘江流域的远古遗址，如何承担起代表"万年中国"的特殊使命？似乎我这个上山文化的发掘者有责任去解释。这实际上是我力所不逮的事，但此时此刻，对于我们为之奔忙了二十余年的上山，我委实有了一种想说几句的欲望。

上山遗址，位于浙江省金华市浦江县。2000 年，经研究发现，上山遗址早期文化层碳 -14 年代测定距今有一万多年，这在当时可谓石破天惊的发现，将拥有跨湖桥、河姆渡、良渚的浙江及长江下游地区的史前文化史足足提前了两千年。但这只是开始，经过二十多年的野外考察，类似上山的遗址已经发现二十多处。这些遗址面积大多达到数万平方米，分布在钱塘江上游支流两岸的台地上，被认定为东亚地区年代最早、分布最集中、规模最大的早期新石器时代遗址群。这些遗存、遗址，被共同命名为上山文化遗址。

为什么钱塘江流域在那个年代能够诞生如此规模的遗址群？答案是，这个被命名为上山文化时期的远古人群，可能是这个世界上最早食用稻米的族群。有了粮食保障，他们选择了定居的生活方式。有了生存繁衍的基本条件，亚洲东部最早的村落逐渐在钱塘江地区散布开来。上山遗址被严文明先生称为"远古中华第一村"。

为什么这个族群能够获得稳定的食物供给？答案是他们不但利用了稻米作为粮食的自然属性，而且开发了水稻栽培与种植技术。他们可能是这个世界上最早学会耕种和收获稻米的族群。这可不是一件简单的事。准确地说，人类文明史上的第一场革命——农业革命，在这里悄悄地发生了。起码在东亚的稻作文化区，上山文化可能主导了这场革命。

上山遗址出土的炭化稻米　金华市上山文化遗址管理中心供图

　　这是有依据的。在上山文化遗存中，我们找到了水稻栽培、水稻收割、水稻脱壳、水稻食用的证据。比如，通过对小穗轴落粒形态、细胞植硅体、米粒长宽比等特征观察，植物考古学家确定遗址中发现的稻遗存为驯化了的栽培稻。又比如，通过微痕分析，在遗址出土的石片石器的刃部发现了"镰刀光泽"，考古学家确定这就是水稻的收割工具。还有，上山文化诸遗址中，普遍发现了石磨盘、石磨棒，这是配合使用的组合工具，相互搓磨，能有效将稻谷的外壳除去，加工成白花花的大米。

　　以上研究都是在实验室里进行的，属于实验科学。对于一个田野考古者来说，最直观、最震撼的发现来自肉眼可辨的陶器。上山文化诸遗址中发掘了大量的陶器，其中大口盆最具特色。这种容易破碎的陶器的普遍出现，也是人类从迁徙走向定居的证据之一。上山陶器多属于夹炭陶，在陶泥中掺杂稻叶、稻壳等有机物质，可以在陶胎成形和烧制过程中防止开裂，达到成器更加牢固的效果。这一制作工艺，意外地将不可多得的稻遗存信息保存下来。统计发现，上山遗址绝大多数的陶器均羼杂了稻叶、稻壳，在一些破碎陶片的表面或断面上，可以发现密密麻麻的碎稻壳。这些碎稻壳实际上是最早的谷糠。上山人吃掉了用石磨盘、石磨棒碾出的大米，然后用剩下的谷糠来制作陶器。面对这些不起眼的破碎陶片，大概每个人都会发出由衷的感叹，我们竟然据此找到了迄今为止发现的这个世界上最早的食稻族群！

栽培、收割、加工、食用，这是围绕水稻种植、收获、利用的考古证据链。一种人类历史上未曾有过的行为体系，即稻作农业行为体系，在上山文化中被较完整地揭示出来。这是考古人为之兴奋的大发现！这一发现也被评为中国"百年百大考古发现"之一。

自 20 世纪 70 年代浙江余姚河姆渡遗址发现以来，稻作起源研究成为中国考古学研究的核心课题之一，后来随着彭头山、跨湖桥、城头山等遗址的相继发现，长江中下游地区成了公认的稻作农业起源地。但起源时间可以上溯到何时？能否找到更精准的起源区域？这是考古研究必须回答的问题。上山文化的发现，无疑为这些问题的解答找到了一个新的坐标。袁隆平先生为之题写的"万年上山，世界稻源"这八个字，就是对上山文化的最大肯定。

一位中华子嗣心中的历史具象

起源问题是重大问题，在学术上也是一个边界模糊的问题，需要我们随着资料的完善不断调整认识。从这个角度说，我更愿意将上山文化定位为"稻作起源的万年样本"。从世界范围看，"万年"确实也是农业起源的关键时期。考古是实证的科学，就目前的发现来看，上山文化能够担当"稻作起源"的桂冠。

农业起源，也被称为"农业革命"，对人类文明史产生了重大影响。对比年代相近或更早的洞穴新石器时代遗址，上山文化具有三个显著的特点。第一，如前所述，一种崭新的农耕行为体系已经初步形成。第二，上山人走出了洞穴，占领、定居于新石器时代活动中心的旷野地带，形成庞大的遗址群，这与农业发生的革命性后果相吻合，从中我们看到了农业文明的新气象。第三，上山稻作是一种没有中断并出现稳定进步的文化现象，随着上山文化的发展而传播，延续了一千多年，最后为跨湖桥文化所继承。一种新兴的经济行为与一个群体的生存与繁衍发生了真实的关系，这标志着一个新时代的开始。

距今九千年前后，上山文化的农业定居生活发展到一个更高的水平。显著的标志是环壕的出现，这也是东亚地区迄今发现的最早环壕。环壕象征村落防卫措施的出现，反映的是农业社会对土地的拥有意识，一种家园意识开始出现。在上山文化中，环壕不但可以护卫村落，而且可用来烘托与拱卫重要场所，这主要见于义乌桥头遗址。

桥头遗址发现一处环壕——中心台地结构的大型遗迹，东、南、北三面为人工环壕，西面遭河流冲刷破坏。环壕的深度达三米，宽近十米。环壕所包围的中心台地呈边长约四十米的正方形。台地上发现了墓葬、红烧土遗迹和"器物坑"等。"器物坑"中陶器复原率高，陶器精美，彩陶比例高。特别是部分器物内发现了霉菌、酵母和具有发酵损伤特征的稻米、薏米、块根等植物淀粉粒，证明这些陶器曾用于储存酒。这是迄今发现的世界上最早的谷物酒。迹象表明，这个经过特别营建的方形土台专门用来举行公共仪式，比如祭祀。这是与普通生活区相区别的特定功能区域，证明村落布局和结构走向复杂化，这是农业社会向文明化演进的重要标志。

基于上述重要发现，在 2020 年由中国考古学会举办的"上山遗址发现二十周年国际学术研讨会"上，一个重要学术结论发布：以浦江上山遗址为命名地的上山文化是世界稻作文化的起源地，是以南方稻作文明和北方粟作文明为基础的中华文明形成过程的重要起点。

由此，"万年上山"成为"万年中国"的代表性符号。但于探寻农业文明之根本而言，上山文化给予我的启发不止于此。

我经常将散布于钱塘江河谷盆地的上山文化遗址群比喻为稻作文

明所绽放的第一朵花，而这花朵最鲜艳的颜色，就是殷红的上山文化彩陶。是的，大家所熟悉的黄河文明的象征符号——彩陶，在更早的上山文化中已然出现。上山文化彩陶也被称作世界上最早的彩陶。令人惊讶的是，在上山文化彩陶中，不但出现了明确的太阳图案，而且出现了与周易八卦相似度非常高的"卦符"。与太阳图案组合出现的还有疑似代表阴阳关系的神秘图符，其中一个"卦符"更被研究者释读为"雷地豫卦"。

这是一个怎样的概念！这些符号，在年代上与演绎八卦的周文王相隔近六千年，地域之间又隔着黄河、长江，这是怎样的一种联系？莫非华夏民族的文化先祖之一伏羲是上山人？

让我们回到《万年中国》一书。冯时先生在解析中华文明时，将"观天象，授农事"视为知识体系与礼仪体系形成的源头，那么太阳纹、"卦符"在上山文化的出现，不但与农事活动结合在一起，而且实现了稻作文明与中华文明的整合。

这样的结论或许仍然有些抽象。确实，在史前中国的巨大时空中，要将诸文明要素有机串联，合理解释，还存在不少疑难。但这只是一个认知的过程，如果你认真研读了《万年中国》，当你读懂了贾湖，读懂了良渚，读懂了南佐、牛河梁、陶寺、石峁、二里头，"万年中国"于你而言也就不远了。

愿考古学家看到的"满天星斗""重瓣花朵"，能成为每一位中华子孙心中的历史具象。

月泉吟社：千年诗声从此传

方　勇

教育部"长江学者"
特聘教授，华东师范
大学中国诸子研究院
院长、博士生导师。

月泉在浦江旧城西二里，其泉水随月的盈亏而消长，自朔至望则盈，自望至晦则退。从宋元建书室（院），尤其至元二十三年（1286）月泉吟社集会以来，其声名更是远播海内，实为浦江文脉之所系和浦江文化对外传播的窗口。

我国诗人雅集，自东晋永和九年（353）王羲之等一觞一咏于兰亭以来，到唐宋进入发展期。宋末元初的浦江月泉吟社，不仅是文学史上第一个规模大、组织严、诗作丰富的诗社，而且在政治史上留下了浓重的一笔——其于至元二十三年发生的数千南宋遗民的诗歌大联唱，实质上是向元朝统治者发起的一次政治抗争，这也是浦江县历史上有文字记载以来最值得称道的一桩盛事。

一

研究月泉吟社，中国有不少人，美国也有一些人。中山大学的欧阳光教授所著《宋元诗

月泉书院　何敏摄

社研究丛稿》一书，对月泉吟社的研究较多，特别是在月泉吟社的社员考据方面成就比较突出。我的博士论文《南宋遗民诗人群体研究》有三十万字，其中至少有四分之一的文字研究月泉吟社。

众所周知，在材料挖掘和理论阐述方面，民间研究相比专业研究，还存在某些局限。出于对家乡文化的热心，以及对月泉吟社的重视，多年前我招了一名博士研究生邹艳，请她专门研究月泉吟社，其博士学位论文《浦江月泉吟社研究》差不多涵盖了所有月泉吟社的研究范围。

二

历史上月泉吟社那次活动的开展，不是偶然的，它也绝不仅仅是一次简单的诗歌比赛活动。

从自然角度来看，月泉在浦江旧城西二里处。根据县志记载和其他一些资料的说法，正月初一到正月十五，它的水位是上升的；十五以后，它的水位是下降的。水随着月亮的盈亏而消长，很讲信用，寓意及人，人也应如此。这赋予了月泉特定的文化含义，对塑造浦江文人的性格、品德起到了很好的作用。

从历史角度来讲，金华俗称小邹鲁，古称婺州，是儒学兴盛的地方之一。历史人文传统对于塑造浦江文人的性格起到了很大作用。两宋时期，金华是理学派的重镇之一，以吕祖谦为首的婺学，在儒学上的地位仅次于以朱熹为首的理学。我们知道，儒学主要是阐发先秦孔孟之道的。可见作为金华地区之一的浦江，人文传统悠久。

从地理上讲，交通便利起到了一个更直接的作用。浦江往南，翻过太阳岭就到了金华府。史料记载，浦江文人经常跑到金华活动，与那里的一批气节不群之士，互相呼应。

除了以上因素外，还有几个重要因素，促成了月泉吟社的形成。

第一，受朱熹和吕祖谦理学精神的影响。明清《浦江县志》记载吕祖谦、朱熹都来浦江月泉讲过学。关于吕祖谦在重阳节来浦江登高、游山水的事，有一些诗文流传下来，但这并不能佐证他曾在月泉讲学。据我考证，朱熹为救灾去南宋朝廷临安述职，走得很匆忙。他从金华往杭州方向走，应该是走官岩山附近的一条路，只经过石斛桥、官岩山一带，没有过浦阳镇。尽管朱、吕二人没有来浦江讲学，但他们的画像挂在月泉书院，让学人瞻仰。之所以如此，是因为朱、吕二人在当时的学术界影响重大，他们的人格和学术思想渗透到浦江文化中，对浦江的文化影响深远。

第二，受桐庐一带文化的影响。桐庐这个地方的文化很独特。从东汉光武帝时的严子陵隐居桐庐开始，就出现了隐士文化。隐士文化中的一个重要特点是讲究气节。后来这一带的文人都很讲究气节。晚唐诗人方干由镜湖（在绍兴）隐居到严子陵钓台斜对面的白云源。方干是一名隐士，很讲究气节，对桐庐隐士文化的影响仅次于严子陵。方干的子孙后代中有不少人中进士，位至公卿的也不少，如南宋末年方逢辰就是状元。方凤是方干的第十四代孙子，方景傅的玄孙。景傅公从桐庐白云源来到浦江仙华山下定居，是为浦阳仙华方氏的第一世祖。

方凤是南宋太学生。1276年南宋灭亡后，三十七岁的他就返回故里，终其一生，每饭必仰视霄汉，念念不忘故君故国。宋元浦江文人在历史上地位究竟怎样？明朝学者程敏政写了一本《宋遗民录》，为十一个人立传，其中与浦江有关的就有三人：方凤、谢翱、吴思齐。

三

说到月泉吟社的思想，就不得不提到吴渭，以及吴氏家族。吴氏家族是浦江文化三大家族之一，也是最可称为后继有人的一个家族。吴溪文化至今延续不断，在吴渭、吴直方、吴莱等历史名人之后，陆续有学人出现。

吴氏家族在宋代已经有一些诗歌创作活动，而且还举行了讲学活动。今可考证者，最主要的是请谢翱等讲《春秋》。

谢翱除了在浦江讲《春秋》，还在绍兴成立了汐社，与气节之士开展一些活动。由于讲经社与汐社合并，再加上谢翱参与讲学，浦江文化不仅重文学，而且重气节。汐社主要以谢翱、方凤和吴思齐三人为骨干。吴思齐也是一个特别的人，他是浙江丽水人，嘉兴县丞。南宋灭亡以后，方凤的气节和名声当时已经外传，声望很高，吴思齐就慕名而来，还把女儿嫁给方凤的大儿子方樗，结为亲家。方、谢、吴结为异姓兄弟，三人经常开展活动，促成了浦江一帮文人的聚合，当地人的气节也随之提升。

吴渭是宋末义乌县令，因南宋大势已去，便解组回到浦江吴溪。

他经济条件较好，就拿出一笔资金，邀请方凤、谢翱、吴莱等人协助，在月泉社基础上创立了月泉吟社。

至元二十三年，南宋灭亡十周年之际，月泉吟社举行集会，其起因更在于抗议元朝统治者的残暴、血腥，特别是民族歧视政策。尽管南宋灭亡以后，元朝一直在拉拢知识分子，但是知识分子几乎是集体地与元朝抗争，不愿意当官。至元二十三年，元朝廷较大地调整了对待汉族儒士的政策，于三月己巳诏程文海前往江南博采知名之士。这虽然给江南士子提供了出仕参政的可能，但对他们的民族气节构成了巨大考验。针对朝廷的这一举措，吴渭就约请方凤、谢翱、吴思齐精心策划了月泉吟社的这次活动。

四

浦江在吴渭的主持下，约请方凤、谢翱、吴思齐参与协助，从至元二十三年十月十五日小阳春那天开始，以《春日田园杂兴》为题，征诗四方。该题目系仿南宋著名诗人范成大所作《田园杂兴》诗而来，但精神实质是陶渊明的。第二年正月十五日收卷时，得五言、七言四韵律诗两千七百三十五卷，作者遍布浙、苏、闽、赣等省。方凤等考官评定以后，选中二百八十卷，于三月三日揭榜公布，后又选了六十卷刻成诗集《月泉吟社》，流传至今。

首先，从这六十卷诗歌来看，主题非常集中。大量的诗文是写陶渊明的，这不是偶然现象。陶渊明被视为中华民族讲气节的形象代表，与宋遗民的大力阐释分不开，而这次月泉吟社的活动起到了重要作用。在这些诗歌里，陶渊明不仅是崇尚自然本性的形象，而且是讲究民族大义的节义之士。我们现在一讲起陶渊明，一个是讲他的田园隐逸诗，再一个就是讲他崇尚气节。实际上，赋予陶渊明这些特质，也有月泉吟社的一份重要贡献。

月泉书院遗址　何敏摄

其次，诗歌发展到宋代，正如朱熹所说，已表现出一种"衰气"。但鼎革动乱的现实，使读书人把心中忧国忧民的感情都倾诉至诗歌中。所以南宋灭亡以后，诗歌反而有了充实的思想内容，风格也变得刚劲起来。宋代的诗歌最后能大放光彩，主要得益于南宋遗民，而月泉吟社社员大都为南宋遗老，他们所写的诗作，更折射出反抗异族压迫的思想光辉。

再次，从诗社本身来看价值也很高。主要表现在：一是采取了糊名制度。月泉吟社比赛的时候，采取了朝廷选士的糊名制，这在民间诗社活动的历史上是第一次。二是实行了实物奖励制度。有史以来，较早的文人集会、诗歌比赛，是东晋的兰亭集会。但那次曲水流觞，采取的是罚，而不是奖。月泉吟社第一次采取了奖励的办法，前五十名按等次给予奖励。尤其值得重视的是，诗社由一个有威望的、有经济实力的人出来主持。聘请当地德高望重的先生参与协助，这种形式也是史上第一次。元末明初后诗社像雨后春笋大量出现，不少是模仿月泉吟社的。所以从形式上来看，月泉吟社对后世民间诗社的影响也非常深远。

正如全祖望在《跋月泉吟社后》所说："月泉吟社诸公，以东篱北窗之风，抗节季宋，一时相与抚荣木而观流泉者，大率皆义熙人相尔汝，可谓壮矣。"因此，这次月泉吟社集会就成了浦江历史上最为文人学士所津津乐道的一桩盛事。

"江南第一家"：中国儒学治家的"活化石"

郑显理

浙江理工大学中华优秀传统文化研究所所长、主任，硕士生导师。

郑定财

浦江县江南第一家文史研究会顾问。

中国文化崇尚修齐治平，齐家是治国、平天下的根基。一个国家的治理，离不开千万个家庭的稳定与和睦。"文章空冀北，孝义冠江南"，在儒学治家深邃的历史长河中，浦江县郑宅镇"江南第一家"（郑义门）犹如一颗璀璨的宝石，以其熠熠生辉、卓尔不群的气质，用一百六十八条堪称治家史上最完备的《郑氏家规》，经九百余年的实践检验，超越时空给我们 21 世纪的家庭管理带来启迪。

郑义门：孝义名冠天下

浦江郑义门坚持儒学治家，用知行合一的执着实践，创造了一个家族治理的奇迹。经宋、元、明、清四朝，前后同居累计二十世：前同居十五世（1118—1479），历三百六十余年；后同居（又称小同居）又延续五世（1479—1679），历二百年。总计五百六十余年之久，鼎盛时期"达食指三千"。这个奇迹的创造，

郑义门九世同居碑亭　黄曙照摄

是郑氏先祖和子孙心血与精神的凝练与传承，更离不开五位关键人物的重要贡献。

如果没有郑淮，或许就没有浦江郑氏。浦江郑氏迁始祖郑淮（1068—1142），字巨渊，颖敏绝伦，从浦阳朱悈习《春秋》三年，洞究章旨，深得其奥。朱悈以礼宠遇之，约以外甥女为配。北宋元符二年（1099），郑淮因婚姻迁居浦江承恩里宣家（今郑宅白麟溪附近），为不忘自所出，遂以先祖白麟公名讳，改香岩溪为白麟溪。

郑淮公孝谨，善施与，多义举。靖康年间，民饥馑，郑淮公卖田千余亩，救济灾民。乡人感恩，号郑淮所居为"仁义里"。"明代开国文臣之首"宋濂在郑淮公像赞中曰："学通经史，谊协埙篪。鬻田千亩，惠赈民饥。仁心为质，义行可师。发祥三子，庆衍麟溪。"

如果没有郑绮，或许就没有郑义门同居的约定和传承。郑绮（1118—1193），字宗文，得赐号"冲素处士"，为同居创始祖，通《春秋》，有《谷梁合经论》传世。郑绮公纯孝格天：其父郑照，被诬陷入死罪，郑绮上书郡守钱端礼，请自代，郡守察之，诬白父释；其母张氏病风挛，四肢不能伸，绮奉母侍汤药，每临厕必抱就若婴，三十年始终如初；天值大旱，母嗜饮溪泉，水枯泉竭，郑绮在溪畔浚之数仞，不得涓泉，仰天大恸，泉忽涌出，顷刻溢丈余，人称"孝感泉"。

郑绮临终，召子孙于先祠，刺指血滴酒中，次第饮之，誓曰："我子孙有不孝悌，不同釜炊者，天实临殛之。"言讫而逝。郑氏同居子孙恪守郑绮遗训，以其为楷模，孝义为宗，耕读传家，九百余年绵延不绝，相传沿今。

如果没有郑德璋，或许就没有东明精舍，就没有培养郑义门人才的摇篮。郑德璋（1244—1305），字子振，同居五世祖，是郑义门同居史上的里程碑式人物。德璋公注重教育，礼法齐家，捍卫乡里，赈济灾民，勤身率下，尽力于生业，使家资远超往昔。其一生关键贡献，在于创办东明精舍，延请名师执教，郑氏子孙往读书其中。德璋公用教育改变了家族子孙的人生轨迹，让东明精舍成了郑义门人才培养的摇篮。

如果没有郑文融，或许就没有载入史册的《郑氏家规》。郑文融（1264—1353），名大和，德璋公长子，郑义门同居六世祖，以奇才荐提领处州（今浙江丽水）务，后为建康路、龙湾务提领。忽一日长叹曰："吾家自建炎聚食至今，不思继承恢宏之，一旦死，人谓我何？"遂解职归家。大和公治家正身克己，勤俭不事华采，一双粗袜三十年始坏；年过八十，终日严坐，分任记功，内外雍肃；不媚世俗，不信佛道，独尊儒学，焚毁妖符咒语、邪教迷信书籍，严禁子孙赌博、玩鹦犬等丧志之物。

大和公请名儒太常博士柳贯为宾司，冠、婚、丧、祭诸礼，皆朱文公家仪；扩建东明精舍，延请柳贯、黄溍、吴莱、宋濂等讲授；建郑氏宗祠五楹间，著《家规》凡五十八则，请柳贯参酌审定并实施。后经几代人接力修订、完善，终成一百六十八条完整家规。大和公治家期间，家族再获元朝廷旌表殊荣。

如果没有宋濂先生，或许就没有郑义门的人才荟萃。

宋濂（1310—1381），字景濂，号潜溪，与高启、刘基并称为"明初诗文三大家"，又与章溢、刘基、叶琛并称为"浙东四先生"。宋濂一生最美好的时光是在浦江郑义门度过的。郑义门同居八世、九世先祖多为宋濂弟子，宋濂为郑义门造就了大批德学兼优的人才，由朝廷擢用任职。在其影响下，东明精舍名师云集，文风鼎盛，蔚为壮观。浦江文脉赓续绵延，文人辈出，宋濂其功卓著。

东明精舍：师儒云集，人才辈出

郑义门兴盛的关键在于兴办教育、培养人才，而东明精舍就是解开九百余年治家之谜的钥匙。东明精舍既是培养郑义门人才的摇篮，更是践行儒学治家思想、知行合一的实践基地。

郑义门同居二世至四世，时逢金兵南侵，赋役繁重，民不聊生。瘟疫流行，家族人丁式微，多数先祖生卒及葬地无从考查，甚至到了"破碗食饭，茅草拦腰"之窘境。

转机往往在绝境中出现。同居五世祖郑德珪（1238—1278），为龙游县丞，其弟郑德璋被仇家构陷死罪，郑德珪赴狱代德璋刑，屈死扬州狱中。郑德璋痛哭负兄柩归葬，结庐守墓两年。

德璋公深谋远虑，教育子侄弃武习文，苦读经书以走正道。宋濂撰《东明山精舍壁记》云："青田县尉郑君德璋，尝厌家居之丛纷，若子若孙弗克专志于学。乃于是地创精舍一区，俾年十六者往读书其中。"厥后义门郑氏人才辈出，孝义家声丕振，皆德璋公之功。

同居六世祖郑文融为德璋公长子，传承父志，注重教育，扩建东明精舍为二十余楹间，订约聘吴莱主讲。郑涛致函邀同学宋濂、胡翰就读于东明精舍。历史上，在东明精舍讲学的著名学者有柳贯、黄溍、

东明书院　张浩钺摄

吴莱、宋濂、戴良、胡邦衡、方孝孺等（戴殿泗《风希堂文集》卷三《郑氏家规跋》），东明精舍成了当时浙中名人荟萃之地。

此后几百年，凡本族、邻族优异学子，皆研习于东明精舍，济世人才不断涌现。郑氏人才辈出，孝义名冠天下，思想源泉、文化根脉几乎全在东明精舍。

郑义门办学由德璋公元代初创东明精舍始，经明、清两朝，至中华人民共和国，历经七百余年，经朝代更替、战乱频仍、瘟疫灾荒千磨万砺而不衰，从东明精舍、南溪书院、东明书院至东明小学、郑宅镇中心小学，始终秉承尊师重教理念，聘任名师任教，英才辈出，实为民间办学之典范。

宋濂与郑义门：亦师亦友一家亲

名师执教，名师育高徒，是郑义门兴办教育成功的根本。柳贯、吴莱、宋濂、方孝孺四位先生，是郑义门任教的名师中最光彩夺目的明星。其中宋濂先生在东明精舍执教时间最长，培养的人才最多，对郑义门发展的影响也最深远。

元至顺二年（1331），宋濂闻浦江吴莱阐教于诸暨白门，"裹粮相从"，从吴莱游近一年。东明精舍订约聘吴莱主讲，宋濂赴浦江白麟溪郑氏义塾，从吴莱学古文辞。吴莱因足患痹疾，不能越门限，辞教后，荐宋濂主教东明精舍。

宋濂授经郑义门，敦本立教，主教席长达二十四年。四方名儒慕名纷至沓来，宁海方孝孺负笈从学宋濂，假馆东明精舍讲学，历三年而归。

郑濂、郑涛、郑深为宋濂同窗好友。尤其郑濂，与宋濂谓有五同：同名、同庚、同学、同不会饮酒、同为络腮胡子。宋濂称郑濂为"君子"，传为佳话。

郑义门同居八世、九世子孙近七十人，多为宋濂弟子，其高足有：礼部尚书资善大夫郑沂、被誉为"诗伯第一"的湖广道监察御史郑榦、左春坊左庶子郑济、翰林待诏郑洽、福建布政司左参议郑湜、蜀王府教授奉议大夫郑楷、诏修《永乐大典》时三试皆第一的郑棠、浦阳月泉书院山长郑渊、宋濂关门弟子郑柏等。

宋濂不仅是郑义门的先生，更是郑氏家族的钦慕者。1350 年，宋濂"因久慕郑氏其家孝义，九世同居，为薰渐子孙计，乃卜为邻焉"，举家迁卜青萝山房，浦江历史上从此多了一颗璀璨的明星。

宋濂在郑义门学习、任教、定居、著书立作，近三十年之久，其精气神都凝聚在郑义门、白麟溪、东明精舍、青萝山、玄麓山的时空隧道中，化作了温暖灵性的永恒与余音绕梁的绝响。郑义门既是宋濂讲学布道之所，更是他修身明德、践行儒家理论的实践基地。

宋濂倾注心血修订、完善了郑义门一百六十八条家规，成就了中国家族治理中堪称最完备的家规；宋濂撰写了《东明山精舍壁记》，记载了东明精舍办学盛况；宋濂在东明玄麓山，仿王羲之修禊事，曲水流觞，撰写了《桃花涧修禊诗序》等大量诗文、摩崖题刻；宋濂当年亲手栽种的十二棵古柏，至今有九棵仍青松屹立。

宋濂受累胡惟庸案，从青萝山械京。临行之际，郑义门父老与先生挥泪话别，难舍难分。宋濂口占诀别诗："平生无别念，念念在麟溪。生则长相思，死当复来归。"呜呼哀哉，先生对郑义门情深若此，拂泪泣问：何人能出其右？

至高荣耀：三朝旌表，御赐"江南第一家"

郑义门儒学治家数百年，成效卓著，屡获殊荣：宋、元、明三朝旌表，明太祖御赐"江南第一家"。方孝孺有诗云："史臣何用春秋笔，天子亲书孝义家""只今四海推师表，不止江南第一家"。

早在南宋乾道年间，孝宗皇帝就旌表郑绮孝义治家，赐号"冲素处士"。1311年，元朝廷首次旌表郑氏为"孝义门"，意在嘉奖持家典型，为全国大姓巨户立表树范。太常博士柳贯（1270—1342），字道传，婺州浦江人（今属兰溪），1335年，其与乡贤群士上状，赞郑大和同居家"一钱尺帛无敢私，虽家庭凛如官府"。1338年，元朝廷再次旌表郑氏为"孝义郑氏之门"。其后，名臣巨儒题赠如雪纷至。肃政廉访使余阙莅临郑义门，赞"海内七郡未能见"，特题篆文"东浙第一家"以褒扬。翰林承旨月禄帖木尔，书赠"一门尚义，九世同居"八大字。郑深授元顺帝太子经，皇太子题"麟凤"二字，后又题"眉寿"二字。

郑深弟郑涛为翰林院国史编修，国子监助教，延入东阁为脱脱丞相子师，脱脱丞相题"白麟溪"三大字，原碑仍存郑氏宗祠内。明太祖朱元璋御赐"江南第一家"，家族荣耀达到了高峰。

洪武十八年（1385），郑濂被推为粮赋长，常诣京师。明太祖朱元璋召郑濂问"治家长久之道"，郑濂对曰："谨守祖宗成法。"以《郑氏家规》进呈。明太祖览后，顾左右曰："人家有法守之，尚能长久，况国乎！""你家九世同居，孝义名冠天下，可谓'江南第一家'矣！""命你今后每岁与颜、曾、思、孟子孙来朝同班行礼。"帝赐香梨两只，濂捧归，剖分家人均食之。

洪武二十四年（1391），为延迟秋粮事，提正副粮长问罪，御前奏明原委，得赦。郑濂诣帝前谢恩，明太祖御书"孝义家"三大字以赐。当御书"孝"字上首"土"字时，墨尚淡，继写下边"子"字，明太祖口占吟道："江南风土薄，惟愿子孙贤。"郑濂捧出，谢恩而归。

洪武三十年（1397），明太祖御笔亲除郑沂为礼部尚书。沂以布衣，不敢当宗伯之重任，固辞。帝曰："你家大孝大义，累世同居，前朝虽尝仕宦，未有显达，我今使汝大贵。"郑沂谢恩、辞俸，曰："臣蒙皇上与臣田地山塘，勾（够）臣支持，朝廷俸禄，未敢关支。"

帝曰："俸禄乃朝廷养贤者，不要关支，也随你。"（《圣恩录》）郑沂日夜虔恭职守，明代礼乐典章，多经沂参订。郑沂担任礼部尚书期间，未领一分俸银，或为中国历史上唯一不领俸银的礼部尚书。建文帝继位后，复书"孝义家"三字赐郑义门。

一个家族的治理，得到历朝执政者如此多的肯定与嘉奖，实属难能可贵。

治家奥秘：一百六十八条《郑氏家规》

一百六十八条《郑氏家规》，是"江南第一家"家族兴旺发达、长盛不衰的精神火炬，也是郑义门顺利航行于历史长河的指路灯塔。

《郑氏家规》是郑义门几代人知行合一、赓续充实、增补完善的集体智慧。

郑义门同居创始祖郑绮、郑德璋治家，成效卓著，必有规矩，憾未有文字遗存。至郑大和治家，首创《家规》五十八则，请名儒柳贯参酌审定。郑大和嗣子郑钦，又著《续家规》七十则，补前规之未备。治家惠及邻里：对邻族有续食之粟，有御冻之衣被、推仁之财、免利之谷，无屋者有义居处之，贫而无力葬祭者有义棺、义坟、义祠之设，病者有义医、免费之药，失学者有义塾教之。治家规范，日趋具体丰富。郑铉主家政时，正值同居鼎盛时期，著《后家规》九十二则，治家规范更臻完善。宋濂撰《郑铉墓志铭》云："大道之行，天下为公。"（《省志·文苑传》）

洪武十一年（1378），郑涛偕郑濂等兄弟五人，将三部家规五十八则、七十则、九十二则同加益损，三规合一，请宋濂审定为一百六十八条，刊入《郑氏旌义编》，宋濂撰序，刻板模印，付诸实施。《郑氏家规》被誉为"明代法典制作的蓝本"，清代辑入《四库全书》。

《郑氏家规》是郑义门治家的精神支柱，也是家族治理的法宝。它将儒家的"孝义廉俭"理念，转换成操作性极强的行为规范。家规涉及家族管理、子孙教育、冠婚丧祭、生活礼仪、为人处世、廉洁为人、廉政为官、家族生产经营、亲睦乡里、公益事业等十余个方面。将一个庞大家族的管理秩序条分缕析、严丝合缝地建立起来，即便用今天管理学的方法论去看，都是极有水准的。

柳贯、宋濂等在协助制定《郑氏家规》时，预见郑氏子弟必将有人步入仕途，所以家规里有近二十条是教育子孙廉洁廉政的。尤以第八十六、八十七、八十八条最突出，主要是告诫家族子弟：只有清廉自持、忠诚为国、公正办事的人，才能给自己和家族带来荣耀。

第八十六条规定：子孙器识可以出仕者，颇资勉之。既仕，须奉公勤政，毋踏贪黩，以忝家法……违者以不孝论。

第八十七条规定：子孙倘有出仕者，当夙夜切切以报国为务。抚恤下民，实如慈母之保赤子……又不可一毫妄取于民……违者天实临之。

第八十八条规定：子孙出仕，有以赃墨闻者，生则于《谱图》上削去其名，死则不许入祠堂。如被诬指者则不拘此。此条最著名。

凡有子孙出仕为官，如果贪污了，生则削谱，死则牌位不得入祠堂，这在中国古代文化当中是最严厉的处罚：贪污的人，被家族永弃不认，在文化上就变成了孤魂野鬼。但是，家规也很有科学性，有了不起的自我纠错和平反机制：万一被冤枉了，怎么办？纠错和平反机制就会启动，可以恢复其应有的名誉和家族地位。这充分体现了《郑氏家规》严格治理精神下的人文关怀，以及一种客观公正、实事求是的治家态度：不放过任何一个贪官，也绝不冤枉任何一位好人。

凝眸回望郑义门九百余年治家的历史氤氲，和着徜徉在悠长青石板上游人老少偕行的脚步，我们不禁会想：在一个万物皆联网的数字时代，一个民族挥之不去的文化记忆到底是什么？为什么郑义门到今天仍有如此强大的魅力和生命力？因为在这里，我们能真切感受先辈们鲜活的人间烟火，能触摸那些先驱人物的思想与脉搏；因为在这里，有每个人内心深处潜伏着的家国情怀同频共振；因为在这里，有我们个人、家庭、民族和国家穿云破雾、砥砺前行所需的强大精神原力。

从月泉书院到东明书院，浦江书院知多少？

何金海

浦江县政协教科卫体和文化文史学习委员会原主任。

浦江历史悠久，文化底蕴深厚。从宋代到清代，曾有月泉、东明、浦阳、白石、万花斋等书院，它们是浦江历史文化的重要组成部分。追忆书院往昔，仿佛还能听到岁月那头传来的琅琅读书声。

书院的叫法各有不同，有书堂、书室、书屋、精舍等，如鲁迅笔下的三味书屋、郑义门的东明精舍、月泉书室等，这些几乎都是书院的前身，或者说是书院的初始阶段。纵观各代书院，大体皆是藏书、教学与研究三结合的教育机构，均有相当规模的房产、田产（也叫学田）等，有专人主持，设山长、主讲席、主讲座等。书院制度萌芽于唐，完备于宋，废止于清，前后有千余年的历史。

翻开浦江历史，自从有了月泉，浦江的文脉就开源了。

月泉书院　魏礼鸿摄

月泉书院

光绪《浦江县志》载：月泉，县北二里，源出县北仙华山之下。其泉随月为消长，自朔至望则盈，自望至晦则退，因名。

北宋政和三年（1113），知县孙潮按图牒、搜遗迹，得月泉旧址，疏月泉为曲池，筑月泉亭，一时便成为浦江县内继仙华山、浦阳江之后的又一奇景。

元初升为月泉书院，置山长一员，主教学徒。据明嘉靖《浦江志略》教谕张氏的著述《重修月泉书院记》可知："月泉书院"之名应从南宋咸淳三年（1267）知县王霖龙创"月泉书堂"开始，与江西九江庐山的白鹿洞书院、湖南长沙的岳麓书院、河南商丘睢阳南湖畔的睢阳书院、河南郑州登封的嵩阳书院及石鼓、宗濂、延平、安定、紫阳、考亭等书院齐名。月泉书院之所以没有被列入中国古代名书院，关键在于1861年太平军打进浦江，书院被毁后，一直没有重建利用并发扬光大。

20世纪70年代，为响应"农业学大寨"号召，县政府将城北荒废的原月泉、月泉书院遗址填埋垦为农田，建成浦江县农场（也叫良种场）。

1984年，月泉和月泉书院遗址被立为县文物保护单位，并划定保护范围。1995年，县政府征地八十亩，拟在月泉遗址处开辟月泉公园。2011年，浦江县将月泉书院遗址公园建设正式列入县重点工程。

2015年，浦江县启动了月泉书院历史上的第四次重建工程，本着最大限度还原历史的建设理念，坚持匠心，精雕细琢。2019年9月27日，月泉书院以全新的面貌重新展现在世人面前。

千年月泉得以涌起，涌起的不仅是一股股清泉，还有浦江千年文化的盛世焕发；月泉书院得以重建，重建的不仅仅是几座楼阁亭台，更有浦江人民对千年文化的崇尚与尊重。

东明书院

东明书院的前身为东明精舍，也是闻名遐迩的"江南第一家"——郑义门郑氏私馆，由元初郑氏第五世主郑德璋创建。

据记载，元顺帝至元元年（1335），二十六岁的宋濂追随吴莱负笈就读东明精舍，后由吴莱推荐，成为主讲。至正六年（1346），宋濂举家从金华潜溪迁居浦江郑义门，成为"浦江人"。

至正十八年（1358）六月，朱元璋攻取浦江。八月取兰溪。十二月攻取婺州（即金华）。在婺州置中书分省，改婺州路为宁越府，以儒士王宗显为知府。次年正月廿七，朱元璋聘宋濂为婺州郡学五经师，戴良为学正。从此，宋濂应诏入朝，先后官至江南儒学提举、翰林学士、中奉大夫、知制诰、兼修国史国子司业、赞善大夫等职。

东明精舍，是我国古代民间办学的一个典范，在教育子孙、培养人才、学以致用、躬行实践等方面取得了斐然的成绩，不仅为历代输送了一大批品学兼优的人才，而且为淳化乡邑风俗、提高民众文化素质做出了贡献。值得一提的是，这些人才多不是通过传统的科举之途入仕，而是凭借"孝友耕读"之名被起用，在全国各地赴任后谦恭勤谨，一心为国为民，取得的政绩廉绩可圈可点。《麟溪集》记载，宋、元、明、清四朝郑氏子孙不经科场出仕为官者达一百七十三人之多，无一贪渎。

至明代中后期，因遭兵火，东明精舍荡然无存。清乾隆二十七年（1762），时任浦江知县的何子祥劝导郑氏后人继承前辈事业，重建书院，并正式命名为"东明书院"。

中华人民共和国成立后，东明书院更名为郑宅乡中心小学，1967年后因学校扩建，原有建筑被拆除，旧貌尽毁，只留下东明书院和宋文宪公祠两处门楼。可喜的是郑宅镇中心小学已经搬迁，东明书院旧貌有望恢复。

浦阳书院、白石书院和万花斋书院

浦阳书院在文庙左侧。旧志载，明神宗万历四十三年（1615），知县黎宏道新建书院于学宫之东偏，造文昌阁，曰"文昌书院"。后三易其名：清康熙四十五年（1706）知县杨汝毂重修，易名"仙华书院"；乾隆二十七年（1762）知县何子祥重建，规模宏敞，改名"浦阳书院"；1949 年后，辟为浦江县中学，在历次扩建中，原浦阳书院建筑尽毁。

白石书院，原为白石山房，建于白石山麓，在县南十里。因明初大学者张孟兼与其从弟放伯拱辰未显时筑室读书于此而名噪一时。后废。乾隆二十九年（1764），知县何子祥访其遗址，见万山环翠，一鉴澄泓，清气袭人，尘容罕至。进命金宪裔孙而谓之曰："此尔先人考道问业之地，可勿加之意乎？"张氏合族踊跃增葺，将山房扩为书房，俾族人肄业其中。

万花斋书院，建于明代万历年间，位于檀溪东岸（今寺前村），由陈道（著有《渔隐诗草》）第三子陈大纲所建，供周边学子读书作文。明万历乙巳年（1605），浦江知县须之彦来此，爱其清雅，在书院居住，并作《秋暮过惠云寺夜宿陈友松书斋》两首，其二有"总道浮生偷半日，乌纱终是负黄花"之句。

浦江历史上有记载的书院（书堂）还有元朝的松林书院，明朝的荷叶书院、荷塘书院、山堂书院，清朝的广学书院（通化长陵祝庄）、建溪书院（诸暨）、昆山书院（朱桥）及吴溪学堂、湖山学堂等。

时至民国，浦江的书院，无论有名或无名，时长或时短，均一一消失于历史的风烟中，唯有墨韵书香山高远长、馥郁悠远，唯有书院培育出来的英才继文载道、百世流芳。

赓续千年文脉　史话浦阳书院

黄　照

浦江地方文史研究者。

　　浦江山多地少，物产贫瘠，其莘莘学子改变命运的重要途径是参加科考。耕读传家、广造士子既能光宗耀祖，又能以儒家文化教化众生，淳化乡邑风俗，赓续浦阳文脉。浦江人人穷志不短，集资办学建造书院更是众人拾薪慷慨解囊，争先恐后，众志成城。主事者殚精竭虑，呕心沥血。

　　县内书院，屡毁屡建，薪火传承。浦阳书院、月泉书院、东明书院、白石书院等几大书院各具特色，培养人才成效斐然。如以考中进士人数来看，浦阳书院独占鳌头。

　　浦阳书院位于塔山西麓，古迎春门侧。这一区域在明朝时期，经几任知县精心规划，成为学习宝地。如1537年，龙复礼捐出俸禄买田十六亩，疏通大方池（即学塘），建奎映楼、鸣铎楼（俗称钟楼）。1601年，须之彦重修文昌祠，每月集中所有生员、儒者授课。1611年，庄起元捐出百金，兴贤育才，和诸生谈经讲艺开文，设学田、建书院。1615年，知县黎宏道带头捐俸，鼎建书院、堂寝各三楹，左右廊庑、书舍各七间，名"文昌书院"。1706年，知县杨汝穀重修，改名"仙华书院"。1762年，知县何子祥重建后改名为"浦阳书院"。

万历四十三年（1615），浦阳书院迎来知音。知县黎宏道走访民情，感叹浦江文运盛极而衰。元末明初，浦江有方凤、柳贯、吴莱、张孟兼、戴良等文章大家，名重一方。宋濂辅佐朱元璋制定典章，居名儒之首。科举中第有倪尚忠父子进士，彪炳一时。然花无百日红，从明洪武元年（1368）到明神宗万历四十三年（1615）的两百四十七年间，浦江只出了六位进士。1417—1547年，一百三十年间只出了一位进士张元谕。因此，如何重振浦江学风、提升浦江文运，成了黎知县和学子迫切需要解决的头等大事。黎知县召集诸生问计："夫浦以文儒开国运，后来诸秀彦，宜从云龙风虎，聿绍前休，而魁名落拓，岂诸生不学之故欤？抑有司育才无术之以也？"宋明之时，堪舆之术已经深入人心，于是有学生提议："学宫造土之地，形势强弱，邑中文运，实枢纽于斯。形家有言：'学东偏单薄，缺陷羽翼，未成风流，气散补其偏，而救其敝，宜有藩屏之设。'"黎知县深以为然，学宫是培养人才的地方，为一县文运所系。学宫的东面空缺，应该建造楼台作为屏障，起到羽翼的作用。黎知县带头捐出俸禄，乡绅庶民竞相捐资，募集资金。买田十六亩，鼎建书院学堂，学士寝室各三楹，左右廊庑、书舍各七间，规模宏大，硬件设施蔚然改观。黎知县又用剩余的资金建造了文昌阁，供奉祭祀文昌星君，命名为"文昌书院"。加上以前建的十三贤祠、宋濂祠等建筑群，学宫学院亭台楼榭屋舍俨然，钟楼泮塘湖水相映，杨柳依依，优雅别致，体现了天人合一的审美意境。整个区域环境清幽、风景优美，师生苦读之余，可以赏景散心。至此，这里成为浦江县学中心、修学宝地。浦江学子受到激励，勇猛精进，到1643年，短短二十多年，竟然出了三位进士。

明朝曾先后四次毁禁书院，然而书院有着顽强的生命力，多次毁而不绝、禁而再生。清建立后，对书院所保存的元气，犹有余悸，实行抑制书院政策。直到清雍正十一年（1733），又明令各省建书院，采取鼓励态度，书院渐兴，受朝廷监督，官学化程度达到极点。清康熙四十五年（1706），知县杨汝毂重修浦阳书院，改名"仙华书院"。杨知县仁慈明德，惠政甚多，如修葺浦阳书院以培养人才，修建育婴堂以保护贫民，劝富商平价卖米以救饥荒，审讯官司条理清晰谆切训谕，浦江百姓亲切称其为"杨外婆"。

每一位有作为的县官都情系书院、关心学子。康熙六十一年（1722），知县邢世瞻置办书院学田。乾隆《浦江县志》记载：重修书院，系邢令捐俸，并将黎祠祭田所入佐之，绅士量力助成。邑人赵必仕、张范、楼承顺、周学山、倪正祥、黄德铚等董其役。邑人毛可珪助二十六都方坞田一亩二分零，山一处。僧静超携其师王子荣，二十六都方坞田三十五亩、山一百二十亩、地四十三亩归书院。

乾隆二十四年（1759），浦江迎来了历史上最值得称道的知县之一——何子祥。他视民如家人，任职五年间，筑路通渠，修建城隍、龙王庙，改普济、育婴两堂为恤老幼处等。乾隆二十七年（1762），当时的浦阳书院已经荒芜，"题字尘昧，不可辨识，苔蔓缘于墙壁，鸟雀噪于檐楣，令人凄怆。黎祠及学舍亦渐倾圮。问之耆老，未闻延师儒掌讲课。考之旧志，仅有田十六亩"（《重修浦阳书院记》）。何知县写下这些文字，不禁唏嘘感叹，率先捐白银六十两。监生朱可宾（新光村）捐出白银一百七十两，众人纷纷响应，总计募集白银二千二百九十六两，收到捐助的田总计五十石三斗、地四石。（《浦阳书院志校注》）于是置办书院田地。用一百两银子买下书院东墙脚田二亩五分，用十两银子购买钟楼后田一分七厘。拨入邢公泽田一百三十九亩两分六厘，作为学生膏火（奖学金）、老师束脩（工资）的费用。乾隆《浦江县志》记载：当年尚无师徒膏火之费，前项田山仍归庙僧管理。至何子祥，始拨田二十亩入书院，为膏火之资。拨田四亩九分五厘为杨、邢二公祠产。余悉归还僧，以供香火。工程竣工后改名为浦阳书院，规模宏大宽敞，教室分内外讲堂三楹，命名为"经义堂"，左右廊庑、学舍各七间，命名为"崇报堂"。

众人拾薪火焰高。何知县撰《捐田并捐银总序》赞叹："浦邑多向义之士，好善乐施，其天性也。岁壬午夏，予议重修文昌书院。设簿劝捐，城乡遍给。或捐田亩，或捐银两，其多寡厚薄，各随其力之所给。"

何公延请名师，招收学子，制定规章制度，朝稽暮考。学子们寒窗苦读。有何公诗《浦阳书院八景》为证："夜雨洒桐阶，更阑人语静。修廊隔东西，点滴若相应。寒焰拨书灯，清音间僧磬。巡檐苦吟人，耽此闲中听。"学员当时苦读的情景可窥一斑。何公重修月泉书院、浦阳书院、东明书院、白石书院等，培养人才造福桑梓。浦江参加童子试的人员由原来的不足五百人猛增到一千多人，城乡四处可闻书声琅琅。

关山难越易白首，物换星移几度秋。经义堂历经二百多年虫蛀雨打，渐渐如风烛残年的老人。1803 年 6 月某日，风雨大作，堂楼倾倒崩坏。知县赵宜馨感慨道："讲堂不建，则经学荒芜，是守土者之责也。"嘉庆九年（1804）春，赵侯推举绅士，负责修建。文昌阁东西二面坍坏，赵侯拿出俸禄三十两营缮竣工，商议重建经义堂，给生员增加膏火。设立劝捐簿，百姓踊跃乐输，饬材鸠工。赵侯卸任，宋侯接班，宋侯也拿出俸禄三十两，倡议劝捐。众志成城，捐集民田四十八亩，民地三亩七分，塘一亩一分，募捐到白银七百四十二两。几经努力，嘉庆十年（1805）九月，经义堂落成，规模宽敞，内外台门、外讲堂、六侯祠、东西斋庑及垣墉、桥池，次第修葺，焕然一新。给学员的膏火也落实到位。置办桌凳器用，共花费七百多两。增置田地五十五亩。"是役也，赵侯首其事，宋侯继之。董事诸同人矢公矢慎，不辞辛勤；捐输诸君子慷慨好义，得修废举坠。裕者出其资，廉者持其算，敏者董其役，次第以葳厥事。"两任知县前赴后继合力办学，在浦江的教育史上写下了精彩的篇章。

1822年冬，黄崑任浦江知县，为人温和恭顺，宽待百姓，礼贤下士，捐钱修建文昌阁、浦阳书院，接济穷苦书生。1861年，浦阳书院头门五间被毁，堂舍倾废，院产殆尽。房屋只剩下梁柱支立，杂草丛生。1871年，知县程洪重建书院。1874年，张兆芝凭借军功，复任浦江县知县。他在书院旧址瞻顾徘徊，不胜今昔兴废之感，即思修复，捐廉创修，并厘清院产，计划恢复原有的规模。士绅张少萝、陈淡斋、黄春堤、陈洛川等通力筹资，经过三年营造才竣工。又筹集巨款置买浦阳书院院产，置买田地六十七亩，并拨入款钱三百七十八串，存库生息维持书院运行，给乡试诸生提供路费，捐廉俸用于山长酬金。张兆芝去任后，士民为他立长生位于七侯祠。为浦江教育添砖加瓦的功臣，老百姓就把他们请进祠堂，树碑纪念。1905年，书院改为官立浦阳高等小学堂，逐步推行现代教育。1945年后改建为浦江县立初级中学。1956年秋，更名为浙江省浦江中学。几度春秋，其为浦江、为国家培养的栋梁之材不计其数。几任知县心系书院的故事，学子们一一记录在册，永志流芳。

一部书院史，无数学子心。浦阳书院曾三修其志，真实记录主政官员尊师重道殚精竭虑倡导办学，莘莘学子苦读不倦奋发有为，乡贤百姓捐资办学慷慨解囊。

一部书院史写尽书生苦，这也是浦江学子的奋斗史、抗争史。一个个醉心教育的故事，不胜枚举。即使在抗战艰难时期，教育的星火也依然在浦江大地上熊熊燃烧，指引学子投笔从戎保家卫国。

1949年以后，浦江教育事业更是日新月异、硕果累累。浦江人民志存高远，众人拾薪办教育，学子苦读奋发有为的精神世代相传，余绪流芳。这种优秀的文风、学风一如浦阳江心向大海浩浩荡荡百折不回，润泽代代学子；如仙华山巍巍耸立、矢志不渝、万古不息，赓续千年文脉。

东明书院：世载其英　贤哲代生

于文统

浦江县人大常委会原副主任、县地方志编纂室评审专家组组长。

《东明书院志校注》2021 年就已"出版"。我于 2022 年酷暑期间初阅，就有动笔之念，但终没完成。今又烈日炎炎，重拾此书，重续旧念，既为追忆"敦诗书而说礼仪"的历代郑氏先贤，也发一点曾为教育人的兴叹。

《东明书院志》详细记录了书院历史，其收录历代记述精舍（即学校）、书院建设和重修等内容的文章以及书院章程、劝学文、山长题名、义塾章程、兴贤产章程等，读来无不让人赞叹。郑氏先贤重教兴教之远见、执着，令人感佩。

以教兴家的远见

郑氏祖先以"仁义""孝义"治家而声名远播。这种家风的养成初始主要依靠家长垂范。家族同居开始后，历任家长更是秉持"孝义治家"理念，以身作则。但随着家族人口繁衍，社会不良风气对家族成员的影响也日渐显现，

东明书院　张浩钺摄

家庭纷争在所难免。此时，依赖一人或数人的垂范，已不足以教育庞大的家族成员。

如何解决眼前难题，同居五世祖郑德璋殚精竭虑，认为唯有通过教育。东明精舍，这个书院的前身——郑氏家塾学校由此诞生。而经过家塾教育的家族成员知书达理、兄友弟谦、睦亲厚邻。族人文化素质的提升，也给家族管理创造了更好成效。"孝义门""江南第一家"等朝廷旌表和皇帝赐封相继获颁。自此，"有义门不可无东明，有东明而益以显义门"的家族管理和培育良性互促机制，得以牢固建立。重教理念也被写入家规、院规。"为人之道，舍教其何以为先"（《郑氏家规》第九十条），"法祖莫先于立教"（《重建东明书院捐田碑记》），教育优先理念，成为家族繁荣昌盛的价值引领。

代代弘教的执着

东明书院始建于元末明初的 1273 年，到 1939 年成为"县立国民小学"（公办），才结束"民办"历史，前后有六百六十多年。五世祖郑德璋始创"精舍于东明山"（即现在的郑宅镇中心小学校址处），时称"东明精舍"；其子即六世祖郑文融扩建后，规模初具；清乾隆壬午年（1762）重建，1764 年建成。院址也移至东明山"东里许"，易名为"东明书院"；1842 年再次重修，当年完工。

现在的义门东路仍可见保存完好的院墙和院名。历次建设中，郑氏祖先众志成城、筚路蓝缕的弘教精神，最让我振奋。有"奋然首捐己产六十余亩及金百两""不吝千金资产，为一族倡"的乡绅，更有"竹头木屑之可为薪火者，亦鬻金数十，以供厥需"的"合族踊跃"。在每一个关键节点，总有振臂一呼的家长，也总有云集响应的族众。细看长长的《东明书院捐产》《东明书院捐银并山屋杂木灰砖》，从"几十亩"到"一斗"，从"一百两"到"一两""二钱"，直至"助工二钱一分""助樟木一根""助砖五百块"的文字，眼前浮现的是栉风沐雨、节衣缩食也要供子孙读书的郑氏祖先。正是他们的付出，才有了子孙"耳目所接，非白石清泉即左图右史"的良好学习环境。

创建、扩建、重建、重修，一次次，一代代，家族"重点工程"的实施，虽有衣锦还乡或告老故里的"名贤"大力捐助，但若没有合族重教兴教的力量，没有几十代人的付出，这家族学校也不可能兴盛数百年。

书院管理的卓绝

延聘名师。东明精舍从创建之初，就聘请了当时著名的"硕儒"柳贯、吴莱主持讲席，使家塾教育有了一个高起点。继而宋濂为东明讲席，在补充完善《郑氏家规》和《郑氏家仪》的同时，精舍的管理和教学也迈上了新的台阶。不同年龄段的学习内容，家规里都有明确规定。比如：家规第一百一十七条，"小儿五岁者，每朔（农历初一）望（农历十五）参祠讲书（参与祠堂听书讲学）"；家规第一百一十八条，"子孙自八岁入小学，十二岁出就外傅（出外就学所从之师），十六岁入大学（古人以教化为主要内容的学业）"。不同年龄段有不同学习内容，要求十分明确。家规第一百二十条："子孙为学，须以孝义切切为务。若一向偏滞词章，深所不取。此实守家第一事，不可不慎。"这是对学习内容的总体要求。孝义是立家之本，是头等大事。书院请来的山长（管理者和主讲，相当于校长），都是德才兼备且有丰富管理才能的名师。书中记载的清朝1764—1885年的三十二任山长共三十一人（有一人担任两次）中，有翰林院编修（相当于现在中央办公厅政研室秘书）一人、同知（相当于副市长）一人、知县（相当于县长）七人、州判（相当于副县长）三人、教谕（相当于县教育局局长）和训导（相当于副局长）九人。历任山长学历大多在举人、贡生以上，他们既学富五车，又传授有道，虽处"桑榆晚"的年纪，却依然绽放"霞满天"的灿烂，为郑氏家族培育了一代又一代优秀人才。

礼待老师。名师来了，如何尊师，郑氏先人也有明确的规定。《东明书院章程》从聘请、馆金（工资待遇）、迎送、款待、入学等方面都规定得明明白白。如对老师的选择："公议慎择品行端方、学问优裕者。"待遇："每年山长束脩六十两，供膳三十两。乾隆甲寅年（1794）加束脩三十两"，"端午、中秋二节，备酒二席，每节呈送节仪二两"。迎送："山长开馆、散馆，家长及管理人等齐集恭候并遣舆（派车）迎送。"款待："山长初次到馆，家长等相见毕，管理人即设酒席款待，并供给三日。散馆时亦设酒席饯送。"年金一百二十四两的高薪，还有设宴、派车、恭候，这礼周情至的关怀和尊重，都是对老师精神和物质的至高礼待。

琢玉成器。书院因材施教、有教无类的教育理念，也为各种杰出人才的培养拓宽了路径。"行善之傅博，种德之宏深"的教育初衷，"子孙为学，须孝义为务。偏滞词章，深不可取"的内容要求，"出则为荩臣，处则为纯儒，下亦不失为循循守矩之士"（《重建东明书院捐田碑记》）的标准要求，"以明人伦人纪""非专为科名计"的目标取向，为郑氏家族各种人才汇聚成长营造了优良环境。郑文融（扩建学校，招收邻族子弟，初订家规的家长）、郑深（中书吏部员外郎）、郑濂（将《郑氏家规》进呈明太祖而赐封"江南第一家"的家长）、郑沂（布衣擢升为资善大夫、礼部尚书）、郑崇岳（云南按察使副使）等一大批国家和家族管理人才相继涌现。有族史记载的一百七十三人出仕为官，其大多数都未走科考之路，而是因为德才兼备，尤以德（孝义）而为朝廷选用。"古人才德难求德"，南宋诗人陈普名句所揭示的"德"在人才评价识别中的极端重要性，可以说，正是东明书院教育成功的价值所在。而为官一百七十三人"无一贪渎"，造就这一廉政典范的教育规范、制度规范，更成为我们当下廉政建设的历史借鉴。

数百年岁月悠悠，书院墙、宋公祠依然鲜艳，孝义和进取的流风遗韵也焕然流传，尊师重教的风尚至今传承弘扬。每年的农历二月初八，以祭祖、祭师、成年礼、诫官礼等为主要载体的"郑氏家仪"祭祀仪式，已成为浦江一项重要的民俗文化活动。其对宋濂的祭拜已历六百多年，这份亦师亦友亦亲的感情，是对"生则长相思，死当复来归"的宋公的永远感恩和怀念。重教兴教之风更是赓续绵延。2023—2024年，全县乡镇（街道）皆要求成立"乡贤爱心基金"，用于奖教奖学、助学纾困。郑宅自然是走在前列，乡贤郑可集、郑隆喜、郑松才、张序宝等带头捐出巨资，郑宅设立的"宋濂·乡贤爱心基金"也名冠全县。

7月下旬的午后，夏日喜雨里，郑定汉老先生带我穿行在书院和宋公祠间，在他如数家珍的介绍里，我完成了一次崇敬有加的"穿越"，也记起自己在书院一墙之隔的中学求学时的青涩。如今东明精舍处已是郑宅镇中心小学——一个现代教学设施齐全、教学成绩斐然的学校。但离之不远的中学——我的母校，却日渐式微。凤凰择高枝，好老师难请来也留不住，好学子也各分散，好的教学成绩也就日渐遥远。当然，我也明白，不能单以"科名"计，只愿母校培养的学生在走向社会后能以德服人，以技胜人。

龙德寺塔：浦江人永远的精神家园

朱光明

复旦大学文学博士，
文史作家。

龙德寺塔，俗称龙峰塔，是每一名浦江游子心中的乡愁。无论走到哪里，只要想起这座塔，就会想起家乡的父母。一幕幕曾经的场景，涌上心头，情不能自已。

在浦江人心中，龙峰塔有着至高无上的地位。这不仅是佛教寺庙所留存下来的宝塔，更是浦江文脉的象征。在今天，龙峰塔的佛教意味已大大淡化了，作为塔山公园的一个景点，成为带娃、散步、踏青的打卡点。不少人都有和龙峰塔的合影，是珍藏的独家记忆。

或许，年轻人携手来塔山公园散步，不经意间就成就了终身姻缘。或许，年轻学子来此塔下，激扬文字，指点江山，无意中就书写了浙东历史。

龙德寺的历史，年代较为久远。或传建于三国时期东吴赤乌年间，或传建于唐肃宗乾元年间，因为缺乏文献佐证，连古人也搞不清它的创立时间。但这并不影响龙峰塔的地位。

1380 年 4 月 8 日，七十一岁的宋濂为龙

龙德寺塔全景　何敏福

德寺写了一篇文章《重建龙德大雄殿碑》，生动记载了龙德寺的历史。这让六百年后的我们仍然能根据这篇文章，了解浦江龙峰塔的前世今生。

宋濂谈及，龙峰之上有塔七层，"宋天圣三年，僧咸若募兵部侍郎胡公则捐钱五十万所建"。天圣是北宋仁宗的年号，共使用了十年。天圣三年，也就是 1025 年。由此可知，龙峰塔距今已近千年，是不折不扣的宋韵历史遗迹。

龙德寺名气有多大呢？从宋濂的这篇文章中，我们可以看出一些蛛丝马迹。龙德寺这个名字是从北宋真宗大中祥符年间（1008—1016）开始叫的，在此之前，它叫乾元寺。到了南宋年间，龙德寺名气更大，受到皇帝的关注，宋宁宗亲书寺额赐给寺庙。"涌殿飞楼，雄丽华焕，为一郡佛宫之冠。"从宋濂的文字中，我们不难想象龙德寺的金碧辉煌及其在金华的影响力。

寺庙是古代民间活动的重要场所。记录龙峰塔的宋濂和佛教的关系也较为密切。宋濂，字景濂，号潜溪、无相居士，明代开国文臣之首、文坛领袖。关于他的出生也有一个动人的故事。宋濂未出生前，其母亲曾梦到一名僧人手持《华严经》而来，对她说："吾乃永明延寿，愿假一室，以终此卷。"母亲梦醒，即生宋濂。于是给他取名叫"寿"，后来改为"濂"。这个故事被宋濂完整地记录在《善继禅师血书〈华严经〉赞（有序）》中。在《题智觉禅师遗像赞》中，宋濂称："我与导师有夙因，般若光中无去来。"智觉禅师延寿曾督造六和塔，如今六和塔也是杭州的文化地标之一。

七十一岁的宋濂，站在龙峰塔下，或许会回想起当年来浦江跟随吴莱求学的场景，以及在青萝山房的青葱岁月。四十五年前，二十六岁的宋濂来到东明精舍，开始了他的教书生涯。他在浦江度过了难忘的日日夜夜。白麟溪畔，传出了琅琅书声；仙华山上，留下了文学青年的攀登足迹。宋濂，和浦江融为一体。浦江为宋濂的文学书写提供了良好的素材；宋濂的诗文也提升了浦江山川的知名度。龙峰虽是一座小山，却因这篇文章而熠熠生辉。龙峰塔也因宋濂的记载，而多了一份活色生香的素材。

龙峰塔静静地屹立在龙峰之上，见证着一个个浦江青年的人生浮沉。清光绪《浦江县志》把"龙峰古塔"列为浦阳十景之一，称"虽数十里外，莫不见之"。它目睹了宋代于房及其诸子的蟾宫折桂，也见证了工部尚书钱遹的宦海沉浮，更经历了吴渭、方凤、谢翱、吴思齐等文士吟唱四时田园杂兴到柳贯、吴莱、宋濂、张孟兼、戴良等文士的诗词酬唱。

龙峰塔还见证了浦江文化世家的崛起，比如义门郑氏。郑渊、郑楷、郑棠、郑柏等文士，白麟溪畔的师生对话，至今仍回荡在历史的星空。龙溪张氏是另一个文化家族，张元谕、张应槐、张一韶、张德嗣等，以手中之笔书写浦阳山川风物，留下浓墨重彩的一笔。龙池倪氏的倪尚忠、倪仁祯、倪仁吉、倪立昌、倪宜子等，他们的名声超越浦江，传到全国。倪仁吉和她的侄女倪宜子均为才女，其中仁吉的才名更盛。倪仁吉有《凝香阁诗集》传世，倪宜子亦有诗集《撷芳集》在文人间流传。

简单地勾勒历史，不难发现浦江文脉的悠远绵长。清代义门郑氏编纂的《浦阳历朝诗录》，收录浦江三百三十九位诗人的一千一百一十二首诗歌，具有珍贵的价值，令人震撼。这本书收录的诗作，只是浦江诗歌创作的一部分。这也从侧面反映出浦江文学创作之兴盛。

20世纪以来，浦江有张书旂、吴茀之、张振铎、方增先、吴山明等文化名人，书画成为浦江的"土特产"。张书旂以《世界和平的信使》（又名《百鸽图》）祝贺罗斯福连任，轰动全球。张振铎则与李苦禅并称为"南张北李"。从此，书画成为浦江的一张金名片，闻名全国。

自东汉兴平二年（195）设立丰安县，中经唐代天宝十三年（754）

置浦阳县，至今浦江已有一千八百多年的悠久历史，成为全国瞩目的文化之邦、书画之乡。作为浦江文化的象征，龙峰塔仍传承着浦江文脉，记录着浦江大地的悲欢离合。一直到现在，还有不少人来此寻幽探胜，回忆在龙峰塔下的美好瞬间。而今，小草发芽了，花儿盛开了，塔山公园游人如织，龙峰塔迎来又一个万紫千红的春天。

源远流长左溪寺

石育才

浦江县文史专家。

浙江佛教历史悠久，大约一千八百年前，佛教就在这片土地上传播了，天台山的国清寺被日本、韩国佛教奉为天台宗祖庭，而浦江岩头的左溪寺，是佛教天台宗祖庭之一。该寺坐落在浦江县东北二十二里，夏泉村西之左溪山麓。前列翠峰三圣岩、香炉尖之屏；寺有左青龙、右白虎之瑞；背倚荆紫岩百丈绝壁之雄；南临云嶂岩仙山之秀；北近屏风山之幽；山下左溪源远流长之韵，外有踞象守口之胜，实为佛教之圣地。

左溪寺历史

左溪寺始建于唐开元年间（713—741），开山鼻祖为天台宗第八祖师左溪玄朗大师，入室弟子为天台宗第九祖师荆溪湛然大师。"重山深林、怖畏之地"（李华《左溪师塔铭并序》）的僻寺，孕育了两位天台宗祖师，可谓奇迹。当时，江（苏）浙（江）一带的名寺大院大和尚均拜在左溪大师的门下，古新罗国（今朝鲜、韩国）派僧不远万里，漂洋过海来左溪寺拜师学习天台宗。左溪玄朗大师专心一志，终生刻苦修炼。诵经则翔禽下听；食毕则群猿捧钵洗于池中；送信则白犬往返于左溪与宝掌之间；盲犬至山，伏地长嗥，师为之行忏，不逾旬日复明。师之修炼，达到极其高妙无穷的境界，铸就左溪寺的辉煌。

明邑人郑渊（月泉书院山长）在《游左溪山》中写道："我来日暮掩柴扉，兀坐空亭依翠微；洗钵青猿随世去，衔书白犬几时归；自怜飞锡成寒溜，谁为左师传法衣；龙象遁迹山寂寂，落花唯逐鸟啼飞。"

初，左溪大师独居岩穴凡三十年，村人于平始为大师治屋安庵，约而不简，左溪跪忏其间。后寺无续人。"中间或衰，故左溪废坏，浸不得复。"（李华《左溪师塔铭并序》）宋开宝年间（968—976），于平之曾孙伯昭"伤先人之所为，念大师之道场也。遂躬负畚筑，斩茅除榛，搜材发石，而渐复其屋室"（李华《左溪师塔铭并序》），并呈状报请越王赐名"双溪"，又报请十方说法住持，愿得杭州大和尚宝初者主之。寺事未竟，伯昭逝。其子嚞继承父志，乃竭尽其力而就其功，始于佛殿，范如来诸大菩萨像，一切完备。重修"洗钵池"，并撰就《洗钵池记》一文镌于碑石，这是浦江乡人写乡事的第一文。至于粟蔬盐醯，于氏供给者四十余年。于嚞有四子，长立、次璧、三房及二孙皆举进士第，却把"于氏七星"之一、文才出众的幼子清穆送进寺里为僧。于氏为左溪寺做出巨大贡献，这在重科举重官吏的封建社会是难能可贵的奉献精神。

左溪寺曾三次建舍利塔：唐天宝十三年（754），左溪大师圆寂，火化后得舍利。门人分半舍利建塔于寺侧。邑城人为亲近大师，分半舍利建塔于州城之东。唐礼部、吏部员外郎李华，受请为左溪大师写下《左溪师塔铭并序》一文。唐会昌年间（841—846），塔圮。宋开宝六年（973），重建舍利塔于寺东南隅，后亦圮。宋绍兴二十二年（1152），有舍利降，再造塔藏之寺，后圮毁。宋时御史方蒙《于氏伯昭公墓记》中说："亭后百步土阶，石级四五层，有小岭多桂树，因名为丛桂岭。岭后穷高处，梵宇巍峨，为普安院（即普安禅院）。院首建浮屠（塔），高数十寻（长度，八尺为寻），名上山塔。"

宋天圣、庆历间，在兄于房（曾任吏部尚书）的大力帮助下，住持清穆继续祖、父辈之愿，尽心尽力，建三门、大藏、方丈，僧房九十一楹，造檀香佛像、纻漆天竺像、弥陀、势至、观音等佛像金身，铸大铜钟（后无存）。清穆禅师在庆历七年（1047）写下《普安禅院记》之文，记录左溪寺历史和重建实况。此文成为浦江寺宇建设史上第一篇文章，为研究浦江早期佛教历史提供了一份宝贵的资料。

明洪武二十四年（1391），邑内天宫讲寺、护圣教寺僧皆并入普安禅院，遂改名为"左溪讲寺"。明万历年间（1573—1620），铸钟一口，后无存。崇祯四年（1631），铸钟一口（20世纪50年代初，移至礼张小学作信号钟用，后被出售于杭州）。清康熙年间（1662—1722），增建普安堂。乾隆三十八年（1773）寺圮。嘉庆六年（1801）重建左溪寺。咸丰十一年（1861），寺毁于兵患。光绪初年，左溪寺又得以重建。1950年，佛像全部被毁，和尚陈森杞回家（浦江县檀溪镇会龙桥村）还俗。1966年，左溪寺大雄宝殿、南北厢房拆毁，砖、瓦、木料全部运往礼张，建造公社用房和卫生所，仅留下山门三楹。

1995年9月，左溪寺被评为浦江县十大胜景之一。是年10月，中共浦江县委宣传部组织县旅游局、县财政局、县文化馆和左溪寺景区筹委会等十二人，赴天台国清寺专访，探究左溪寺与国清寺一千二百多年的深远渊源，两个天台宗祖庭重续前缘。

2000年，左溪寺大雄宝殿重建落成。十多年来，陆续建设了僧房、三圣殿、客堂、斋堂、佛塔、大门坊等建筑，铸有一千五百公斤大铜钟一口，置大鼓一只，铸大铁香炉一座。

左溪玄朗大师

　　天台宗第八祖师左溪尊者，俗姓傅，字惠明，号玄朗，因庵居左溪，历称左溪大师。义乌市塔山乡上傅村人氏，梁傅翕大师六世孙。母傅葛氏因梦天降灵瑞而娠左溪师。左溪师诞生于唐咸亨四年（673），"心静体安，迄于乳育。生九年矣，辞家入道，兼综群言，曰：此法门之畎浍也"（李华《左溪师塔铭并序》）。左溪师认为，他所学这些学说非常肤浅，犹如田间小沟渠，终不能涵荡汪洋。左溪师志存高远，欲达更深妙境界。于是，左溪师在十九岁时，入义乌清泰寺剃度礼佛。不久又赴河南光州从师崖律受具足戒。后再师从绍兴妙喜寺印宗禅师研禅要，为自己精通多门派的学说打下坚实基础。最后来到东阳天宫，向天台宗第七祖师慧威大师进一步精学天台宗"一心三观"大法，刻苦钻研，觉悟日新，深得最上层，证第一之义，宏大精深。

　　左溪大师走过坎坷曲折的求知求法之路后，五十三岁前就只身寻找到修行的最佳之地左溪山。此时，左溪山系"重山深林，怖畏之地，独处岩穴，凡三十年。晏居左溪，因以为号"。左溪大师在此修行，生活条件极为艰苦，"左溪僻在深山，衣敝食绝，布衣而缀，掬泉而斋。如缯纩之温，均滑甘之饱"。但大师不因条件之艰难而动摇他以中兴天台宗为己任的坚强意志，依然刻苦钻研天台宗教义，孜孜求索不息。有人问他："万物皆空，云何苦行？"师答："本无苦乐，妄习为因。众苦妄除，我苦随尽。"又问："山水自利，如聚乐何？"师对曰："名香挺根于海岸，如来成道于雪山。未闻笼中比寥廓。"（李华《左溪师塔铭并序》）

　　正因左溪大师苦苦修行，深入研究，将天台宗佛学阐述得深透尽致，出神入化，更上层楼，以致能慑服良禽灵兽："诵经则翔禽下听，洗钵则群猿来捧。""夫知上法易行，上法难修，上法易证，上法难明。谓左溪为有，则实无所行；谓左溪为无，则妙有常往。视听之表，巍巍左溪。"当时，江浙一带名寺大僧拜于左溪玄朗大师门下的弟子甚众："衢州龙邱九岩寺僧道宾、越州法华寺僧法源、僧神邕，本州灵应寺僧元净，栖岩寺僧法开，苏州报恩寺僧道遵，皆菩萨僧，开左溪之秘藏；常州福业寺僧守真，杭州灵耀寺僧法澄，灵隐寺僧法真，明州天宝寺僧道源，净安寺惠从，本州开元寺僧清辩，绝得醍醐，饱左溪之道味；入室弟子本州开元寺僧行宣，常州妙药寺僧湛然，见如来性，传左溪之法门；新罗僧法融、理应、纯英（注：《宗教词典》中为法融、理英、纯英三人），理应归国，化行东表，宏左溪之妙愿；菩萨戒弟子傅礼、王光福等，菩提惠芽，沾左溪之一雨。"（李华《左溪师塔铭并序》）上述弟子绝不会是左溪大师的全部习法僧人，只是较为主要的或著名的。

左溪师不仅是江浙等地的宗教大法师，还名扬海外。《左溪师塔铭并序》中提到的新罗国（即今之朝鲜、韩国），曾派僧不远万里，漂洋过海来左溪寺，求取天台宗真谛，回国后创建和发展了天台宗佛教。有资料证明，朝、韩目前已知的天台宗传入时间，比在左溪寺学成归国后创立天台宗的时间要晚近三百年。而日本高僧最澄是唐贞元二十年（804）来中国国清寺，向湛然大师的弟子道邃学习天台宗佛法，回国后才逐渐发展壮大日本天台宗，所以日本天台宗僧俗从国清寺沿着湛然大师的唐代足迹，多次来左溪寺寻根追祖，瞻仰天台宗的祖庭祖师。

左溪玄朗大师"心不离定中，口不尝药味，鬒耆之岁，同于壮龄，告门人曰：'吾六即道圆，万行无碍，戒为心本，汝等思之。'天宝十三载九月十九日就灭，春秋八十二，僧夏六十一，四辈号恸，如慕如疑，香木幢幡，雷动山谷"（李华《左溪师塔铭并序》）。当时，乡人们做了同一个梦，梦见左溪大师居于欲界六天之第四天，在须弥山之顶的兜率天内院，即将来成佛的菩萨居住之所，弥勒佛在此说法。

有一则民间传说，大师圆寂后，按当地风俗，众人将大师灵柩送上山去安葬。当众人离寺后，在护送路上，突然黑云压顶，狂风扫地，暴雨倾盆，众人只得停柩，回寺躲雨。刚到寺院门口，忽然云散天开，风停雨止。众人即返回原地，却不见大师灵柩，沿着所散的"路纸"追寻到寺西北二里的屏风山旁，但见巨大石块堆成圆形大墓，墓前约十米处耸立一块扁平巨石恰如墓碑，高丈余，广如是。真是鬼斧神工，极为奇特。元邑人柳贯之诗中写道："谁初藏舍利，驾说包椁枢。到今乱石间，鬼物俨居守……还乘不尽兴，更历最高阜。鞭石障卯风，无乃巨灵剖。川岳奠方维，坤舆鳌背负。"说的正是玄朗之墓。千百年来，寺下夏泉及附近村人称之为天葬"禅师坟"。至今，玄朗墓周围之山名统称"禅师坟"。1995年7月，日本大正大学教授、天台宗研究学者秋田光兆首次来左溪寺寻根拜祖。当来到"禅师坟"，秋田光兆用汉语惊呼："啊，玄朗墓！玄朗墓！"随即便拜，并连连拍照，兴奋异常。1998年2月，日本秋田光兆率团再次重上左溪寺和"禅师坟"，考察和参拜祖庭。

《天台九祖传》中记："左溪既殁，师（湛然）挈密藏（左溪大师之著述），独运东南（天台国清寺）。"

左溪大师圆寂后，弟子清辩禅师请李华为师撰写《左溪师塔铭并序》一文，并镌于石。李华是唐代著名散文家，又是湛然大师的俗家弟子。全文写得优美生动，人物形象鲜明，字有金玉之声，具有重要的历史意义。旧志皆有刊留，可称为浦江第一不朽之文。元柳贯曾率众观摩这浦江"金石"之首，即拓了墨本，并写长诗记之："摩挲李华碑，楷画辨跟肘。固惟制作精，所以能不朽。拓墨虽模糊，尚可形篆籀。"诗中对左溪大师也大加称颂："……左溪披仙华，山山蓄灵秀。蒸霞作岚霏，泄云出嵌窦。朗公修何行，宴寂并昏昼。及其止观成，白日飞光透。"

《天台九祖传》标为"八祖传持教观左溪尊者明觉大禅师"，是吴越王为左溪大师请谥"明觉尊者"。

荆溪湛然大师

　　荆溪湛然大师出生于唐景云二年（711）。俗姓戚，晋陵（江苏常州）荆溪人氏，时人尊其道，因以为号。湛然出身儒家，儿时即有超然迈俗之志。唐开元十五年（727），湛然赴浙寻师访道，遇金华方岩大师，授以天台宗止观之法。开元十八年（730），入左溪寺，从学天台宗八祖左溪玄朗大师。玄朗看中湛然慧敏过人，悟性甚高，分外倾心传法，悉心教授天台宗观法。唐天宝七年（748），湛然于常州妙药寺（《天台九祖传》记载为宜兴君山净乐寺）正式出家。又赴会稽从名僧昙一师博究律部。继而演止观法门于吴郡开元寺。

　　唐天宝十三年（754）九月十九日，左溪玄朗大师既殁，湛然将左溪大师的全部"密藏"（天台宗著作）独运东南天台山国清寺。

　　湛然以中兴天台宗佛教为己任，对其子弟说："今之人或荡于空，或胶于有，自病病他，道用不振。将欲取正，舍予谁归？"晚年，他在国清寺孜孜不倦地研究求索和弘扬天台宗教义，终有大成，实现天台宗的复兴之梦。唐大历三年（768）起，湛然大师向国清寺的弟子道邃、行满、元浩等三十九人传授天台宗之佛法。道邃再传日本僧最澄（767—822），后者归国后开创日本天台宗佛教。湛然大师接过左溪大师衣钵，竭尽一生之力，钻研天台宗法门，传播、发展天台宗教法，使天台宗逐步中兴，被尊为天台宗第九祖师。

　　唐天宝至大历年间（742—779），玄宗、肃宗和代宗三代皇帝，三次下诏邀湛然入朝讲经，湛然均以疾而辞之不赴。湛然的天台宗佛学主要著述有《法华玄义释签》《法华文句记》《摩诃止观辅行传弘决》等二十三种计九十二卷，为天台宗后来的发展做出不朽的贡献。

　　唐建中三年（782）二月五日，湛然疾终于佛陇，寿七十二，佛夏四十三。门人奉师之全身塔于智大师莹域之西隅。吴越王请谥"圆通尊者"。

江南好家风　浦江旭升堂

王向阳

《市场导报》社主任记者，中国作家协会会员。

数百年来，在《深溪义门王氏家则》的规范和熏陶下，王氏子弟"课农桑，敦诗礼，耕者力于稼穑，读者勤于诗书"，形成一种勤于耕种、读书的耕读家风。其中，尤以郑宅镇前店村旭升堂为翘楚，在清代两百多年时间里，先贤们白手起家，勤劳致富，尊师重教，诗礼传家，建家塾、延名师，再加上子弟勤攻读，一门之中连续出了八代秀才，成为中华民族践行耕读家风的优秀典范。

家　风

旭升堂两百多年的实践表明，子弟只有从小受到良好家风的熏陶，才能勤奋读书，勤劳致富，继承家业，发扬光大，确保基业长青。

克勤克俭，发家致富。旭升堂的先贤白手起家，靠的是勤劳致富。明朝末年，浦江县郑宅镇前店村的王大龙生三子——王天俸、王天禄、王天爵。王天俸"始家不加丰，后业日以

旭升堂门楼　张雪松摄

隆"，王天爵的第四子王宗完"营缔生业，业底有成"，第六子王宗群"以赀甲于乡里"。富裕起来的王氏子弟没有花天酒地、骄奢淫逸，依然布衣素食，安于俭朴。作为旭升堂的始祖，王继旦"治家严整，事事皆有法度，而奉身以俭，率下以勤"。旭升堂第二世王守中"业既饶裕，而恶衣菲食，不殊寒素，创大厦以广规模，人人欣悦，相助有成"。

兄弟同心，其利断金。在旭升堂初创时期，人丁不旺，常常一脉单传，又享年不永，往往英年早逝。王继旦生王守中。王守中生王祖源、王祖津，分成两支：王祖源生王志枫，王志枫生王舟；王祖津生王志棣，王志棣生王龄。都是一脉单传。其中一支的男丁如果英年早逝，未成年的子女只能由另一支的兄弟代为抚养。王继旦抚养兄长王继祥的儿子王守观，甚于己子王守中，事载《乾隆浦江县志·孝女传》。

含辛茹苦，抚养孤儿。旭升堂部分先贤享年不永，有的活到二十多岁，有的活到三四十岁，子女年幼，除了兄弟相助，更赖遗孀青年守节，辛勤抚养，先后涌现了不少教子成立的贤母。率先给后世媳妇做楷模的是王天爵妻朱氏，其媳妇王宗群妻朱氏紧随其后。旭升堂先后有两位守节的遗孀受朝廷旌表，奉旨建立旌节牌坊：一位是第四世王志棣的夫人黄氏，二十六岁守寡，抚养一个儿子，七个孙子；另一位是第五世王舟的夫人张氏，二十七岁守寡，抚养一个儿子，四个孙子，均学有所成，成为社会的有用之才。

乐善好施，热心公益。旭升堂的家业之所以长盛不衰，是因为历代先贤乐善好施，热心公益，积极承担社会责任，渊源有自，代有其人。旭升堂的创始人王继旦"秉性慷慨，乐于斛推，岁出其所有以济乡里之困乏及宗族之贫病者"（张以珸《承百十三存斋公传》，收入《深溪义门王氏宗谱》卷六），不仅接济宗族，而且接济乡人。旭升堂第四世王志枫、王志棣兄弟捐谷赈饥。除了救苦济贫，旭升堂历代先贤热心修桥铺路。至于修宗祠、续宗谱、祭祖宗这样的公益事业，旭升堂的历代先贤不甘人后，乐此不疲。

学　风

旭升堂的家长向来尊师重教，建家塾、延名师，再加上子弟勤攻读，培养了一代又一代的有用之才。

建家塾。旭升堂的家塾始于始祖王继旦，名叫青云斋。一百多年后，旭升堂第五代王龄绳其祖武，发扬光大，"于居室外营构别墅，名曰双桐书屋，延师以训其子，而自外来肄业者常数十人，得所成就甚多"（郑祖涝《昆四十二府君暨张安人墓志铭》，收入《深溪义门王氏宗谱》卷十一）。相对于青云斋而言，双桐书屋是新设的，故又名新书堂。到了 1922 年，旭升堂第八世王兴镇在王氏宗祠创办私立中正初级小学。

延名师。王可仪在《家塾记》里说过"教学之道，择师为先"。旭升堂出就外傅的子弟到底向哪些老师问学？家塾请过哪些老师？从现存的断简残篇中可窥见一鳞半爪。他们是郑尚苰、陈命禹、张以珸、张邦彦、周璠、王有芳、陈耀俊、王明爽、王祖瑺、王志推、黄志锴、黄几塄、王志镇。在科举时代，教习时文（即八股文）是题中应有之义，无可非议。难能可贵的是，旭升堂延请的名师不仅教为了功名的时文，还教对于生活大有用处而对功名没有用处的古文，成功培养了古文名家王可仪。

勤攻读。旭升堂的先贤虽从小生活在富裕人家，但没有得"富贵病"，而是和寒门子弟一样，悬梁刺股，寒窗苦读，不负父母的一片苦心，不负老师的辛勤栽培，甚至为此献出宝贵的生命。旭升堂始祖王继且"潜心嗜学，能通五经大义"，因忙于家务，中途辍学。而其兄长王继祥着意功名，成为前店村的第二个秀才。兄长王继祥不幸去世以后，王继且培养侄儿王守观和儿子王守中，两人相继中秀才。在双桐书屋里，王龄的七个儿子均受到良好的教育，可谓"一门七杰"：王可仪，岁贡生；王可大，邑庠生；王可作、王可俊，业儒；王可杰、王可在，九品职衔；王可仔，业儒。

文 风

在现存的文献资料中，旭升堂第五世王龄留存诗歌三十首、文章五篇，其子王可仪留存诗歌九首、文章五十八篇，父子俩的诗文共计达到一百零二篇（首）。

王龄工诗歌，善绘画，著有《埜园诗钞》（又称《亦亦诗钞》）四卷（已佚）。张汝房在为王龄《亦亦诗钞》所作的序言中，称其诗

"不假雕饰，别有天趣，读其诗，如见其画，如见其人"，寥寥数语，可谓不易之论。

"不假雕饰"。王龄的诗歌多出于天性，是内心的自然流露，大多采取白描的手法，不假雕琢，有一股"清水出芙蓉，天然去雕饰"的清新之风。譬如《题郑素园〈柳岸垂钓图〉》："先生乐如何？在钓不在鱼。人间万事轻如丝，先生之乐乐有余。"语言明白晓畅，朗朗上口，犹如民歌一般通俗易懂。

"别有天趣"。正因为王龄的诗歌不假雕饰，读起来天真自然，别有一番趣味。先看《登山杖铭》："出必随行，坐则侍侧。犹子若孙，曰惟汝翼。遇险而夷，汝之职欤？遇颠而扶，汝之力欤？可劳而劳，有德不德。惟我与汝，久交靡忒。"全诗采用拟人的手法，把须臾不可离身的手杖当作搀扶老人的子孙，读起来妙趣横生，忍俊不禁。

"如见其画，如见其人"。王龄能诗善画，把绘画的技法融入诗歌创作，臻于"如见其画，如见其人"的化境。他在诗歌创作中，充分发挥了画家的优长，特别善于写景，比如："娟娟绿净粉初消，冉冉枝新篸犹坠""磷磷山骨涓涓水，惨惨云容淡淡烟"，写的是静景；"日车翻出朱轮朱，华曜闪烁麟溪墟。溪水潆洄绕襟带，汇入浦汭从东趋"，写的是动景。

王龄一门七子，个个能文，尤其是长子王可仪工于古文，自成一家。王可仪现存五十七篇古文，其中二十五篇出自《味经斋诗文稿》残本。朱寯为王可仪《味经斋诗文稿》作序："曹（开泰）先生深推许之，以为古文一道，君可自成家，不必论唐宋元明清诸大家之相似与否也。"王可仪所写古文的风格，跟其师承的渊源有关。"一则善其能承父志，又善其能绍师传"，一半得于父亲王龄的家传，语言通俗，文字简洁；一半得于老师周璠的师传，崇尚实学，擅长说理。

语言通俗。王可仪屡次参加科举考试，写的是所谓时文的八股文，无论是文章的立意还是遣词造句，都逃不脱四书五经的藩篱，比一般的唐宋散文更加深奥晦涩。但在他现存的五十八篇散文中，除了寿序这种特殊文体比较深奥晦涩以外，其余文章不论是说理，还是记叙，大多语言通俗、明白晓畅，很少有清儒寻章摘句、堆砌典故的通病。

文字简洁。在王可仪的散文里，很少有千字文，大多在五百字左右，短的只有三百字，文字省净，文短意不短，言简而意赅。如他的《藏书目录序》，短短三百余字讲了三层意思：第一层列举古代的藏书家，有穷的，也有富的；第二层介绍自家的藏书；第三层肯定藏书的功用。文后朱寯的点评一语中的："落落数行，以少许胜多许，笔墨极洁净。"

崇尚实学。王可仪也像他的老师周璠一样，写出一系列接地气的实用文章，《味经斋诗文稿》里有《〈藏书目录〉序》《〈出入总登簿〉序》《〈家中实物记〉序》。《〈家中实物记〉序》写道："尝读吾五世祖复之公所著家则，于家中什物之细，亦无不置之有条，而用之有纪，岂纤啬哉。家虽小，器用必需，物虽微，检点必至。"戴聪的点评恰到好处："此与总登簿序皆布帛菽粟之文。"因为人的日常生活就是开门七件事——柴米油盐酱醋茶，虽然琐碎，但颇为实用。

擅长说理。在王可仪的《味经斋诗文稿》里，最前面的就是一组有关仙道神佛的说理文章。对于求仙拜佛的行为痛加批驳："佛不可以治天下之君子，而可以治天下之小人也"（《佛说》）；"事神以治身，非以求福也。身治而福不必求"（《方岩求福说》）；"风水不可断，土其可断也！然则土可断，安知风水之不可断也"（《风水说为六弟一升作》）；"生而为人，皆可以为神仙，惟在人之以神仙自为而已"（《仙说》）。

《礼记·大学》说："欲治其国者，先齐其家；欲齐其家者，先修其身。"《孟子·离娄上》说："天下之本在国，国之本在家，家之本在身。"这就是儒家"修身、齐家、治国、平天下"的家国一体思想。旭升堂之所以在两三百年时间里连续出了八代秀才，家业长盛不衰，不是因为祖先留下了多少高楼、田地和金银，而是因为教子读书的良好家风。这对于我们今日汲取祖国优秀的文化遗产，做到古为今用，增强文化自信，提高文化软实力，从而提升综合国力，具有很强的借鉴意义。

解读明朝海上丝绸之路的遗存

浙江省作家协会会员、金华市青年作家协会副主席。

在浦江县白马镇永丰村，有一个浙江省省级文物保护单位——土库。土库并非蓄积泥土的仓库，而是明万历年间荷兰商人设立的一座货物仓，其名称"土库"二字，是由印度尼西亚和马来西亚语中的"toko"（意为商店）音译而来。白马土库承受住了时光年轮的碾轧，经受住了四百多年风霜雨雪的无情摧残，是中国唯一留存于世的土库，它见证了明代资本主义萌芽的发展历程，延续了当年中外贸易往来的盛况，昭示了古代海上丝绸之路的繁华景象。

小村庄有一座"国宝土库"

白马土库的由来，得从历史上著名的"隆庆开关"说起。

明隆庆元年（1567），明穆宗朱载垕听从大臣建议废除海禁，允许民间私人远贩东西二洋。民间商人出海贸易得到官方认可，随着这条新政的颁布，国人和荷商的海上大规模贸

073

白马土库　魏礼鸿摄

易便繁荣兴盛起来。至万历年间，明神宗朱翊钧一上任就调整了海外贸易政策，实行大规模海禁，但仍有以贩卖丝绸、茶叶、香料为生的国人铤而走险，继续与荷商进行私下买卖和交易。出于贸易往来需要，也为避人耳目，荷商在广东、福建、浙江等沿海地区私自建造九座土库，作为堆放枪支弹药、藏匿金银珠宝的货物仓，白马土库便是其中一座。

　　白马土库的所在地——永丰村，是个名不见经传的小村落，荷商缘何要在此处建造土库？这跟兰溪一名叫董华的商人有关。一次经商途中，董华路经浦江县白马镇永丰村，发现此处正好是诸暨、义乌、浦江三县汇集交界处，不远处的杨家埠码头直通浦阳江和钱塘江，入海畅通无阻。这处水陆交通要塞，自古就是集市繁荣、商贾云集之地。若土库建在这里，既能保证货物的快速贸易流转，又兼具安全性和隐蔽性。最让董华意外的是，距永丰村三公里以外的巡检司管理异常松懈，形同虚设，能给海上走私提供绝佳机会。这里集齐天时地利人和，别处恐怕很难找出比永丰村更适合设货物仓之地了。

在董华的强烈推荐下，与之有密切生意往来的荷商麻韦郎在永丰村偷偷兴起了土木。1573年，土库拔地而起。往后很多月黑风高之夜，永丰村频繁响起纷乱的脚步声以及车轱辘摩擦地面的密集声响，有时也会听到大拇指和食指弯曲着放进嘴里发出的急促"啾啾"声。但很快，在一阵狂乱的狗吠声后，永丰村又恢复到往日夜阑人静的状态，唯有遗留在村道的马粪和车轱辘痕迹，表明这个小村庄曾在前一晚闯进过一群不速之客。

清康熙年间，政府严令国人禁止和外商私下贸易，迫于压力，荷商不得不撤出中国，这座历史悠久、略带神秘色彩的土库随之成为永丰村十八户村民的私人房产。

实用价值与美学价值高度融合

白马土库坐北朝南，前后两进，上下两层，左右厢房各九间，建筑面积达七百七十六平方米。

白马土库具有很高的艺术、研究和欣赏价值，是明朝遗留于世的文化瑰宝。最让人称道的当数左右两个台门上方分别嵌着的莲花、宝瓶和马蹄形银锭等图案的砖雕，纷繁的花式逼真却不失灵动，柔美却不失刚劲，这是中国最早发现的商行标志，也是整个白马土库的灵魂所在，在国内同时期的明代古建筑里几乎找不到同类型的砖雕花饰。另外，还有屋顶的二十二个马头蝴蝶形墙，数量之多国内鲜有。这些马头蝴蝶形墙把土库衬得像部厚重的史诗，也给土库凭空增添了一份耐人寻味的神秘感。

外在的精致美观只是其中一个特色，白马土库非常讲究整体结构的周密和严谨。因考虑货物要在此处集散转运，麻韦郎在动土前，特意在朝南方向留了一大片空地，作为装卸搬运、加工集拼的场所。

堆放货物之地对干燥性的要求极高，白马土库有一套功能强大的排水系统：呈"品"字形的三个天井（前进的大天井和后进两个面积相等的小天井）每个都设有单独的集水坑，承担着土库内部的排水功能。永丰村村民傅继泉在白马土库周边住了四十多年，他说从未看见过下雨天土库有积水。他印象最深的是1998年夏天，连日的强降雨导致浦阳江水漫溢，很少受水灾困扰的永丰村破天荒地被淹了农田和居民房，让人称奇的是土库居然安然无恙。

白马土库还有较强的安全性和隐蔽性，是一个相对封闭的内向建筑空间。整幢建筑仅在南面开了两扇大门，未在院落其他方向设立边门。除第一进其中一个小间在外墙上开有青石条做窗框的小窗一扇（内嵌八根粗钢条，据传此间乃荷商聚集开会的场所），其余房间的窗户均设在朝院里一面。只消关上大门，所有的一切都可隔离在土库高高的砖墙之外。

白马土库俯瞰图　魏礼鸿摄

历经沧桑巨变后的重放光华

20 世纪 70 年代以前，白马土库四周是大片的农田，放眼远眺，可以清晰地看到一公里以外的浦阳江。随着永丰村人口剧增，土地资源日渐紧张，周围新建的楼房越来越多，白马土库很快隐没于密密麻麻的民居房里。

1985 年 5 月，经浦江县政府批准，白马土库被列入县文物保护单位。土库虽说得到了县政府的重视和关注，但因年代久远等不可抗力，小规模修修补补再也阻挡不住土库的日渐破败之势。眼见成为危房，村民陆续迁出此处，土库彻底沦为堆放柴火、纸箱、废弃农具的杂物间，甚至还有人在里面养起了鸡鸭。再加之长期无人居住和打理，加剧了土库坍塌之势。据村民傅继泉回忆，到 21 世纪初，土库除了正门的墙壁和院里的柱子完好无损，其余均出现了密集的裂缝，一场台风和暴雨就有可能使之倾塌，最后沦为残垣断壁，从此世上将再无白马土库。

一场抢救性的修复开始！2006 年，县政府一笔八十万元专项修复资金到位；同年 7 月，永丰村到东阳请来工艺美术大师吴初伟和技术团队，本着"修旧如旧"的原则，按照同等比例，对白马土库进行整体修复，经过长达五个月的努力，终于还原了古建筑的传统格局、历史风貌和空间尺度，使得白马土库重放光华，各级媒体竞相报道。一时间，引来不少专家和学者前来实地探访、研究。中国考古学会副理事长、国家文物局专家组成员、故宫博物院原院长张忠培曾这样发自内心地赞叹：白马土库是国宝，是聚财之地，是中国唯一幸存的历史见证物，在国家文物保护单位名录中尚无此类型列存，今天尚能发现还有荷兰土库真是难得，文物价值十分高。

白马土库受到社会各界的关注。2011 年 1 月，浙江省人民政府把白马土库列入浙江省省级文物保护单位；2015 年，浦江县文化局主动出资，把土库外的石灰明堂改成了青石板明堂，使之与白马土库的整体格调更加相符。白马镇及永丰村的干部们也迅速行动起来，耐心劝导十八户土库住户做好搬迁。

慕名前来探访的游客络绎不绝。有人甚至直接找到村干部，建议把此处打造成爱国主义教育基地，供外地游客观摩、学习。最令人感到欣慰的是，2006年修复前，永丰村许多村民对白马土库一无所知，现在村里上至八旬老者，下至垂髫小儿，或多或少都能说出一些土库的历史变迁和价值所在。

接下来，白马土库还会向国家级文保单位发起冲击，让我们期待白马土库大绽华彩的那一天。

抗战时期的浦江"中山中学"

于文统

浦江县人大常委会原副主任、县地方志编纂室评审专家组组长。

浦江县中山中学坐落在美丽的浦阳江畔、官岩山麓，西临三江口湿地公园，南依杭金衢高速公路出口，东靠210省道。中山中学由浦江人陈肇英先生创办于1939年，宋庆龄曾两次为学校题写校名。建校以来，学校培养了《神笔马良》作者、儿童文学作家洪汛涛，解放军通信工程学院原副院长、"英语逆向教学法"创始人钟道隆，导弹专家吴锡挺，航天电子工业专家吴忠良，通信专家张有光，国防科技专家芮元营，物理学家钟云霄，《画皮》编剧王郁生，作家陈士濂，等等一大批杰出校友。

中山中学创办于1939年。战乱年代，学校办学注定艰难。中山中学两次因日寇进犯而被迫迁徙但仍执着办学的经历，尤值得后人铭记、赞叹、敬仰。我遍找史料，缘事追索，查寻真相，以此弘扬坚韧不拔的"力行"精神，追念孜孜兴教志学的诸位先贤。

学校创办

　　1937 年抗战爆发。目睹家乡教育落后的浦江人陈肇英，深为当时"浦江尚无中等学校""学风壅闭，鲜有外出就读大学之子弟"忧虑，于是，本着"救济失学青年，培植家乡子弟，使之就近入学"的宗旨，自筹资金，选址家乡古塘村西边的浦阳江边，规划校舍，监工督造，"特发起创办全日制中山中学"。工程建设、校具添置等均由在家的二哥陈肇裕负责。初始建设所需资金，百分之九十由陈肇英在闽浙乡绅间筹募。

　　1939 年 1 月，古塘创办中学一事呈报县政府审批。时任县长金

浦江县中山中学全景　方晓东摄

平欧正倡议筹办"县立战时初级中学补习学校"（简称"战中"），县政府以"县城尚无中学，乡村不宜先建"为由，暂不批准。无奈之下，二哥陈肇裕在陈肇英先行向省教育厅打过招呼的情况下，于大年三十骑马去金华批办。春节过后，上海大同大学毕业的上海君毅中学义乌分校原校长、安吉人氏王恭寿先生又三上方岩（当时省教育厅所在地），办理建校相关手续。

1939 年 2 月，校董会成立，陈肇英任董事长，学校命名为"浦江县私立普义初级中学"，聘请王恭寿先生为第一任校长，延聘教职员工十二名，同时开展首届学生招生工作，报名、监考、阅卷、录取、公布等相关工作也相继完成。

1939 年 3 月 1 日，学校开学，首届初中四个班二百二十六名新生入学。学校制定"谨身、节用、知耻、力行"的校训，所设课程与公立中学相同，有语文、数学、英语、史地、公民、博物（即动植物）、音乐、图画、体育、劳作。至初中二、三年级，增加生理卫生、物理、化学、代数、几何、三角、农业等科目。1942 年 1 月首届学生毕业后，开始招收高中新生。

后经当时的省教育厅批准，学校更名为"浦江县私立中山初级中学"，并请李宗仁先生题写"中山中学"校名。

第一次迁徙

1941 年正值抗日战争的战略相持阶段。4—5 月，日本侵略军在浙江发动了"宁绍战役"（又称浙东战役），其作战目的是在浙江沿海封锁港口、掠夺物资，并企图实施全面占领。战役发生后，温州、临海、石浦等地先后沦陷，日军分多路进攻，浙东大部沦陷。4 月 16 日，日军第二十二师团主力、第十五师团及第十一混成旅一部从杭州方向分三路进攻诸暨。5 月 11 日攻陷诸暨，12 日后又向南进犯，前锋推进至浦江县白马、嵩溪、旌坞、孝门桥一带。中山中学师生被迫迁徙。

枪炮日近，危在旦夕。为确保师生安全，学校做出向西部山区迁徙的决定。除自愿暂时回家的学生以外，留校师生员工撤至本县前吴以西约十里的小山村，准备在此组织学生临时上课。不久，战事再紧，留校师生员工只得向后方转移，经建德到富春江，找到一渡口，于是乘船至衢州，辗转抵江山。原已打算去更安全的内地，但局势忽有好转。在各地守军的抵抗反击下，日军伤亡惨重，渐呈动摇之势。5月16日，日军开始撤退。中山中学师生遂原路返回学校。由于当时是匆忙间撤离，只得将不便携带的图书、教学仪器等密封于校内。返校时，只见校门洞开，教具荡然，图书狼藉，仪器粉碎，残留者不及十分之三，加上迁徙途中的衣物损失，可谓造成了"伤筋动骨"的灾难。

学校动员各界人士捐钱捐物，克服重重困难，边添置教学设施边

浦江县中山中学校门 方晓东摄

安排学生复课，并利用暑假时间补足落下的课程。学校还组织师生积极下乡，开展抗日救亡宣传活动，搭草台、点煤气灯，同学张玲玲的《流亡三部曲》独唱，声情并茂，使无数观众感动落泪，演出效果特佳，极大鼓舞了人民群众的抗日斗志。

第二次迁徙

1941 年 12 月 7 日，日本海军偷袭美国太平洋海军基地夏威夷珍珠港。太平洋战争全面爆发，美国对日宣战，制订了东京轰炸计划，即"杜立特行动"：美军战机自太平洋大黄蜂号航母起飞，对日本实施大规模轰炸，并以浙江衢州机场为降落点。这一行动极大刺激了日本侵略者，也让他们下定决心要炸毁浙江沿海的衢州、丽水机场以及江西玉山机场，遂制订打通浙赣线作战计划，史称"浙赣战役"。

1942 年 5 月，浙赣战役全面打响。15 日夜，日军第 15 师团从萧山附近渡浦阳江，南下诸暨向浦江进发。

5 月 16 日至 17 日，日军攻打诸暨，日机已多次在中山中学附近的上空盘旋投弹，不时有百姓被炸死的不幸消息传入校园，情况万分紧急。学校又做撤离准备，除将理化仪器设备、图书等物装箱埋藏校后山脚处，还雇民工将学校存粮五十余石，运往建德的伊村、洋峨。又动员可以回家的浦江、义乌、东阳、永康等附近师生尽快回家。

5 月 18 日，日军已抵诸暨牌头。下午 3 点，学校组织无法回家的六十余位师生向西转移。而留下做最后一次检查、定于第二日出发的校长王恭寿及师友四人，竟于晚餐时遇敌机轰炸，险遭不测。"就在抓紧摒挡公务的最后一天，敌机竟悍然以我校为目标，低空轰炸，复加机枪扫射。于我俯身四周，子弹呼啸，铁片飞落。要没有那左前右后的咫尺间距，说不定我就已遭不幸了。就在同一时刻，匿伏在不远处的那位学校理发员之尊翁，竟呼号惨烈，鲜血殷红，惨然殒命。

这便是我亲见亲闻之'中华民族到了最危险的时候'的血证！"（王恭寿《1989 校庆感言》）当时与王恭寿同在一起吃晚饭的老师回忆："夜餐时，忽闻飞机盘旋有异，甫及校门，弹如雨下，轰声震耳，烟雾迷目，遂卧墙下。敌机去后，起视离身二尺之墙，弹痕累累，摸首视脚，幸然无恙。顾视桌上，饭菜犹存。同仁相睹，恍若隔世。"（汪思禹《浙东事变回忆》，作者时为校长室办事员兼校刊编辑）

5 月下旬，江南已近梅雨季节，中山中学六十余名师生冒着蒙蒙细雨，踏着泥泞，艰难前行，晚上 5 点才到达前吴。

5 月 19 日，清晨，东边炮声隆隆，不久又闻敌机扫射和炸弹爆炸声，全体师生赶紧挑起行装，匆匆去往建德伊村。途中，从逃难群众口中得知，中山中学也着了炸弹。大家都为校长四人着急担心。随行的校长的两个孩子和女同学都急得哭了。直到晚上 8 点，师生终于和校长四人相会，才安下心来。当晚王恭寿和老师们就商量组织学生上午自学，下午上山捡柴火。

5 月 20 日，消息传来，说浦江、义乌、东阳三县先后沦陷。于是，师生又向更纵深的山区洋峨乡出发。

6 月初，有人发现洋峨乡四周也有日军活动。王恭寿和大家商量后，决定渡富春江过建德去安徽，找董事长陈肇英；或去安吉，那是王恭寿的家乡，熟人熟地，便于安置。但次日晨到达三都渡口时，忽然枪声大作，附近发现日军，师生只得又逃回原山沟小村暂避。不料竟幸遇从金兰战线苦战十余日而后撤的国军第 63 师。

随军迁回的日子，师生主动帮助部队的伤病员烘衣、喂饭、洗衣、洗绷带，大家都不嫌活累活脏，特别是带着浓重血腥味的绷带和衣服，反令师生唏嘘流泪。后来，部队奉命渡兰江突围，师长赵锡田问师生怎么办。当时，王恭寿要求只带三十余位师生过江（经一周时间迁回转移，学生因家近或有亲戚，一半已离队回家），他自己一家五口（还有爱人和三个孩子）则留在洋峨乡。他是怕孩子（最小的还抱在怀里）

过不了江，因为没有渡船的话，只能上拉下踩着绳子过江。但在师长和全体师生的强烈要求下，王恭寿和爱人也同意共同突围。那时王恭寿夫妻俩已下了"万一孩子过不了江，就只有暂时托付给附近百姓抚养"的决心了。

之后师生们又跟随部队在缙云和云和边境群山之间行军，经松阳和遂昌边境，到达浙江省大后方——龙泉县。三天后，63师奉命开拔福建。全体师生和部队依依道别，又在当地报纸上刊登感谢信，感谢63师官兵在敌后抢救师生并突围至龙泉的义举。

离别63师前，王恭寿已为学生们向浙江省社会服务处求援，申请得到每日一斤米一元菜金的生活费。但也不能让学生长期住宿在流亡学生收容站，另外还有七八个教师和工友的生活和工作，需要王恭寿操心安排。于是，王恭寿只身一人独行六十里到景宁，找到浙江省教育厅请示汇报。省教育厅当即同意将二十四名学生送往瑞安县大峃镇省办浙东第三临时中学入学，享受甲级助学金，可发给棉被、衣服等日用品。第二天，教师、工友的工作也在王恭寿又去省社会处求援后得到妥善解决。

再次复学

1943年1月，浙西日寇业已退去，时局稍安，但金华仍被日寇占领。王恭寿虑及留在浦江、义乌、诸暨、东阳、建德一带的同学尚失学在家，为使他们能早日有继续学习的机会，就辞去社会服务处的工作，赶回建德，与原在建德的教务主任王廷光、事务主任包怡春等共同筹备复校事宜。但复校实施之艰难是常人难以想象的。为解决经费困难，王恭寿把自己计划培养孩子的部分家产都用上了。"惟以复校之难，难于初创。只凭片砚，皆需现购。而经费来源，几濒断绝。原校基金，全陷陷区。故设备装修，因陋就简，对教职工之待遇，力绌心余，所持者惟埋头苦干而已。"（王恭寿《从苦难中成长之中山中学》，1946 年 6 月《中山中学校刊》）"三十二年（指 1943 年）回建德，觅校址，远避敌区而移设建北，假寺宇作校舍，因经费之奇绌，履艰苦而不辞，竭尽心力，设法维持者三载，乃天不亡汉。"（杨企程《感言》，1946 年 6 月《中山中学校刊》）

1943 年 2 月，学校终于在建德北乡乾潭镇骑龙桥永庆寺复学。由于工作细致，复学时学生竟有二百零八人，新生规模已超迁徙之前。1943 年第二学期更达三百零三人。期末，在省教育厅组织的毕业班抽考中，中山中学成绩名列前茅，由是名声大振。各地学生慕名纷纷前来就读，学生遍及全省三十个县市，中山中学成为浙中名校。

1945 年夏，因骑龙桥交通不便，学校又迁至建德城内邢衙党。

1945 年 8 月 15 日，日本投降，抗战胜利，着手谋划回浦复校。

1945 年 9 月，部分教职工先期回浦，招收秋季初一新生共三个

中山中学校园内的陈肇英像　方晓东摄

班一百六十五人，而本部仍在建德。

1946 年 1 月，在建德的师生全部迁回古塘。3 月，学校恢复旧观。莘莘学子，济济一堂之盛景，重现官岩山麓，浦阳江畔。

1946 年 6 月，学校编印复校纪念特刊《中山中学校刊》，刊名由董事长陈肇英题写。除刊出数篇感人至深的纪念文章外，还刊登了后来经久传唱的校歌，歌词如下：官岩峨峨，汭水汤汤。山川秀美，唯我古塘。景濂文风，被于四方。中山遗教，灿若三光。学子莘莘，校舍堂堂。今古共研，中西并扬。如切如磋，以襄以匡。学成致用，邦国是强。

写在最后

艰难困苦，玉汝于成。抗战时期的中山中学，以"兴学作育若干青年""百年树人"为目标，既融入抗战，宣传抗战，又为抗战救国培养人才。学校不仅设立战时特殊教育讲座，开展劝募、慰劳、代为出征军人家属割稻、车水等拥军活动，还创办民众夜校和墙报，组建抗战宣传剧团下乡巡演，鼓动民众坚壁抗日。战时的环境那么恶劣，条件那么艰苦，但师生的抗争精神、学习意志，却愈挫愈坚，始终昂扬。正是秉承着百折不挠、顽强兴学的精神，才有如今八十四载过后，蔚然壮观、欣欣向荣、卓然屹立在浦江东大门的中山中学。

浦江，诗意的土地

何金海

浦江县政协教科卫体和文化文史学习委员会原主任。

纵观浦江一千八百多年的历史文化，诗词文化是最辉煌的，留下的作品很多。

一个有灵魂的城市，在于对历史文化的认知和传承。在浦江，不说万年前遥远的上山文化，也不说一千八百多年的建县史，单说北宋政和三年（1113）浦江知县孙潮疏浚的月泉和此后月泉所承载的诗词文化以及由诗而引领的书画文化，足可说明这片土地的神奇。

北宋政和三年，浦江知县孙潮命人按图籍搜遗迹，找到了月泉旧址，疏浚月泉为曲池，在池西北筑月泉亭。此后建月泉书院、创月泉吟社、开展全国征诗活动、刊印《月泉吟社诗》等，对后人以诗文结社产生了深远的影响。清咸丰年间，浦江郑义门郑竹岩收集宋、元、明、清三百四十名浦江人诗作一千零九十二首，编纂刊印了《浦阳诗录》四部二十二卷。可以说，月泉及其诗词文化已成为浦江文化的一个源头。

说浦江有文化，可以从"江南第一家"说

花开花宿　高攀摄

起。"江南第一家"又称郑义门，是饮誉中外的古代家族文化的杰出代表。居住于此的郑氏家族，以孝义治家名冠天下。自南宋建炎年间开始，历经宋、元、明三朝十五世同居共食达三百六十余年，鼎盛时三千多人同吃一锅饭。忠孝文化、礼义文化、耕读文化、建筑文化和饮食文化等竟奇迹般地集于郑氏家族，使家族不因改朝换代、世事变迁而败落。

　　说浦江人有文化，还可以从浦江人的安居乐业、自娱自乐说起。浦江这块地方说来有些特殊。1960年，浦江并入义乌前，从水系来看，依次有浦阳江、壶源江、梅江、大陈江、建溪、五泄溪。可见浦江山水丰盈，地域面广，七山二水一分田是其真实写照，而处于中心偏南位置的浦阳江流域是个四周高中间低的盆地，在相对漫长的岁月里，浦江从宋开始，逐步形成了以浦江乱弹、板凳龙、迎会、剪纸等为代表的草根文化，以及以浦江麦饼、米筛爬、"十六横签"等为代表的饮食文化，为浦江人提供了丰富的精神食粮和物质食粮。浦江乱弹、

昭昭史迹

板凳龙、迎会、剪纸、麦秆剪贴等先后被评为国家级非物质文化遗产。1993年，文化部命名浦江为"中国民间艺术之乡"，浦江剪纸还被联合国列入世界非遗名录。

浦江人有文化，更在于浦江人在传承传统文化基础上的创新，这种创新的意义在于：文化与经济的关系由改革开放以来的"文化搭台，经济唱戏"转变为现在的"经济搭台，文化唱戏"，实现文化由软实力向硬实力的转变，使文化成为生产力。聪明的浦江人已认识到，今天的创新，只要能植根于大地、经得起历史的考验，也许就是明天的传统。因而在创新时，首先要做到精通传统文化，然后充分利用现代科技成果与人民群众的智慧，将诗词书画等文化元素融入其中，浦江人奇迹般地创造出水晶系列产品、绗缝系列产品、挂锁系列产品，浦江有"中国水晶之都""中国挂锁之城""中国绗缝家纺名城"之誉。

历史文化是城市的灵魂。县委县政府本着对历史负责、对人民负责的精神，开展历史街区保护和百幢历史建筑保护利用工程、生态廊道建设，将传承历史文脉和处理好城市改造开发与历史文化遗产保护利用有机结合起来，实现人与自然的和谐相处，切实做到在保护中发展、在发展中保护。

浩瀚江河本细流，鹅毛亦能集华裘。浦江人的可贵之处更在于将传统文化的教育与传承引进校园。从2002年校园诗教开始，书画、婺剧、剪纸、童话等陆续进校园，短短二十几年时间，浦江已有多所学校获得全国诗教先进单位，九所学校分别获评书画、婺剧、剪纸特色教育学校，传统文化教学在全县中小学已蔚然成风。中小学生出诗词、童话作品集，上中央电视台戏剧演出获奖，参加童话、书画、剪纸作品全国大赛获奖，等等，捷报频传。浦江的学子都潜藏着诗词、童话、书画、戏曲、剪纸等艺术因子，这种自小而大养成的艺术气息，影响的不仅仅是一个人一个家族，而是一个区域一方水土和一代又一代的浦江人。

元初，月泉吟社的征诗活动已充分说明，一个地方的文化、一个民族的文化是不因改朝换代而受影响的。2014年，中国文联、中国美协组织国内一流美术家到浦江采风；全国中国画大展在仙华文景园开幕；月泉书院全国征联吸引了来自省（区、市）的一千零六名联友参赛；为传承月泉吟社遗风而重建月泉书院，并与月泉和月泉书院遗址一起开辟为月泉书院遗址公园，所有这些都印证了文化之于浦江这方水土的含金量和其独特的魅力。

历代
先贤

"于氏七星"千古事

石有才

浦江县文史专家。

翻开浦江历史，特别是自唐宋迄今一千多年以来，可以发现，对县内望族于氏记载甚微。而对于浦阳于氏始祖于平迁移浦江的时间，说法众多。明开国文臣宋濂撰写的《浦阳人物记》一书，为浦江留下了宝贵的历史资料。其"文学篇"，记录于氏一门三世七人，以文名世。文字简洁，加赞语不足四百三十字。后世凡涉及"于氏七星"的文字，咸无逾越宋氏之"记"。旧志载有宋名相王安石之《于房扬郡去思碑颂》一文，褒扬于房扬州平倭之功，当地士民称于房为"父母"，评价非同寻常。

唐开元间（713—741），华盖殿学士于平迁移浦阳双溪石明堂（今岩头镇夏泉村）。于氏后裔各居住地多有"于氏七星"之匾高悬于堂。何谓"于氏七星"？"七星"又指谁？《浦阳于氏宗谱》《浦阳西溪于氏宗谱》均刊有北宋庆历五年（1045）赐封"于氏七星"的《御札》之宝，曰："婺州于嵩、于立、于璧、于房、于清穆、于世封、于正封，皆善属文辞，而各有文集行于世，人号之曰《七星集》。然立、璧、房、世封、正封各举进士，皆贵。而清穆则不然，于文辞儒雅而出家，其不贵者尤贵也。朕实嘉之。特命中书科王素书'于氏七星'，以彰其美。"

为进一步了解"于氏七星"，我综合志、记、谱中相关资料，将"七星"逐一予以分说。

于暠，字志远，号汉公，浦阳于氏第五世祖，今浦江于姓人氏均系暠的裔孙。暠有学行，尤长文辞。因五季之乱，抗志不仕，以布衣终。后因子于房而贵，封赠大理寺丞，永光幽壤。暠继父愿，续修左溪寺。"竭其力而就其功。始于佛殿，范如来诸大菩萨像，一切完备矣。粟蔬盐醯，独供给者四十余年。"（《普安禅院记》）于暠还对被山洪冲淹的古迹"洗钵池"进行挖掘浚疏，导引浦江记载最早的名泉"飞锡泉"。宋淳化元年（990），于暠撰写《洗钵池记》刻于石（旧志有记）。该文为浦江现存第一篇乡人写乡事的文章，弥足珍贵。

于立，字天挺，号双溪，暠之长子，举天禧二年（1018）进士，不就。子德封迁居龙游。有后裔回迁浦邑故地，繁衍生息。

于璧，字天文，号双峰，暠之次子，登天禧五年（1021）进士。举家迁徙暨阳茨坞（今诸暨次坞）建家立业。后因裔孙发事，为避劫难，遂改于姓同音之"俞"为姓，以志不忘其根本，后成当地名门望族。

于房，字天章，号竹坡，暠之三子，中景祐四年（1037）进士。初官奉化守。于房就职后，深入私访调查，了解底层百姓疾苦，与民同忧。新官上任三把火。于房首先从惩恶劝善和兴教办学入手，毁石夫人庙，以扩学宫办教育。地方上"乡约酒礼，世久不行"（《浦阳于氏志》"先祖传赞"第六世之"宁十一府君讳房"），于房毅然决然采取有效措施，社会风气逐步得到好转，"士民称快"，他由此赢得百姓支持和拥护。后于房升朝奉郎，旋再迁尚书屯田员外郎，继任通判应天府南京留守司，兼畿内河堤劝农及管勾开治河道事，又任"上骑都尉"。

当时，倭寇经常侵犯江苏沿海一带城乡，十分猖獗。特别是"维扬"（即扬郡、扬州）之地，受倭寇与暴掠者双重掠扰，民不聊生，百姓"若旱望雨"，盼望朝廷能派军队前来为民歼敌解忧。当时，于房驻守泗州，接"天子简令，出按维扬"。兵贵神速。于房率兵星夜兼程，直奔扬州之地。

王安石在文中形容于房军队当时急行军之势："飚起电激，倍道星驰，振枯叶陨。"乘倭寇毫无准备之机，如烈风摧枯扫叶般，疾速出击，计擒巨魁，余寇皆骈首来降，暴掠者闻风宵遁。扬州百姓消除恐惧，得以安居乐业。于房得到百姓拥护和爱戴。因平倭除暴有功，天子把于房内召上京，要以榜样的形象教诲四方。当于房上路时，扬州百姓载道挽留，大声疾呼："夺我父母，孰怙孰恃，孰恤我后！"百姓把于房视为可以依赖的"父母官"。于房被召赴京，扬州百姓十分怀念、担忧。嗣后，当地百姓自发筹资，为于房"乃筑新宫"（纪念祠宇），立去思碑，以永世怀念于房这位平倭除暴功臣和他的不朽功德。

王安石在《于房扬郡去思碑颂》中起笔就写上"於烁"二字的赞美词。文中盛赞于房是一个文事武略兼备、才智出众、有功于朝廷的大臣，并引用了唐贾岛诗中"若更登高岘，看碑定泪流"之典故，代替扬州百姓表达对于房的感恩之情。王安石在文章后写道："乃告史氏，铭功表式。不刻者斯，风流无射。"意思是：要告诉史官史家，记下于房平倭寇的功劳，作为表率、楷模，予以表彰。日后不得删削于房这样杰出英雄人物的事迹，要留传后世。

文章最后赞曰："忠为平国，爱为平民，忠爱笃棐，名赢缙绅。噫！若公之为人臣，岂予辈之可伦哉！诚予辈中之伟人欤！"王安石说的是忠为国，爱为民，以忠爱辅助朝廷，于房的名字应该在《官职录》中作为楷模刊铭。王安石称于房为人臣，文行并美，并自谦他们这一辈不可与于房伦比，于房实在是他们这一辈中值得敬仰、堪称模范的伟大人物。

宋濂在《浦阳人物记》中称于房"为文有父风，而精简过之。远迩学徒，咸从之游"。于房为文独具慧眼，别有特色。宋濂十分称道："于房论文有曰'阳开阴阖，俯仰变化，出无入有，其妙若神'，何其言之善也。盖文主于变，变而无迹之可寻，则神矣。"

宋濂十分欣赏、仰慕于氏三世七人之文才、文名、文美，很想求得这些可以传世的优美文章，但叹息"不可多得"，显得很惋惜和无奈。

旧志刊有于房《游左溪齐云阁》诗："篮舆游古寺，危阁倚天外。山川混一色，云霞忽万态。啼鸟声交呼，牧竖歌相对。凭栏增气味，披襟绝埃壒。飞泉出阴窦，清风来向背。文酒欢宾朋，乐哉时裼带。"

旧志还录载了有关于房的另两条信息：

一是"于员外郎房宅，在灵泉乡左溪山下"。左溪山即今所称荆紫岩、云峰岩两山。于氏宗谱上记载：唐开元，华盖殿学士讳平者始迁浦阳双溪石明堂。明代邑人张孟兼为于氏宗谱作序，其中写道："于房治平中为尚书，独居双溪石明堂，号三大派焉。""石明堂"是夏泉村古称，地处村旧居住区中心，这个地名自唐至今一千三百多年保持不变。于房诸孙外迁后，七百多年前，平安张氏铱迁入此地，名仍其旧，仅高悬的大匾名曰"尚义堂"。石明堂张姓厅堂，三进两厢廿六间四弄，实为浦江最早的乡土文化历史留存的宝地。

二是"屯田员外郎房墓，在县东二十里，左溪山侧"。此墓已由县文物部门公布为"文物保护点"。

于清穆，嚞之幼子，亦以文名于世。宋咸平二年（999），清穆剃度于普安禅院（左溪寺的古名）。宋乾兴初年（1022），众推举清穆为院之住持。宋天圣三年（1025），在兄于房的支持和帮助下，众人大兴土木，清穆竭尽心力，重整寺院，"故于大雄绀殿，圆通宝阁，堂室门庑，亭榭楼台，洪轮法藏，瑶函宝书之属，凡宗门所应有者，靡不灿然一新"（《敕赐于氏七星清穆禅师传赞》），塑佛造像，一派金碧辉煌，佛事香火，日见兴隆，名声大振。

宋庆历七年（1047），清穆撰成《普安禅院记》，记录了普安禅院在唐开元年间，于氏始祖平为左溪玄朗大师治室，让玄朗苦苦修行三十年，从洞穴中走出来，继续圆满振兴天台宗佛教之梦。同时，还记录了左溪寺历经三百年兴衰而重建，规模恢宏的寺院竣工，成为江浙名刹。《普安禅院记》是浦江历史上第一篇记叙宗教寺庙建设的文章，尤为重要，永存史志。

于氏一门，官宦之家，朝野显赫。而清穆文才出众，仕途光明，何以不奔前程而上寺剃僧？又劳心费血重建左溪寺？信念何在？力量何来？毅力何坚？《普安禅院记》中有两句话："伤先人之所为，念大师之道场也。""古所谓善继人之志，善述人之事者也。"唐开元时，玄朗苦心研究止观大法，立志复兴天台宗佛教，成为天台宗第八祖师；徒弟湛然在玄朗圆寂后，携带大师的全部密藏（佛学著作）前往天台国清寺。湛然继承左溪玄朗大师遗志，致力中兴，遂成为天台宗第九祖师。左溪寺相继出现两位佛教祖师，并走向世界。

左溪寺的兴荣，与于氏息息相关，牵动着于氏人的心。左溪寺曾经历荒凉、落寂的岁月，清穆之祖伯昭，曾率家人"躬负畚箕，斩茅除榛，搜材发石，而渐复其屋室"，事未竟，伯昭亡。清穆之父矞继承父志，"乃竭其力而就其功"，并将幼子清穆送进左溪寺，以完成他们的共同心愿。

于氏宗谱有载："神庙（此指帝王之庭）荣之，乃飞帛书'于氏七星'札，并敕今号（号即"清穆"二字）赐紫袈袈，堪称优异焉。""师根夙具，定慧兼修""六经五宗，靡不精晰"——皇帝给予的评价很高。

于世封，字永侯，号彦辟，矞之长孙，房之长子，与弟正封同举宋庆历二年（1042）科进士第，官翰林校勘。

于正封，字匡侯，号建安，矞之幼孙，房之幼子，偕兄世封登庆历二年（1042）同榜进士第。初职国子学录，继升两淮制置使。著有

《春秋三传是非说》二十卷。旧志留存《刘骑传》之文，为浦江文化史上最早的人物记事。

世封熟读谙记"六经""三史"，正封尤以博洽自负。兄弟每每论辩，旁引曲证，各历诵全文，一字不漏。世封善属文，顷刻间下笔千言，纵横变通，无不如意，自以为无人可与相比。及同正封带文章一起拜见大文豪欧阳修。欧阳修看后不以为然，并授为文之道。世封兄弟虚心求教，作文遂得心应手，日益进步。宋庆历二年（1042），兄弟同登进士榜。欧阳修获悉喜报，即赋《双璧诗》一首："曾作当年一字师，昆山良璧露双枝。玉工未献通明殿，金榜题名先是时。"欧阳修的同僚范仲淹、韩琦、富弼、王素等，各和欧阳修同题同韵诗一首，共赋十五首诗，以志贺世封、正封兄弟高中同榜进士之荣。如此空前之举，轰动朝野，传为佳话。

于正封又是浦江县有史以来的"第一位书法家"。他善写楷书，酷类颜真卿，当时多有流传。宋濂对其称赞有加。宋濂在《浦阳人物记》中写道："近过左溪山，见于房之子正封所书碑，字势雄拔，如蛟螭虎豹，盘拏后先，慨然想见其为人。登高遐望，精神为之飞动。呜呼，数百载之下，能令人思之不置者，必有以也夫。"宋濂对于正封书法如此高品位的评价，在浦江书界史上是空前绝后的。世封之徒方蒙（曾就职治平御史），将师门三世七人之文章总辑成册，曰《七星集》。文佚。

"于氏七星"所处时段，是浦阳于氏一千三百年中值得自豪的、光彩夺目的一段历史，也是浦江一千八百多年历史中熠熠生辉的一页。

强至与同僚在浦江的诗词唱和

吴建炜

浙江省作家协会会员，浦江县政协教科卫体和文化文史学习委副主任。

强至（1022—1076），字几圣，钱塘人，宋时曾任浦江令。在浦江的任职时间从宋至和二年（1055）开始，任职时间不短。到浦江时有同僚宗哲、纯甫等人，他们均是从北方来到浦江，经常开展诗词唱和酬答，给浦江留下了众多诗篇。从目前的资料来看，强至是写与浦江相关诗词最多的县令，有五六十首：一类是明确写浦江的诗词，还有一类是与同僚的唱和之作。

强至于宋乾兴元年（1022）出生，庆历六年（1046）考中进士，而后充任泗州司理参军，历任浦江、东阳、元城令。而后被韩琦聘为主管机宜文字，在韩幕府六年。熙宁五年（1072）召判户部勾院、群牧判官。熙宁九年（1076）迁祠部郎中、三司户部判官。以疾卒于官，年五十五。强至少年力学，根底深厚，为大贤所嘉许，才品卓有可称。曾巩称其奏章"声比字属，曲当绳墨，然气质浑浑，不见刻画"，《四库全书总目》亦谓其诗"沉郁顿挫，气格颇高，在北宋诸家之中，可自树一帜"。强至诗文由其子强浚明编为《祠部集》四十卷，曾巩为之作序，已佚。四库馆臣自《永乐大典》中辑出诗文，编为《祠部集》三十五卷。《全宋词》收其词一首。强至还撰有《韩忠献遗事》一卷。

杭州强氏是两宋名家，强至是这个家族中的第一个进士。强氏与当时曾氏、蔡氏望族有姻亲关系，强至培养五子相继登第，并且都做到显官。强氏家族与当时曾公亮、曾巩、蔡京、蔡卞、王安石、王安礼等均有交集，许是强、曾、蔡、王家族联盟，荣辱共进。长子献明为工部架阁，次子浚明为尚书郎，三子渊明为翰林学士，四子伟明和五子陟明历次外任均有治绩。强氏由此成为两宋名家，强姓祠堂对联对强至及五子事多有褒奖。强姓祠堂对联：登第则传五子；开渠以利一方。上联就是写北宋钱塘人强至，庆历年间进士，五个儿子献明、浚明、渊明、伟明、陟明先后都进士及第事。对联：万古称颂强公渠；千秋拜读祠部集。下联写强至为祠部郎中，著有《祠部集》事。对联：三渠世德；双萼联镳。下联"双萼联镳"就是赞强至的儿子五兄弟事。

在浦江与强至诗词唱和酬答最多的县尉是杨处厚，强至与其相从为浦阳官三十月。浦江历代县志无载，现凭强至的诗文，可以补录。杨处厚（1034—1071），字纯甫，其先汉州绵竹人，徙居江都。宋仁宗宝元初以恩补郊社斋郎，后为婺州浦江尉、淮阴主簿，终永康军录事参军。神宗熙宁四年（1071）卒，年三十八。存《菊花诗问答》两首。

其一：

问篱菊，谁遗金英秋始缚。

花枝依旧去年黄，

人发不如当日绿。

其二：

> 篱菊答，清香数日还飘飒。
>
> 纵使人生鬓易华，
>
> 犹见黄花开几匝。

而强至唱和酬答的诗甚多，有《纯甫以予去岁九日赴东阳今年复趋府作菊花问答见遗因以戏答》：

> 问篱菊，何事秋香欠春馥。
>
> 渊明岁岁走征途，
>
> 冷落重阳谁采掬。

此时纯甫尚在浦江尉任上，而强至已经赴东阳。一问一答，相互应酬，流露出真情实感。借菊花之形，问人生之事。谁遗金英，肯定是强至，花枝还如去年黄，人却没有当年的青春。而强至答之，人生终在征途，冷清零落的重阳，没有与纯甫为伴，还能与谁一起采掬。

强至与纯甫的唱和酬答甚多，而强至诗词因强浚明编《祠部集》得以流传。与纯甫的唱和酬答诗作有《和纯甫独往至德上方避暑》《次韵和纯甫游宝掌遇雨》《春雨一篇呈纯甫贤僚县庠诸彦》《和纯甫红叶》《纯甫小池生双莲》《郑君天常有诗贻杨尉因次韵以赠》《纯甫出近郊以梅花未开成篇见贻因次元韵奉酬》《席上次韵纯甫牡丹》《次韵和纯甫秋阴闷书》《奉和纯甫秋扇》等。他们之间春赏牡丹秋观红叶，夏来避暑解闷，冬日观雪识梅，闲时游历，忙也小酌。相互之间唱和不停，可以说在浦江他们已经成为知己。

当强至知道自己将调官时写下《箧中得调官时杨氏所寄书慨然追感》，"笑语无踪莫更寻，每怀平昔恨犹深"。可见相互之间感情至深。一首诗根本写不下离别，强至又写下《将别纯甫四十字奉呈》《谢纯甫惠笔》等。就是在离别途中强至还要写《途中寄纯甫》：

> 诸友分携地，重阳欲近天。
> 共谁寨菊蕊，独立忆梅仙。
> 对饮乖今日，伤离似去年。
> 佳山足吟赏，应自有新篇。

　　从中知晓，离别时已快到重阳，菊花快要开放。为此就有了他们之间的菊花问。

　　另有一首《寄纯甫》可能是他们之间的交往小结吧，强至热情地写道：

> 相从浦阳官，三十月盈缺。
> 出必并辔游，居常对案啜。
> 予褊子能恕，子短予还讦。
> 久而见交心，中不容间舌。
> 乃于穷秋时，忽作远道别。
> 别肠如乱丝，一寸知几结。
> 别语如悲笳，一声凡数咽。
> 咽极继以号，旁顾亦惨切。
> 匹马独来归，山城雨初歇。

　　这首诗写出他们之间交友交心，无话不谈，而今却是匹马独来归。听闻纯甫登仙，强至写下《送纯甫仙尉》，"秋晚送归客，别酒风前酹"。

　　另外，强至还写下《邑舍东池近日荷花盛开辄书短篇奉邀宗哲纯甫》《八月十六夜与宗哲纯甫玩月》《将有东阳之行宗哲为具话别以诗见招因答来贶》等，宗哲是强至的同僚，排位在纯甫之前。宋制，建隆三年（962）置尉，嘉祐五年（1060）置主簿，至熙宁四年（1071）才增设丞。强至为浦江令时还没有丞的职位，此时宗哲为县主簿，宗哲应该与纯甫一样职级。但强至在诗中还要略表感谢，对下属用上"奉"字，这表明宗哲或出自名门。从诗中发现宗哲应姓钱，因为有"钱杨与我近同趣"之句，纯甫为杨姓，而宗哲为钱姓。钱宗哲出生在钱塘显族，强至的诗"百感从中来，将分故人手"，明确宗哲为他同乡，只是不知他是取得功名还是以恩补缺。

此外，强至还十分重视学教，与县学常有唱和酬答。明确的有与县学李择之唱和的诗《冬日偶书呈县学李君择之》《早春寄择之》等，强至对自己拖家带口到浦江，一身十来口相随的事进行描述。从中可知强至在浦江奉亲育儿是一个不凡经历，对五子的认真培养，才能让五子相继登第。当然强至对择之才华十分看重，认为择之只是才华被湮没，将来肯定会迎来水暖潜鱼出之日。强至还同县学方晦之有交流，写有诗文《次韵答方晦之》《寄县学方晦之》等。强至认为县学方晦之"讨论直取遗经本""独抱遗经议圣贤"，方晦之是有才华之人，有青云之志，只是现在尚未及第。方晦之抑或出自仙华方氏，强至对他寄予厚望。

强至到东阳后，没有忘记在浦江的日日夜夜，与浦江同僚经常开展"诗谈"。在重阳之日，还写诗寄浦江同僚：

重阳独步上层岩，
目断吾疆尚载瞻。
人世只能愁杜牧，
菊花岂解忆陶潜。
吟无旧友辞多感，
饮为佳辰量倍添。

旅宦七回逢此节，

旋销壮岁似磨镰。

　　强至外出为官共赶上七回重阳节，应该说在浦江停留了较长时间。在如此长的时间里，写下了与浦江有关的大量诗篇。这就是强至，写下浦江诗文最多的浦江令，与同僚唱和酬答最多的浦江令。

倪朴：平民大志一心报国

张伟文

浦江县政协教科卫体和文化文史学习委员会主任。

宋代的浦江文学勃兴，群星灿烂。双溪于氏三代七人，皆长于文辞，宋神宗亲赐"于氏七星"手札，以彰其美，其文后人辑录为《七星集》；工部尚书钱遹博通众学，著有《钱述古遗文》八十卷；抗金英雄梅执礼一片忠心以身殉国，有《文安集》十五卷；学者朱临潜心研究陆淳之学，撰《春秋统例》二十卷。可惜年代久远，卷帙大多散佚，留存至今的宋代浦江著述仅剩三部：宋遗民方凤的《存雅堂遗稿》、烹饪典籍吴氏《中馈录》以及平民倪朴的《倪石陵书》。

南宋平民倪朴（1105—1195）的一生，是郁闷与孤独的一生。原本，他可以在小乡村平静而富足地过完自己的一生，然后消失在历史的长河中，或是像永康的朋友陈亮，将一生凝结成最后一刻的绚烂，成为那个时代的铭记。

然而，强烈的匹夫之责意识让他踏上一条万分艰难的路。他一直渴望自己的满腹才华能为国所用。他不甘人生的苟且，穷尽一生之力，希冀有一天能作为谋士或将士，投入真正的战斗。即使在今天，我们读着他的著作《倪石陵书》，依旧能感受到他心中那团不熄的火，在偏安一隅的南宋孤独地熊熊燃烧。

北宋崇宁四年（1105），倪朴出生于浦江县城西南一个叫石陵的小乡村。受家庭环境的熏陶，从小聪慧的倪朴，不屑于儒学经义，喜好舞剑谈兵，攻读地理学问，他坚信这才是济世佐时的真实学问。他也曾努力走科举之路，虽学识渊博，文名远播，人称"议论如山岳随步，异状叠见层出，又如长江大河一泻千里，浩乎其无穷"，但一直未能遂愿。

南宋绍兴八年（1138），宋室迁都临安府（今浙江杭州）；绍兴十一年（1141），宋、金达成绍兴和议，双方以淮河—大散关为界，淮北大片领土落入金人手中。随着岳飞以"莫须有"之罪被杀，主和派在东南一隅歌舞升平。这年，倪朴三十七岁，听闻英雄被害，吁叹痛心不已。他不再以科举为务，将全部精力投向兵法、地理的学习，常谋收复失地的计策，相信总有一天自己会有用武之地，为国有所作为。时人不了解倪朴之才，因其性格豪隽不羁，多有不和。后在府学，倪朴遇到比自己小三十八岁的永康人陈亮，两人一谈惺惺相惜，二谈成忘年交。陈亮十分崇敬倪朴的学识，倪朴也常常将文章寄给陈亮。

倪朴已年过五十，听说朝廷谋求北伐，惊喜异常，激情燃烧，对人说："依日月、乘风云，以佐天诛，正当时矣！"他日夜不眠，探究征讨大计，分析敌我之利弊。如何布兵，如何指挥，疾书万言，倾尽一身才华，撰成《上高宗皇帝书》。全文逻辑缜密，慷慨激昂，看过的人，无不为其忠心所感动，无不为其分析所激奋。进士郑伯熊看到此文，咋舌赞叹，连呼真男人、真策略。

《上高宗皇帝书》虽然最终没能传到高宗手中，但倪朴报效国家的心志却依旧坚定。他认为天下山川险阻之处，人口多寡分布，用兵之人必须了解，排兵布阵必不可少。于是下定决心，遍考群书，旁搜并取，细析乖缪，费时十余年，写出《舆地会元志》四十卷。又结合中外地势，绘成纵横丈余的古今夷夏地图，挂于屋壁，昼夜揣摩。哪里可以进攻，哪里可以防守，他了如指掌，俨然运筹帷幄的大将。他相信，有朝一日，他的学识定能为国家所用，他定能全然施展自己的才能。可是当时所谓有识之士大多急功近利、专于时文，很少有人细览这洋洋三十万言。倪朴将《舆地会元志》书稿寄予陈亮，请陈亮指正。陈亮读后，十分认可，并将书稿转给一位姓徐的察判审阅。

隆兴元年（1163），倪朴五十九岁，听闻曾任金华知州的宜兴人周葵授兵部侍郎，他认为报效国家的希望来了。在府学时，倪朴与周葵有门生之情，周葵也曾多次嘱托众生员以纾家国之难、济国家之急为己任。倪朴致书周葵，想拜在他的门下为客，为国效力，并将《致高宗皇帝书》誊录一份，交其观览。此时，倪朴的愿望已向现实退了一步，自己的身躯不能亲赴战场御敌，如有高位者能考其实策、验其智能，虽死于无用之地，与草木同腐亦无憾。周葵虽然端正直谅，不以世故萦心，对金却不主张轻举妄动。倪朴再三等候，并无音讯，幕僚的梦惨然破灭。

淳熙二年（1175），郑伯熊由奉议郎任婺州知州。已七十一岁的倪朴，壮志不灭，立即上书郑知州，并托人呈上自绘的地图。他依旧想以《舆地会元志》与《夷夏图》为时局助一臂之力，依旧想高位者能注意到他的良苦用心。可是此刻，郑伯熊正苦于被排挤，作为知州，他不可能也无法改变时势。

淳熙十年（1183），赵汝铖知浦江县，因他事与倪朴不和。乡人楼益恭趁机罗织豪侠的罪名，告至县衙。淳熙十二年（1185），八十一岁的倪朴被判发配高安。如此年纪，作为囚徒跋山涉水，又作苦力，这本是死地之谋。但是倪朴提着的那口气，激励他绝不就此离去。无论走在千重险山，还是困于江西的密林，他的报国愿望一直不曾动摇。他知道自己无罪，只是遭人联合陷害。他上书高安长官、上书杨推官辩白，但是山地劳役依旧。

多年之后，倪朴终于遇赦还乡，结束囚徒生活，家境却十分窘迫。年近九十的他，一展其才的希望已完全破灭，但是胸中那团熊熊烈火没有一丝减弱。困顿中，他以冷峻的审视、深沉的评判，用血与泪凝结成《鉴辙录》五卷，纵论王业终至偏安之失，悲痛国家抵御外侮用策之失，以免重蹈覆辙。又作《环堵赋》以自喻，以极尽华丽的词藻铺陈天子郊祀之礼，叹未置身于骏奔之列、执事于俎豆之间，不忍自己就此沉沦。庆元元年（1195），倪朴在贫困交加中逝去，不屈的生命停止在九十一岁。

朴之不幸，才未用也；而朴亦有幸，遗文几灭而终流传。倪朴无嗣，曾经赤心报国的诗文在他逝后四处散佚，他所期望留存的《舆地会元志》手稿也不知所终。元初，曾为文天祥旗下咨事参军的福建人谢翱，带着对南宋覆亡的沉痛浪迹浦阳。他敬重浦阳志士，编撰《浦阳先民传》一书。感动于倪朴事迹，四处搜集倪氏遗文，辑为《石陵倪氏杂著》。未及刻印，谢翱因病离世。而后，吴莱得到谢氏辑稿，每观沉吟痛惜，不能自已。吴莱曾寻访石陵故居，但见山洞湮塞，栋宇倾圮，牧童樵夫虽能指出故居，却已不知其事，更不用说他所著的书了。未及细细整理，吴莱突然去世，《石陵倪氏杂著》辑本从此无人得见。

一百八十年后，时间已至明嘉靖五年（1526），麻城人毛凤韶任浦江知县，雅好文史的他四处寻访浦江先贤遗文。许是倪氏文章本不应消逝，这一年，同乡人赵氏突然发现倪朴文章数篇。通达事理、周流无滞、直节劲气之文，令毛凤韶惊异万分，毛凤韶随即尽全力汇集他处考录之文而刊之。

清乾隆年间（1736—1795），是书由江苏巡抚采进，入编《四库全书》。此时，县内已无明毛凤韶刻本，拔贡楼中元赴京都时，于《四库全书》中录出全书。至光绪年间，文人虞善扬借阅楼氏抄本，为之流涕、为之长太息、为之痛哭而不自知。于是连夜复抄，朝夕讽诵。

又过百余年，2013 年的一个午后，虞氏抄本在杨田周一农户家的蛇皮袋中惊现。经过一年多的整理，浦江现存最早的乡贤著述文集《倪石陵书》校注本印行，倪朴之文以全新面貌再一次出现在故土。倪朴之文与倪朴一样，倔强又坚强，历经漫长岁月终得留存，何其幸也。

吴莱：浦阳江上一大儒

张　明

浦江县政协原副秘书长兼教文卫体和文史资料委员会主任。

吴莱家学渊源深厚，其所在的浦江吴溪吴氏家族是婺州一大文化世家，先后出现了诸如吴英、吴渭、吴谦等文学大家。吴莱少有奇才，仕途不顺后退隐山林著书授徒。

研究吴莱的一生，可见其所处正是婺州文坛迅速发展的时期。在这个时期，婺州文坛上产生了诸如方凤、胡长孺、吴师道、黄景昌、宋濂、胡翰、王祎等一大批举足轻重的人物。而吴莱与这些人或为师徒，或为友朋，或亦师亦友。

近年随着文旅推进，慕名到吴莱隐居之地吴莱山拜谒者甚众。

浦江前吴人杰地灵，物产丰富，向来是浦江西部的经济文化中心。一直以来，我都把前吴当作一部书来读，而且是一部厚重的大书。前吴人文历史悠久，是浦江人文历史非常重要的一部分，大儒吴莱是一个关键人物。

吴莱（1297—1340），原名来，字立夫，吴溪人，元代大儒，先祖来自毗陵。毗陵秦时

吴莱隐居地——吴莱山全景　方晓东摄

属延陵邑，即现在的江苏常州，其中一支先迁鄱阳，再迁睦州，三迁浦阳。唐乾宁年间（894—897），裔孙吴嗣明由住地迁前庄，村以庄名，故名前吴。由村而乡，名字沿用至今。

相传，吴莱的母亲盛氏受孕七个月时，梦见西域有神人从空中飞来直入寝室，第二天孩子就呱呱坠地，所以为其取名叫"来"——实际上是个早产儿。当时寓居吴渭之子吴幼敏家的方凤，见吴莱"天资绝人，七岁能属文，凡书一经目，辄成诵"，便悉心教授他《易》《书》《诗》三种经义及秦汉以来的大家文章。方凤取《诗经·小雅》"南山有台，北山有莱"语，特地为他更名为"莱"，并把孙女许配给他。从此以后，吴莱得以博览群书系统学习，诸如制度沿革、阴阳律历、兵谋术数、山经地志、字学族谱等，包罗万象，无所不通。

公元 1127 年，北方发生靖康之难，北宋重臣、浦江人梅执礼之死即与此有关。不久北宋灭亡，重心南移，不少北方官僚、豪族和知识分子随朝廷南迁，包括流寓金华的女词人李清照。这以后，北方文化和南宋都城文化对江浙一带和浦江产生了巨大的社会影响。南宋经济发达，文化繁荣，但北伐屡屡受挫。永康陈亮的《中兴五论》、浦江倪朴的《鉴辙录》等一批著作即与当时的情势有关。

一百五十年后，南宋都城临安陷落。左丞相陈宜中等不得已到温州一带组织南宋流亡小朝廷，与张世杰、文天祥、陆秀夫一道在福州建立宋末行朝，再谋退往广东。结果在井澳十字门洋面与元军大战，南宋军队损失过半，完全丧失战场主动权。战后，陈宜中假借去占城（今越南）借兵一去不返，文天祥与诸将意见不合他走抗元，张世杰、陆秀夫带领宋末行朝前往广东崖山。最终，崖山一战南宋全军覆灭，海上浮尸十万，十分惨烈，南宋最后一点海上立国的希望化为泡影。被俘的文天祥在元军舰船上目睹了这一切，悲愤不已。倒是陆秀夫临阵不乱，沉着坚定，目光如炬，他先是剑驱妻儿跳海，再背负幼主赵昺，命人用白绢相缠，君臣一起纵身入海，壮烈殉国。

存续三百二十年之久的大宋江山轰然倒塌。

这之前，担任过义乌县令的吴渭选择致仕退隐吴溪，与方凤一起倡建月泉吟社。又以"春日田园杂兴"为题，向全国发出征集诗歌的号令，得到各地气节之士广泛热烈的响应，共得两千七百三十五卷，经方凤等人评选，辑成我国现存最早的一部诗社总集《月泉吟社》，抒发亡国之痛，发出沉重叹息。因此，我们绝不能把这部诗集当作一般的田园诗来读。当时福建谢翱、括苍吴思齐等纷纷前来依附，无形之中在前吴形成一个文化集团。谢翱担任过文天祥的参军和幕僚，曾毁家纾难参与抗元。文天祥死后，谢翱三次祭拜，最后一次与吴思齐一起前往严子陵钓台，登高为文天祥招魂，写下千古绝唱《登西台恸哭记》。这些对方凤的思想和诗歌创作以及其对吴莱的教诲产生了直接影响。

元政权实现平稳过渡后，对知识分子的政策有了较大调整。吴莱的父亲吴直方因少受欺凌，乃励志图强，北上大都（北京）三十六年，做了蒙古贵族脱脱（即托克托）、也先帖木儿的老师，助脱脱削弱伯颜势力。现郑义门"白麟溪"一碑的碑名即为脱脱丞相所书。元顺帝支持脱脱设计逐走权臣伯颜后，起用脱脱为中书右丞相，沉勇有谋的吴直方一并受到重用，官拜集贤殿大学士。但吴莱在这一年夏四月病逝，葬于离家南五里的盂坞，感受不到父亲升迁带来的荣耀。宋濂后来在《浦阳人物记》中称吴直方"深沉有谋，人莫测其喜愠，夷险一致，可属以天下大事"。吴莱一生受病痛折磨，年不及中寿，只活到四十四岁，学生胡翰参与丧事。他经历了求学—出仕—归隐—教书—再归隐这样一个并不算漫长的生命旅程。吴莱平生性喜远游，延祐年间举进士不第，在礼部短期任职时，东出齐鲁，北抵燕赵，每次经过中原奇绝之处、古代歌舞战场，均慷慨高歌，饮酒自慰，有司马子长遗风。他深知文章家"胸中无万卷书，眼中无天下奇山水，未必能文，纵能，亦儿女语耳"的道理。正因为此，吴莱才会在袅溪的山水尽头驻足。吴莱一度受聘到诸暨白门书院教书，后又被延请到郑宅东明精舍任教，时间都不长。因病辞去教职后，吴莱推荐宋濂主教东明精舍，自己回到深袅山中。从此，吴莱抱病著述，再没有外出。五年后，他虽被推荐为饶州路长芗书院山长，却"未行而疾作，袤风挟疹，其血交袭，颜面壅黑，两胫罢屡，不可越户限"，最终合上自己的人生书卷，私谥曰"渊颖先生"。

吴莱以一介布衣之身，隐居浦江深袅山中立德立言，人称"深袅先生"，培养了宋濂和郑义门的一批学子，成为江南一代大儒，一生著述丰富，宋濂将其著作编定为《渊颖集》，并请刘基为之作序。同时代黄溍、柳贯对他有很高的评价。《元史》有记，大儒吴莱前承方凤，后启宋濂，开一代文章之风。宋濂暮年写的《送东阳马生序》，借送东阳马生君则的名义讲述他当年是如何深雪穷冬，负箧曳屣，百里奔波深山巨谷中，向吴莱学习古文辞的，勉励天下学子读书要发奋努力。

当吴莱以《拟秦王平夏郑颂》《宋铙歌鼓吹曲》面试他，宋濂以急就章呈上。后来一直追随吴莱到诸暨白门书院，再到郑宅东明精舍，执礼恭敬，诗书虔诚，终生不渝。后来宋濂修订《郑氏规范》，并以此为蓝本，制定明王朝的各种典章制度，使之成为中国古代家族文化和儒学治家的典范，宋濂也被明太祖朱元璋誉为"开国文臣之首"。

深袅江源为浦江旧十景之一，这里既有"重峰复岭，峻拔千仞"的高山，又有"溪流清澈，莹无泥滓"的丽水，两侧遍布苍松翠竹，鸟语不绝于耳，历代文人多有吟咏——柳贯说它"滥觞初不满瓶盆，百谷浑浑一壑吞"，钱惟善留下"深袅渊源万古流，溯洄谁解泛扁舟"的诗句。这样的佳山水，难怪吴莱要在这里结庐隐居、著书立说。

吴莱山又名无莱山、无来山，或芙莱山，圆如覆钟，高摩苍穹，岭下旧有黄檗庵。吴莱山上有两个山峰，一个是大无莱峰，另一个是小无莱峰，吴莱古道即缘于此。在现代地理科学断定天灵岩为浦阳江正源之前，旧志上常称它为浦阳江的源头，源深达十五里。这几年，来浦江旅游的人越来越多，尤其出深袅江源左近的通济湖一带，晨霭暮岚，烟波浩渺，如同画境，摄影者频频光顾，很得游客赞赏。现代交通凭借逢山开路、遇水搭桥的气魄，与水利设施一起，极大地改善了人们的生产生活条件，路网四通八达，水面熠熠生辉，但也因此部分改变了原有的山水机理和走向，使得曾经的水上放排、江中行舟成为过去，一部分景象改变了。未来的吴莱书院，或将成为浦江县域的一个文化坐标或精神符号，传承教化，尽显流风余韵，这是十分值得期待的。

吴溪文化是浦阳江上一条生生不息的河流，从古流到今，显示出强大的生命力；吴溪文化也是一片璀璨的星空，照耀我们走向未来。大儒吴莱既是前吴的光荣，更是浦江的骄傲，其历史文化影响是深远的。

《送东阳马生序》释疑

黄灵庚

浙江师范大学江南文化研究中心顾问、首都师范大学特聘教授，博士生导师。

《送东阳马生序》选入中学语文教材以后（初中语文九年级下册），宋濂的勤学故事，广为流传，已经成为家喻户晓的励志经典。但是，我们解读这篇文章时，认为仍有问题需要深入探究。

"从师"的"师"是吴莱

"当余之从师也，负箧曳屣行深山巨谷中"，这个"师"是谁？他为何居住在"深山巨谷中"？

宋濂一生拜过四任老师：启蒙之师是闻人梦吉，继后是浦江的吴莱、柳贯和义乌的黄溍。闻人师居住在金华城里，黄溍居住在义乌县城，求从二师都毋须"行深山巨谷"。柳贯居住在浦江通化乡横溪镇（今属兰溪市），虽是山村，却处在金华、建德交通要道上，也毋须"行深山巨谷"。则所称"师"者，无疑是吴莱。

吴莱何许人？名莱，字立夫，用宋濂的话来说，是浦阳江之上的"大儒"（《渊颖先生碑》）。学问大，人品高，尤其文章写得好，在元代后期是出了名的。前去求学的人络绎不绝，以至于"户外之履常满"。宋濂也是慕名前往。吴莱为何居住在"深山巨谷中"？这到底在浦江县的什么地方？这要从他的爷爷辈说起。

浦江吴氏是个大家族，诗礼济世、耕读持家，是其传统家风。在唐末乾宁年间，为躲避战乱，吴氏先祖从常州迁居浦江吴溪，在今浦江县西部的通济湖边，风景很是优美。传至宋末元初，吴氏有兄弟三人：埍、渭、宝（初名瑶，后改为伯绍）。宝无名气，埍、渭都不是简单人物。吴埍，乡贡进士，任浦江月泉书院山长。吴渭是饱学之士，被荐引入朝为官，是当时义乌县的知县。宋朝灭亡后，兄弟三人保持民族气节，不肯入元，和当时的方凤、吴思齐、谢翱结社共盟，组织了一个名为月泉吟社的社团。他们以吟田园风光为名，向天下不愿做亡国奴的文士征集诗歌，达两千七百三十五卷。继请方凤、吴思齐、谢翱等品评等级，从中选出了二百八十卷并揭榜悬奖，后又选出前六十卷编辑成诗集《月泉吟社》。这是一次大规模的民间征集诗歌活动，借吟咏田园景色的名义，表达了物是人非的遗民情怀，既是对宋朝故国无尽的怀念，更是对元朝统治的控诉和抗拒，具有非常强烈的民族意识和爱国精神。

元朝的统治残暴，遗民的诗歌活动自然不能公开张扬。他们选择的场地，即远离吴溪的深袅山。《浦江县志》记载，深袅山在县西南五十里，重峰复岭，峭拔千仞。其下溪流清澈，是浦阳江的源头所在。更是浦江、建德、桐庐三县交界之地，往北上通富春江，往南下达金华城，交通并不闭塞。宋末文士群聚于此，在这些地方往来穿梭，至今留下了许多文化遗迹，是一条极有旅游开发价值的"南宋遗民诗路"。幸亏当时的蒙古权贵集团对汉族文化的精粹领会不深，没当一回事。要是遇上后来清朝的"文字狱"，月泉吟社的文士恐怕一个也逃不了。

吴莱是吴伯绍的孙子，但是对他影响最深的是祖辈吴埍、吴渭。

三兄弟的后代子孙，以后都没有走出深袅山。吴莱的父亲吴直方，在没有任何政治背景的情况下，只身"北漂"到大都，做上了集贤殿大学士、荣禄大夫。吴直方起初做了马札儿台太师家的塾师，并取得权臣脱脱丞相信任，为恢复中断近五十年的科举以及推行儒家政治发挥了巨大作用，动摇了元廷以藏佛教为国教的基础，朝廷因此加速垮台。眼看一场祸乱将起，元顺帝至正七年（1347），吴直方主动引退，回到了浦江深袅山终老。应该说，吴直方入元任官，没有失节，继承了父辈的遗志，用特有的方式为大宋王朝报仇雪恨。

有意思的是，吴直方在朝廷做了大官，好像和儿子吴莱没半点关系，吴莱更没有走后门去捞一官半职，而是通过自己的努力获得。吴

吴莱故居　方晓东摄

莱举进士不第，退归深袅山，四方学者称曰"深袅先生"（《元史·吴莱传》）。吴莱喜欢在深袅山居住，他的诗《深袅江源》可以做证："半绕山根但一洼，真源凿破杳无涯。清澄灌或于陵圃，窈窕寻犹博望槎。积雨冲堤蜗自国，微烟幂渚鹭专沙。欲行复坐皆云水，只属骚人与钓家。"深袅山确实险峻。我虽和吴莱同乡，但最近才第一次进入深袅山，山路去年开始通车，颠簸于盘山之道，盘旋蛇行而上，半小时后到山顶。问了当地长辈，若无车路，上下山只有一条旧时留下的官道，陡峭且艰险。进一趟城，早上5时起行，晚上8时方能回到家。其间辛苦之状，可以遥想。

宋濂"行深山巨谷中"云云，是真实的感受。若非亲临其境，则体会不会如此深刻。况且他去的时间，也真不是时候，"穷冬烈风，大雪深数尺，足肤皲裂而不知"。所以"至舍，四支僵劲不能动，媵人持汤沃灌，以衾拥覆，久而乃和"，都是真实记录。

"逆旅"在诸暨

"寓逆旅，主人日再食，无鲜肥滋味之享。同舍生皆被绮绣，戴朱缨宝饰之帽，腰白玉之环，左佩刀，右备容臭，烨然若神人；余则缊袍敝衣处其间，略无慕艳意。以中有足乐者，不知口体之奉不若人也。"课文注释说："寓逆旅，主人日再食：寄居在旅店，店主人每天供给两顿饭。逆旅，旅店。"这条注释表面看，似无疑义。若进一步，则有此发问：这"逆旅"是哪儿的旅店？是在深袅山吗？当时的深袅山也有旅店吗？

吴莱一生做塾师，但是没有在深袅山开办过私塾。宋濂当年到深袅山问学，是初次私访。宋濂在十九岁前师从闻人梦吉时，同门者有楼士宝、贾思诚、唐怀德等，在相互交流中知道浦江的深袅山有位高人吴莱。宋濂有志于学古文辞，便慕名入深袅山拜访吴莱，《送东阳马生序》写的正是其初访的经历。深袅山是没有"逆旅"的，当晚寄宿在吴莱家里，不能称是"逆旅"。文中所说"媵人"，是吴氏家族中的用人，也有可能是宋濂的侍从，不是"逆旅"的服务员。

后来，吴莱出山执教于诸暨县白门方氏义塾，时间在元文宗至顺三年（1332），宋濂时年二十三岁。《万历绍兴府志》记载："诸暨白门义塾，在白门。元方镠立，延金华吴莱为师，宋濂、王袆俱受业焉。"其实，和宋濂一起从学的，不光有王袆，还有浦江的宣昷、郑浚、郑涛，义乌的楼士宝，金华的陈士贞，东阳的陈璋、胡翰，等等。像宣昷，家庭比较富裕，确实"被绮绣，戴朱缨宝饰之帽，腰白玉之环，左佩刀，右备容臭，烨然若神人"。浦江郑氏义门子弟郑浚、郑涛，条件也不差，衣着装扮，比起寒门出身的宋濂，自然也是衣冠楚楚，富态十足。但是，这都是表面的话。后来宋濂在追述这些人物时，如《故温州路总管府判官宣君墓志铭》，说宣昷虽"生长富家而不染绮纨之习。别无嗜好，唯购书不知休。或请脱衣巾以偿，亦不靳。人仕极清白，凡所需之物，必取给于家，毫分不受于民"。可见，他当时并没有贬斥之意。所以，我们不能因此将他们认作不甚好学的纨绔子弟。同门学子的寄宿之处，才是"逆旅"，确切地说，是白门方氏私塾的旅店。供两顿饭的"主人"，是诸暨白门方镠。序文"寓逆旅"以下一段，分明是记述在白门书塾求学的经历，和前面一段初访深袅山的经历，是两段不同时间、地点的故事。所以供两顿饭的"主人"，更不可张冠李戴，误为深袅山的吴氏了。

"马生君则"其人

"东阳马生君则，在太学已二年，流辈甚称其贤。"这个"马生"是谁？到底是一个怎样的人？

"马生"，一度成为学者考证的热门人物，学术界对"马生"有种种揣测，最有代表性的说法，认为"马生君则"是"马从政"（周明初《〈送东阳马生序〉人物考》，载《苏州大学学报》2014 年第 2 期）。其实，种种说法多无可靠文献支撑，臆测太多，都不甚靠谱。

《宋濂全集》中还有一篇涉及"马生"的文章，多为学者所忽略。考证"马生"这个人物，必须通读《宋濂全集》，不能局限于一篇《送东阳马生序》。这篇文章是为《东阳马氏宗谱》所作的题跋，名曰《题马氏谱图后》（见《芝园前集》卷五），说："同郡马生铨，其先出于唐太师北平庄武王燧。北平五世孙大同，来为婺之东阳县令，咸通五年，遂卜居松山之下。县令十世孙承节郎乔岳，宋崇宁五年，又自松山迁仁寿之兜鍪山。承节七世孙克复，尝以武显节制婺州屯戍军马，兼中书省计议官，兼浙东降断斩斫使讨寇事。计议四世孙，则铨也。铨以县学弟子员，贡入成均，惓惓于谱事，唯恐废坠，间请予题其后。"马铨"以县学弟子员，贡入成均"，和《送东阳马生序》的"马君则""太学生"身份完全相同。很显然，此文的"马铨"，和《送东阳马生序》的"马君则"应该是同一人。古代所取的名和字，多属同义或者近义的关系。名，往往是单字；字，往往是复合字。铨的意义，是秤，即秤锤。则，也有表示衡器的意思，指秤锤。《史记·律书》载："王者制事立法，物度轨则，一禀于六律，六律为万事根本焉。"湘潭出土宋铜锤铭文："铜则，重一百斤。"铜则，即铜锤，是衡器。据此，铨，是名；君则，是字。《题跋》以名"铨"称，而《送东阳马生序》以字"君则"称。《东阳西源马氏宗谱》的"外纪"有"花园下府派"，其世系的第六世祖有名"铨"的人，此人既无子嗣，又无兄弟。其父名"植"，未仕。祖曰世昌（第四世），知平江府兼发运使。曾祖曰扬祖，宋末太师马光祖的族弟。高祖曰益。益的父曰之纯。属坊塘派马氏后裔。时间也对得上。遗憾的是，我走遍了东阳大地，也没有找到《花园下府派马氏宗谱》，可能已放佚不存。上海图书馆仅存一册残本，也查不到需要的内容。

东阳市婺剧团近年创作了一个以"马生"为主要角色的剧本，在本地区公演了多场，据说反响强烈，东阳后世子孙颇自豪。戏中的"马生"做过县令，是个海瑞式的大清官，在反腐方面"走在前列"。那是杜撰，而不是历史。

"朝京师"及写作时间

"余朝京师，生以乡人子谒余，撰长书以为贽，辞甚畅达。"课文注说："朝京师，这里指退休后进京朝见皇帝。"

古代官员退休之后，没有规定一定要上京朝见皇帝，明代也是如是。但是，对宋濂来说是个特例。明太祖朱元璋给宋濂立了规矩：退休后"岁一来朝"。表面上看，似乎是明太祖舍不得宋濂退休，实际上是要继续控制他。朱元璋是个猜忌心极重、手段也极为残忍的皇帝。"伴君如伴虎"，平时宋濂和谁在一起吃饭，他都要派人盯梢，然后再追问宋濂。如回答与皇帝所知有出入，那是欺君之罪，后果不堪设想。明太祖在位三十余年间，几乎杀光了所有和他同时起事的功臣、元勋，尤其到了晚年，其猜忌心已到了迷狂程度，即使像宋濂如此老实巴交的文臣，也不肯放过。其处境之险恶，不难想象。

宋濂退后，总共"朝京"三次：首次在退休当年的十月，即洪武十年（1377）十月，至十二月二十四日辞归，留京城两月。第二次在洪武十一年十二月（1379年1月），至次年正月归浦江，留京一月，且在京城过年。最后一次在洪武十二年十二月二十六日（1380年1月13日）至京，方孝孺随侍，待京时日不详，恐怕也是在京城过年。洪武十三年（1380）后，宋濂没有再去朝京。冬十一月，孙子宋慎涉入了胡惟庸党案，宋濂举家连坐被刑，投入大牢。如果不是太子朱标和马皇后极力劝谏，恐怕也成为死于屠刀之下的冤鬼。最后，宋慎、宋璲坐法被处死。宋濂及其长子宋瓒等被流放到四川的茂州安置。洪武十四年（1381）七月，宋濂至夔门病死。结束了其悲剧的一生。

宋濂《送王文冏序》述："（洪武）十二年春，复诏大臣曰：'朕甚欲尊显诸生，虑其未悉吾意。诸生入学之日久矣，其令归省其亲，赐其二亲帛各四端。'"大明皇帝发了恻隐之心，在京师的太学生都放假回家探亲，带上朝廷发送父母的礼物"帛各四端（缎）"。太学生马铨也在其列，恰好宋濂在京师，所以前来辞别。《送东阳马生序》的写作时间，应该在洪武十一年末至十二年春第二次朝京时。

宋濂的文学圈和学术圈

朱光明

复旦大学文学博士、
文史专家。

宋濂的朋友圈和学术圈堪称广阔。重要人物有刘基、章溢、叶琛、王祎、张孟兼、苏伯衡、胡翰、吴沉、桂彦良、乌斯道、朱右、唐肃、谢肃、郑涛、方孝孺、王绅、刘刚、郑柏、郑楷等。这些文士是朱元璋政权的重要成员，与淮西武将集团相对，史称浙东文人集团，为明王朝的礼乐文化建设做出了不可磨灭的贡献。

诗文酬唱：联络感情的重要形式

比宋濂小一岁的刘基回忆，宋濂才思敏捷，五岁能诗，九岁善属文，在当时被誉为神童。义乌贾思逵非常赏识宋濂的才华，把女儿许配给他，此时，宋濂仅九岁。十七八岁的时候，宋濂致力于古文辞的写作，自以为有得也。二十岁后，宋濂先后师从黄溍、吴莱、柳贯学习诗文。宋濂初次和东明精舍有交集，应当是跟随吴莱、柳贯学习期间。宋濂执教于此时，胡翰、苏伯衡、郑涛等文士常聚集于此，谈诗

郑宅镇青萝故址　陈畅捷摄

论文，指点江山，激扬文字，纵论天下大势。达则兼济天下，穷则独善其身。这种理想深深地烙印在浙东文士的心中，成为他们人生的重要追求。

　　一封封往来的书信，见证着宋濂的青葱岁月，也记录着浙东文人之间的真挚情感。宋濂写信向柳贯请教音律的尺法问题，柳贯撰写《与宋景濂书》认真回复。黄溍新得一部《伊洛渊源录》，迫不及待地要送给心爱的弟子宋濂，其《与宋潜溪书》云："《伊洛渊源》一书，旧无刻本，近方有之，今购得一部，借以缣素奉上于文府，或可备检阅也。"（《宋濂全集》附录二《潜溪录》，人民文学出版社2014年版）胡助把自己写的《岘阴樵唱》寄给宋濂，请其斧正，宋濂指出其作品的优缺点，胡助复信称"向承雄篇见寄，气焰可畏，览之羞缩，数月不敢言文"，以"大风扬沙矣，雨雹交下，欻兴忽止，变化莫测"表达对宋濂的景慕之情，并对宋濂说："迩来定有新作，更能录示数篇否？"

元至正十年（1350），宋濂入仙华山为道士，同门戴良作《送宋景濂入仙华山为道士序》，友人刘基作《送龙门子入仙华山辞并序》。刘基撰写的《二鬼诗》则以宋濂和自己为"二鬼"，寄寓着对未来的憧憬和思考。

诗文的交流是契合心灵的高层次对话。宋濂在青萝山下建青萝山房，刘基作《青萝山房歌寄宋景濂》，宋濂作《萝山迁居志》。还有其他地区的文士，如刘崧作《青萝山房诗为金华宋先生赋》、贝琼作《青萝山房歌并引》等。对于青萝山旁边的玄麓山，宋濂就该山之上的飞泉作《飞泉操》；就山西的桃花涧而携郑彦真等众多文士进行修禊活动，诗文酬唱，作《桃花涧修禊诗序》；就山上的桃花涧、凤箫台、钓雪矶、翠霞屏、饮鹤川、五折泉、飞雨洞、蕊珠岩而分别作诗，成《玄麓山八咏》组诗。经宋濂等文士的歌咏，上述地点已成著名的"玄麓八景"。

对于浦江名山仙华山，宋濂更是在诗文中频繁提起，如《重建龙德大雄殿碑》《混成道院记》等。方孝孺在浦江从游宋濂，获交当时天下文士，与之诗文酬唱，这是其生命中美好而愉快的时光，令他回到宁海后也久久难以忘怀。他在写给苏伯衡的信中便谈道："溪上从游乐甚，于人不忘。自归田庐，取倡和之什观之，意未尝不在仙华山水间也。"［《逊志斋集》卷九《与苏先生三首》（其二），《四部丛刊》影印明嘉靖刊本］在此，仙华山水不单纯是山水了，而是某种象征，已然成为方孝孺的重要情感寄托。慈溪桂彦良以"双桂"名其读书之室，请宋濂作文以记载此事。宋濂作《双桂轩记》，称"濂侍经青宫时，四明桂君彦良实为正字，朝夕同出入禁中，怡怡然，侃侃然，

郑宅镇宋濂衣冠冢　陈畅捷摄

异姓兄弟也"。宋濂谈到在东宫期间和桂彦良共同出入禁中，喜悦愉快，两人很谈得来，可以说是异姓兄弟了，可见两人感情之深。在宋濂致仕还家之际，桂彦良作《送宋承旨致政还金华》，赞美宋濂"名扬宇内，文播外夷"。宁海叶兑与宋濂父子有多年的交情，并有《舟中赠宋景濂学士诗》一诗称宋濂"寰宇贯今古，文光动奎璧……高风映千古，永为世人则"；有《送宋仲珩诗》称"今秋动行迈，觐省金陵塾……忠孝萃一门，岿然镇浮俗"。叶兑以诗表达对宋濂才华和风范的仰慕，抒发对宋璲（字仲珩）的赏识之情。宋濂、王祎等文士经常在一起探讨文学，宋濂有诗记之，即《秋夜与子充论文，退而赋诗一首，因简子充并寄胡教授仲申》，诗云："人文本为载道具，次则纪事垂千龄。"王祎，字子充，号华川，义乌人，是宋濂的同门，与宋濂同为《元史》总裁，二人是无话不谈的好朋友，经常在一起唱和，探讨人生和哲学的相关话题。此处的胡教授，是胡翰，字仲子，又字仲申，被称为长山先生，浙江金华人，师从吴莱、柳贯等学者，为宋濂的同门，曾担任衢州教授。三人为同门，经常交流文学和学术，是难得的知己。浙东文士的文学思想正是在日常的切磋中不断完善的。

东明精舍所在的郑义门也是文士笔下浓墨重彩的地方。郑义门是宋濂、方孝孺曾经生活过的地方，一草一木，皆有深情。对于郑义门，有两首著名的诗：一首是宋濂所作《别义门》，诗云："平生无别念，念念在麟溪。生则长相思，死当复来归。"另外一首是宋濂的高足方孝孺撰写的《郑义门》，其中有"史臣何用春秋笔，天子亲书孝义门"。"孝义门"是指元代两次旌表郑义门，入明后，明太祖朱元璋也多次旌表郑义门，亲书"孝义家"，敕封为"江南第一家"。方孝孺对郑义门的推崇，可见一斑，在此四年的求学时光，对其身心的影响是深远的。后来，宋濂被誉为明代开国文臣之首，影响遍及海内外，而方孝孺也成为建文朝的文坛领袖，是儒家学说阐释的权威学者，郑义门也因宋濂、方孝孺等人的表彰而愈加闻名天下。

教育理念：研读经史与古文创作并重

宋濂在《送张编修赴南阳教授序》一文中，以勉励张翀的形式详细表达了其教育理念，主要有两层含义：一是"取群圣人之经，列弟子于堂下，启之迪之，优之柔之，餍之饫之，使心与理相涵，事与心弗悖，庶几材成而器良矣"；二是"教道所施，贵在变通"，"各因材之清浊，学之浅深，过者损之，不及者益之"，要变通者有六，即"毋骤语以高远，恐其凌躐而不逊也；毋使安于卑近，虑其苟且而自画也；

毋过于严厉，上下之情不能相通也；毋失于宽纵，长幼之节或致玩亵也；毋示之以非圣之书，防其遁而离也；毋习之以无用之文，禁其乖而有僻也"。"圣人之经"主要是指《论语》《孟子》《大学》《中庸》等儒家经典，要以此为本，启发引导弟子，使其"心"和"理"相涵，"事"与"心"不悖，这样才有希望成才。变通是指根据弟子的才之"清浊"和学问的高低深浅，因材施教，灵活变通。

道是儒家文士心中至高无上的宇宙法则。写文章常是为了载道、明道。不少文士有着难以忘怀的体道经历。宋濂之友乌斯道对此有深刻的记忆。乌斯道曾深情回忆体道的过程："余少失怙，贫甚，夜就母绩之灯读古书。母怜良苦，令止。余不为苦，而讽诵不已。昼则诘难辩疑于儒宿，惟求进夫圣人之道。"（乌斯道《春草斋集》文集卷四《书自作诗文后与杨伯纯》，明崇祯二年萧基刻本）

六经是道的直接载体，也是浙东文士极为推崇的典范作品，在浙东文士心中占有崇高的地位。文章书写的目的在宋濂等人看来便是明道。宋濂在《赠梁建中序》中强调为文"无非以明道为务"。宋濂在《徐教授文集序》中明确谈道："文辞所寄，不越乎竹素之间，而谓其能不朽者，盖天地之间有形则弊，文者，道之所寓也。道无形也，其能致不朽也宜哉。是故天地未判，道在天地；天地既分，道在圣贤；圣贤之殁，道在六经。"

宋濂认为有形之物易弊，文章能够不朽，是因为道寓于其中，道是无形的，因此，文章足以实现不朽。天地未判之际，道在天地；天地既分，道在圣贤；圣贤之殁，道在六经。想要明道必须找到一条恰当的路径。儒家不同学派的观念可能略有差异，主要是因对儒家经典的看重程度不同，但基本的理念是一致的。宋濂在《六经论》中进一步阐述如何体悟六经："经既不明，心则不正。心既不正，则乡闾安得有善俗？国家安得有善治乎？惟善学者，脱略传注，独抱遗经而体验之，一言一辞，皆使与心相涵。始焉，则戛乎其难入；中焉，则浸渍而渐有所得；终焉，则经与心一，不知心之为经，经之为心也……虽然，经有显晦，心无古今，天下岂无豪杰之士，以心感心于千载之上者哉？"

除了作文本于六经之外，宋濂还强调要以孟子为宗。宋濂的这种看法，基本代表着浙东文士的态度，影响着明前期的文章写作走向。刘基以一个旁观者的身份，道出宋濂之文能融合柳贯、黄溍两位先生的长处，并谈到宋濂的文章作法，其《潜溪后集序》云："上究六经之源，下究子史之奥，以至释老之书，莫不升其堂而入其室。其为文则主圣经而奴百氏，故理明辞腴，道得于中，故气充而出不竭。至其驰骋之余，时取老佛语以资嬉戏，则犹饫粱肉而茹苦荼、饮茗汁也。"（宋濂《宋学士全集》，清康熙四十八年刻本）

刘基先谈宋濂的学术，穷究经、子、史，包括释老之书，且达到"登堂入室"的水平，再论其文章作法是"主圣经而奴百氏"，因此宋濂之文"理明辞腴，道得于中，故气充而出不竭"。同时，他指出宋濂还"时取老佛语以资嬉戏"，体现出较为通达的文学观念。

对于宋濂等人所主张取法的六经，其弟子方孝孺则在写给王绅的信中明确指出学习六经的具体部分，即"当求之于《易》之《大传》，《书》之《典》《谟》《训》《誓》，《诗》之三百篇，孔子之《春秋》，周之三礼"（《逊志斋集》卷十《答王仲缙》），同时还指出"秦汉贤士之所著"亦是可资取法的对象。相对于宋濂等人所讲的宽泛的"六经"，方孝孺具体到学六经的某些内容，越来越严苛。方孝孺所列的上述六经部分的内容，除了开示学文之法，还想论证"奇怪亦非古人所尚"，是针对文士学文"厌常喜怪""背正嗜奇"而发，此类文士"用志既偏，卒之学为奇怪，终不可成，而为险涩艰陋之归矣"（《逊志斋集》卷十《答王仲缙》）。方孝孺此文不但有整体上的文章作法指导，还有具体涉及谋篇布局的论说，在文章作法上提出体裁、章程等概念用以指导为文："盖文之法，有体裁，有章程，本乎理，行乎意，而导乎气。气以贯之，意以命之，理以主之，章程以核之，体裁以正之。体裁欲其完，不完则端大而末微，始龙而卒蚓，而不足以为文矣。章程欲其严，不严则前甲而后乙，左凿而右枘，而不足以为文矣。气欲其昌，不昌则破碎断裂，而不成章。意欲其贯，不贯则乖离错糅，而繁以乱。理欲其无疵，有疵则气沮词惭，虽工而于世无所裨。"

　　方孝孺提出的作文之法，非常具体，包括体裁、章程，既要行意，又要导气。"气以贯之，意以命之，理以主之，章程以核之，体裁以正之。"文章要有气势，贯通首尾，要立意高远，以理主之，要有章程，体裁要正。气势、立意、义理、辞章和体裁，都要具备，如此方能成为好文章，成为有用之文，否则"虽工而于世无所裨"。在这里，方孝孺试着用具体的作法来实现理想古文的书写，对体裁的要求是"完"，否则会"端大而末微"，前后篇幅不对称、不照应；对章程的要求是"严"，否则就会出现"前甲而后乙"，前后不一致；对"气"的要求是"昌"，如此方能连贯畅达，否则就会"破碎断裂，而不成章"；对"意"的要求是"贯"，前后文意贯通，不然就会出现"乖离错糅，而繁以乱"；对"理"的要求是"无疵"，要醇正，否则就会"气沮词惭，虽工而于世无所裨"。与宋濂、刘基等文士所谈的古文作法相比，方孝孺提出的上述作法更深入，也比较具体，具有现实层面的指导价值。

张孟兼：平生直气横秋岳

张方镇

中共浦江县委党校教师。

以运筹帷幄、神机妙算著称的明朝开国元勋刘基，为人豪迈自负，一般人都不放在眼里，但是对两个金华人赞誉极高。《明史·张孟兼传》载："刘基尝为太祖言：'今天下文章，宋濂第一，其次即臣基，又次即孟兼。'太祖颔之。"宋濂之名无须赘言，孟兼何许人也？竟得诚意伯"天下文章第三"之高誉！

张孟兼（1338—1378），名丁，字孟兼，浙江金华浦江人。《浦江县地名志》在"平安张"条目下有注释：明初学者张孟兼为该村人。"平安张"在今浦南街道办事处一带，是浦江县张姓人口较集中的区域之一。其中靠近南山脚的宋溪村，古名"福招庄"，又称"火烧张"，族谱记载，张孟兼就出生在这个村。村里"张氏家庙"祠堂中有大小匾额九块，其中最引人注目的是"开国文臣""衣冠华胄""大方伯""大郡伯"等牌匾。这些匾额是该村人文历史深厚的明证。

张孟兼小时候，祖母叶氏对他非常疼爱。

浦南街道宋溪村张氏家庙　浦南街道办事处供图

孟兼出生不久，全身生疮，日夜哭闹不停，叶氏每天煎药喂汤，不离半步。稍长，教他走路、说话。张孟兼从小聪明好学，就读于村北下佛堂的平安张义塾。一直到十九岁，张孟兼才离开叶氏，游学金华。赴南京考试那年，张孟兼已是两个儿子的父亲，但在祖母面前，他仍是个需要受教的"孩子"。离开那天，叶氏拉着张孟兼的手说："你祖父当初一直念叨着你，不幸没能见到你长大。你今去赴试，如能做官，一定要尽心尽职，不要辱没先人！"洪武初年，张孟兼因才能卓著，被征选入翰林院编修《元史》，旋又被征为国子监学人选教胄子，先后担任礼部主事、太常寺丞。因公务繁忙，出仕后多年一直没有回过老家。洪武五年（1372），张孟兼收到父亲书信，信中写道：你祖母今日过世了，临终前，没有其他话语，只说，"我已经七十四，该走了，也没有其他遗憾，只可惜没能和我的孙儿再见上一面"。张孟兼读到

此信，五内俱焚，悲痛欲绝。（叶氏事见宋濂《明故叶氏墓碣铭》）

张孟兼官位不高，但文章才名不胫而走。刘伯温经常在别人面前称许他，说孟兼"才甚俊，而奇气烨然"。宋濂也非常欣赏孟兼的才学，几次想向皇帝推荐都没有好的机会。有一次，皇帝想重用越地僧人法证，急着要他的文章。而当时法证刚好有一篇谈论理学的文章交给孟兼品评。宋濂趁机向皇帝说：太常寺丞张孟兼有法证的文章。皇帝就让宋濂把张孟兼召来，孟兼带着那篇文章拜见皇帝。皇帝看完文章，打量了一下张孟兼，回头对宋濂说："是爱卿的弟子吧？"宋濂说："不是，是我同乡人的孩子。写文章很有才气，诚意伯就很称道他。"朱元璋又端详了孟兼一番，说："这个年轻人的骨相有些薄，仕宦之路要慢慢上升才行，不能一下子太急。"

洪武九年（1376），孟兼三十八岁，因功被任命为山西按察司佥事。按察司全名提刑按察使司，是明朝地方司法机构，主管一省的刑名、诉讼事务，同时也是中央监察机关都察院在地方的分支机构，对地方官员行使监察权，主官为按察使，佥事是按察使司的属官，分道巡察。张孟兼为官刚正廉明，疾恶如仇，惩治奸吏，决不宽贷。每查一个案子，往往顺藤摸瓜，一抓一串。所到之处，贪官污吏心惊胆寒，闻之色变。张孟兼的好友严州人吴植对孟兼的文风和人品甚为钦佩，在《留别张孟兼》一诗中写道："平生直气横秋岳，秉笔一字诛奸谀。"

张孟兼政绩名声传到朝廷，不久就被擢升为山东按察司副使。当时山东的布政使（明朝地方政府机构有布政使司、按察使司和都指挥使司，布政使司管"民政"，按察使司管"刑名"，都指挥使司管"军务"）吴印原是南京的主事僧人，因受朱元璋的赏识而被提拔。皇帝对吴印的礼遇可谓非同一般——赏赐金帛，恩宠优渥。吴印自恃受皇帝信任，在对同僚礼节上较为简慢。而张孟兼是一个清高自负的人，或许还因为吴印出身僧侣，张孟兼并不把他放在眼里。因此平日里两人就多有龃龉。

当时朝廷刚刚改用大明宝钞（官方发行的纸币），吴印私自下令当地军民不得使用，而且还自行到"行用库"兑换成铜钱。张孟兼认为吴印所为严重违反朝廷规定，亲自到布政使司拷问官吏追究责任，并说明要禀告皇帝。布政使司官员大为恐慌，劝吴印上奏皇帝，说张孟兼凌辱欺侮同僚。不知是张孟兼没有立即奏报还是上报了没有呈达，倒是吴印的奏章先被呈到了皇帝面前。朱元璋阅过奏章后，没有深加追查就主观认定是张孟兼侮辱同僚吴印及其下属，为官不知谦让，责令鞭笞张孟兼予以警诫。张孟兼受此羞辱，怒不可遏，怨气所及，竟然抓了为吴印写密奏的人，要将他定罪。吴印马上再次上奏，并且故意在皇帝面前示弱，说张孟兼太过蛮横，请求辞官避祸，否则一定会被张孟兼排挤陷害云云。朱元璋龙颜大怒，觉得张孟兼的行为是在和天子的尊严进行对抗，说："彼乃敢与我抗耶，吾今乃与尔抗！"立即下诏"械孟兼至阙下"——将张孟兼杖责六十之后，再锁往京城问罪。到了京城，张孟兼仍然据理力争，拒不认"罪"。区区一个三品官员竟敢如此大逆不道，朱元璋大发雷霆，当即下令摘去他的官帽，拖出去执行"弃市"之刑。刚直硬气的一介儒生张孟兼就这样被剥夺了生命，年仅四十岁，这一年是洪武十一年（1378）。张孟兼死后，皇帝还特地告谕吴印：我为你除掉祸害了，你好好干吧！

张孟兼的事迹在《明史》列传第一百七十三（文苑一）中有载，同时代的文人笔记也多有记述。比张孟兼小十九岁的方孝孺专门作《张孟兼传》详细记述了他的生平。清人钱谦益在《列朝诗集·甲集》卷十三《张孟兼传》中也提到了张孟兼遇害这件事：孟兼出为山西副使，布政使吴印，钟山僧也。孟兼负气凌之，数与之争。上曰："是乃欲与我抗耶？"逮赴京，捶之至死。

或许有人会说，张孟兼的悲剧命运跟他恃才傲物、刚直不阿的性格有关。这似乎有一定的道理。宋濂非常了解这位同乡后辈，曾评价他："孟兼性鲠亮，不善为依阿人，有曲必面白之，虽惭沮羞绪不暇顾。"还特地规劝他："鸷鸟之扬扬，不如威凤之雝雝；猰貐之强强，不如祥麟之容容；刑法之堂堂，不如德化之雍雍。人不务德则已，苟有德焉，又何慊壬之不革行哉！慊壬革行，正气之复，正道之行也。孟兼盍于此而留意哉！"（《送部使者张君之官山西宪府序》）宋先生委婉地告诫他，锋芒不要太露，要注重以德服人。

方孝孺是宋濂的学生，他也认为张孟兼的死和他心高气傲的个性有关。"孟兼中实，无慊贼之心，只以尚气好高人，以故为人所陷。才能者，人所欲得也，苟无谦逊以奉之，而挟以骄人，其为身害奚怪哉！孟兼之才，使能克己下人，虽不幸，未必死。而欲尊大其势，而眇略它人，谬矣！法虽过严，其底于此酷，厥有自哉！"

行文至此，我似乎明白了朱元璋初见张孟兼时评价其"骨相薄"的含义了。相由心生，也许孟兼骨子里那份清高和傲气由内而外，让人印象深刻。而这种性格特点同仕宦所需的通达权变和八面玲珑是格格不入的，甚至直接导致了他过早地横遭迫害！

但是，张孟兼的死真如方孝孺所说是因为意气用事、不知克制礼让吗？我的看法是：对，又不全对。嘉靖年间著名学者王世贞对于明初文人名士的最终归宿有一段论述："当是时，诗名家者，无过刘诚意伯温、高太史季迪（高启）、袁侍御可师（袁凯）。刘虽以筹策佐命，然为逸邪所间，主恩几不终，又中胡惟庸之毒以死。高太史辞迁命归，教授诸生，以草魏守观《上梁文》腰斩。袁可师为御史，以解懿文太子忤旨，伪为疯癫，备极艰苦，数年而后得老死。文名家者，无过宋学士景濂、王待制子充。景濂致仕后，以孙慎讳误，一子一孙大辟，流窜蜀道而死。子充出使云南，为元孽所杀，归骨无地。呜呼！士生于斯，亦不幸哉！"（《艺苑卮言》）大意是，明朝初年的诗文名家刘基、高启、袁凯、宋濂、王祎都没有善终。而评价孟兼"只以尚气高人""不能克己下人"的方孝孺，在二十四年之后因拒绝为发动"靖难之役"的燕王朱棣草拟即位诏书，被"株十族"，其亲友学生八百七十余人全部遇害。

常言道"伴君如伴虎"，在封建专制时代，君王的态度往往决定了臣子的命运：可以让你平步青云，亦可以让你死无葬身之地。所以，与其说张孟兼之死是性格的悲剧，倒不如说是专制制度下文人的宿命，是时代的悲剧！

张孟兼学识渊博，才华横溢，著有《白石山房文稿》，文稿取名白石山房，光绪《浦江县志》卷五记载："明初有字拱辰者，受业于副宪张孟兼先生，见白石耸峻，以寓比德于玉之意，因自嘲曰：'石莹无瑕，韫玉山辉，士贞淑德，有光庭闱。'遂匾其居为'白石山房'。"他的《白石山房文稿》序跋系刘基、宋濂所作，可见才名之高，但因为孟兼获罪被戮，稿本被焚，诗文大多散佚，成为千古憾事。清《四库全书》辑有两卷，四库馆臣评价："今虽不睹其全集，而即二卷以观其诗文，温雅清丽，具有体裁，而龙骧虎步之气，亦隐然不可遏抑。接迹二人（指宋濂、刘基）良足骖驾。基虽一时之论，即以为定评可矣。"

太常祠外景　浦南街道办事处供图

历代先贤

137

张孟兼堂弟张拱宸、同辈张思温，都曾在白石山房就学，也都曾为官出仕，前者曾任广西布政司右布政使，后者先后任广西左州知州、山东德州知州等职。两人都为官清正，政绩斐然。

　　鉴于张孟兼等人的贤德与功业，凡过下佛堂太常祠之处，文官下轿，武官下马。宋溪村不远处一个叫"上四房"的地方，以前有块下马石，提醒过路官员，下马以表敬仰。

　　张孟兼的老家宋溪村边上有一条溪今名为巧溪，水面不宽，但溪水清澈晶莹，从浦江南山北麓发源，蜿蜒北流，汇入浦阳江，融入钱塘江，亘古如斯。乡贤的文士气度、精神风骨亦如这潺潺流水一样在这片土地上源远流长，生生不息……

"戚家军"中的金华子弟

李文戈

中共浦江县委党校原
常务副校长。

明嘉靖年间，为抗击倭寇入侵，戚继光在浙江义乌、浦江、东阳、金华等地招募兵员，尤以义乌人居多，统称"义乌兵"。这支部队南征北战二十多年，纪律严明、指挥有方、英勇善战、战必克胜，史称"戚家军"。

戚继光为何到义乌招募新兵呢？嘉靖三十七年（1558）六月，义乌矿工、乡民与从永康赶来的开矿者爆发械斗，历时四个月，直到十月秋收方告结束，死伤共计二千五百余人。正是这一场群架，改变了大明历史。戚继光时任浙江台州、婺州（今金华）、严州三府参将，感到义乌及周边一带的人天性好斗、勇猛顽强，是浴血沙场、英勇善战的将士之才，因此，他屡次向朝廷建议："十室九邑，必有忠信；堂堂全浙，岂无材勇。""诚得浙士三千，亲行训练，以及三年，足堪御敌"。

《明史·戚继光传》记载："继光至浙时，见卫所军不习战，而金华、义乌俗称慓悍，请召募三千人。"戚继光长子戚国祚编《戚少保

历代先贤

年谱耆编》记载："嘉靖三十八年秋八月，议练义乌兵。上《练兵议》。略云：闻义乌露金穴括徒，递陈兵于疆邑，人奋荆棘御之，暴骨盈野，其气敌忾，其习慓而自轻，其俗力本无他，宜可鼓舞。及今简练训习，即一旅可当三军，何患无兵？""秋九月，往募义乌兵。得四千余人。"

天下兴亡，匹夫有责。浦江县钟村地处浦阳江畔，百姓多以撑排运输为业、耕耘劳作为生，繁重的体力劳动把他们锻炼得身强力壮，平时村民学拳习武成风。振臂一呼，云集响应。经戚大器（戚宅村人，后成为戚继光贴身卫士）等动员，钟村几百青壮年浩浩荡荡去义乌募兵站（今义乌绣湖西街）报名。戚继光在校兵场亲自主持考试体检，一百零八人应募入伍，加上在戚宅村、坞里山村招募的四十七人，戚继光将这些浦江籍的戚氏子弟与戚氏姻亲子弟编为一个营，命名为"戚家营"。《磐安县志》卷二十《军事》载：嘉靖三十四年，副使刘愨巡摄金华府，为抵御倭寇深入，命知县张万遍走属邑诸山，择其地势险要处构筑寨隘，修筑了马鬃岭、乌岩、夹溪寨、乌竹岭等寨，驻于磐安尖山，教习武术，以成劲旅。面对气势汹汹的倭患，就是一介草民腿肚子也不会抖，腰杆子也不会弯，他们将最深厚的家国情怀转换成同仇敌忾、勠力同心的战斗豪情。

嘉靖、隆庆年间，戚继光先后四次从义乌招募了二万六千士兵，用于沿海一带抗击倭寇。义乌当时只有十四万丁口，募兵时只能放宽地域限制，兵源扩大至婺州各县。明万历三大征时，从东阳征募不少士兵，所以也叫"婺兵"。《戚继光年谱》载：福建抗倭时，有个与朱珏、金科共同战斗的把总戚子明，就是浦江或者东阳戚姓人。戚继光打完倭寇，又到蓟州防御鞑靼，于是"南抗倭，北御虏"名震天下。后来招兵均是用浙江人，沿用戚家军训练方式，因此浙兵被冠以代表整个南方的称呼——南兵。康熙《新修东阳县志·风俗》载：后万历年间，率多习兵应募，已而罗营废，皆散入江干，徙为他业，如肩挑买卖不等。每当冬夏之交，来者熙熙，往者攘攘，不啻数千人，其

迁居著籍者，又不胜数也。由此看来，戚家军实是"举全婺之力，抗外敌之寇"。也正如基辛格所言：中国总是被他们最勇敢的人保护得很好。

　　戚继光率军在东南沿海抗击倭寇十余年，扫平了为患沿海多年的倭患。当时，北方蓟辽边境正遭遇鞑靼部落的入侵，戚继光经张居正举荐奉旨北上，又请募浙江兵，训练边兵，修墙筑台，研制火器，屯田垦地，戍边抗虏，训练了一支能练兵、战守、筑城、屯垦、创制兵器的部队，并实现了从冷兵器向火器转变的伟大创举。在北方军事重地山海关，戚家军披星镇关，戴月戍边，金戈铁马，气吞万里如虎，横扫敌寇如卷席。

据史料和坊间传闻，山海关一带至今流传着戚继光的神勇故事，还有诸多戚家军的后裔在此生生不息。为了寻找曾经叱咤风云的戚家军将士的遗迹，2017年冬，我们来到山海关，访古寻根，探踪觅迹。

山海关，又称榆关、渝关、临闾关。洪武十四年（1381），大将军徐达见此地"枕山依海，实辽蓟咽喉"，便修筑长城，建关设卫，遂更名为山海关。又因其是万里长城东起第一关，地处要隘，关内关外一关之阻，史称"两京锁钥无双地，万里长城第一关"，历来是兵家必争之地，故称"天下第一关"。岁末寒冬，北风刺骨，我们与山海关的第一场雪不期而遇。登临天下第一关城楼，北望角山，南眺大海，顿有"去国怀乡、胸怀天下、荡气回肠"之感。同行的何君赋诗云："旷古肃杀地，天下第一关。鞍马燕山冷，共酌北水寒。"该诗道出了山海关据险守要、壮士酬国的惨烈场面。

踏雪留痕，抚墙印砖。山海关区政协原主席邵宏根是浦江的乡贤，一路上听他讲解山海关的古往今来。我们站在明长城起点的"老龙头"城楼上，雄关高耸，城海交汇，碧海金沙，天高海阔；远眺角山，长城蜿蜒，烽台险峻，气势磅礴，风景如画；驻足板厂峪，山岭逶迤，残墙断垣，暖暖远村，依依墟烟。那巍峨的城墙、沉默的砖头、苍凉的古战场，仿佛都在诉说一幕幕中华志士筑城砌墙、驱逐外敌、保家卫国的铁骨豪情。抚摸长城肃立不语的砖头，犹如与家乡子弟近身交谈，与历史隔空对话。一排排高高的杨树上依枝而筑的鸟巢，那只只探头的鸟儿仿佛客居他乡的浙江后裔子孙，承受寒风，沐浴春秋，祈盼未来。这些景象掩埋了多少旷古传奇，后世流传了多少戚家军后裔的家国故事啊！

《明史》记载，戚继光请上奏准，带兵赴蓟镇任职，并允许士兵携带家属同往，一同驻守在蓟镇绵延数百里的长城沿线。他们在长城脚下垒筑石头房居住，一边开荒种地，一边戍守长城。戚继光不由得慷慨赋诗："明月山海关，金鞍宿长杨。祖为百夫长，后为田舍郎。"

随着朝代更替、战火烟灭，守军后裔大都留在了抚宁县董家口、城子峪、九门口、义院口、驻操营、板厂峪一带，慢慢形成了义乌、浦江等地的一百五十八个后裔集居之地。历史，总是承接着前人，启示着后人；历史，永远继承着往昔，开创着未来。今天，金华籍后裔与长城同在，与历史同在，与当地居民融为一体，一起创造美好的新生活。

山海关民俗专家刘学勤介绍，戚家军后裔虽然叶落他乡，却始终不忘祖宗，心系南方，并传承了金华一带的习俗。他们的祖先死了，就埋在长城脚下，坟茔朝南方，佳节思亲人。板厂峪的那些马头墙、剪纸、豆腐、铜锅担子、瓷坛、路名等，无不印记着金华的风土人情。这些年来，通过史料翻阅、名物考证和祖训、祖谱、祖碑的挖掘认证，许氏、谢氏等宗室陆陆续续地到义乌认宗归祖、祭祀先祖，诚如板厂峪的老许所言：回家的感觉真好！是啊，金华的风土人情成了渐行渐远的故园乡愁，真可谓：将士酬边犹未还，浦江子弟满燕山。乡音不改情不尽，一片愁心向南天。

千古江山，英雄无觅孙仲谋处。我曾到山海关寻觅戚家军中浦江子弟的踪迹，只因时日短浅、来去匆匆，加上当年战事纷飞，无暇记载，找到的仅仅是口口相传的关于浦江子弟的碎片，难以成文。倒是小时候常听祖辈和母亲说起戚家军的故事，能串起一些线索。浦江曾归属义乌，较之义乌，浦江一带人更善斗架，民风更显彪悍，与戚家军的勇猛精进如出一辙。我的祖先就是从戚继光招兵买马之地义乌迁徙来到浦江，老家陈铁店村与义乌仅一山之隔，一岭之阻。老家邻近有"戚村""戚宅"，坊间传言是戚继光的后代繁衍而居，绕村而淌的和平溪（古称云溪）有尺寸桥，浦江与义乌的崇山之间有"步虚岭""马笼头"等隘口。

2001年3月，浦江县戚宅村发现一面戚继光的云锣。锣面上可看到"宣德""五"等文字，其上端有串绳用的圆孔痕迹。据推算，该云锣距今已有五百六十余年。戚宅村1947年编修的《云溪戚氏宗谱》

载：戚继光亲往金华、义乌一带征募健儿三千人，严加训练。时嘉靖三十六年（1557）五月事也。我上戚派显祖孟满公正乔居义乌西门，与之相遇，叨在族谊，遂安眷属于其家。孟满公亦感于戎装铁马千里来归，两相邂逅，备极亲挚。为尽地主之谊，设宴于庭，凉月清风，杯酒联欢，与叙族谊。公临行贻古铜五事一副、云锣一面、玉杯一只、黄金百两，命建戚氏宗祠。翌年二月，钦敕"文经武纬"匾额一方，族人引以为荣。2016 年 11 月，与义乌接壤的戚村出土了一些便于背携的行军锅，或皆与战事有渊源。

天地英雄气，千秋尚凛然。习近平总书记指出："一个有希望的民族不能没有英雄，一个有前途的国家不能没有先锋。"戚家军"用兵能用浩然之气"，其"爱国安民、创新强军、纪律严明、敢于担当、英勇善战"的戚家军军魂仍具现实价值，彰显了"保家卫国、寸土不让"的爱国主义精神。戚继光诗云："封侯非我意，但愿海波平。"河清海晏，时和岁丰，这正是美美与共、和和与同的时代追求。

刚硬进士张元谕

张春燕

浦江县图书馆古籍部主任兼地方文献、家风馆主任。

浦江人性格偏硬，即便读了许多书，阅过许多事，性情也难改。在明代官场，以硬气出名的，前有张孟兼，后有张元谕。

张元谕（1519—1570），字伯启，自号月泉。出生时，右边眉毛竟然是白的，所以人称"白眉公"。他从小聪明，酷爱读书，稍长即贯通经史，对儒学经典的理解多有新意，读史评断多有确论。他的文才，县志中用了八个字："文追秦汉，诗步盛唐。"评价之高，足见他在当时学人中的声望。

嘉靖二十二年（1543），张元谕二十四岁，考中举人。四年后的嘉靖二十六年（1547），张元谕考中进士，且名次靠前，位列第二甲五十一名。张元谕为明代浦江第三位进士，与上一位考中进士的沈文足足相隔了一百三十年。因浦江百年无人登科，故龙溪张氏全族以张元谕为傲。

嘉靖二十六年的这场科举，是大明历史上最耀眼的一次科举，空前绝后，人称"大明第一榜"。该年丁未科进士共录取三百零一人，榜单中许多人物成为明中后期举足轻重的角色，如一代名相张居正、文坛领袖王世贞、著名谏臣杨继盛、状元宰相李春芳、中西文化交流先驱徐光启等，阵容十分强大。张元谕中进士后不久，就被授予工部主事，负责节慎库的各项支出。嘉靖时期，明政府为加强对财政的监管，在太仓库之外又设立了节慎库，这是明代财政工作中十分重要的部门，由皇帝赐名，归工部所辖，所贮银两数额仅次于户部太仓库。

张元谕负责修理厅署时，在地阁下发现黄金六千两，张元谕全部充入库房。当时吏部长官张华阳怀疑此事有诈，认为张元谕是想博个好名声而已。张元谕问心无愧，也不做更多解释。后来节慎库进行清稽审核，发现库存有所短缺，而所缺之数恰好是地阁中遗金之数。细追究，才发现是以前的主事所藏，因为突然去世来不及转移。事情最终水落石出。不久，张元谕升为员外郎，负责建造皇陵。银两有所剩余，不论多少，全部上交朝廷，嘉靖帝赏赐宝钞、彩缎，给予褒奖，并提拔他为工部郎中。

当时，严嵩专擅国政，结党营私，打击异己，权倾朝野。张元谕不为所动，不入帮派，认真履职。严嵩女婿袁应枢，仰慕元谕的为人与品格，百般拉拢，甚至以美差引诱。张元谕严正回应："好官位难道是你妇翁家的物品？"袁应枢听后恼羞成怒，怀恨在心。严嵩的儿子严世蕃任尚宝卿兼工部侍郎。按惯例，兼衔官在部堂不设办公座位，下属部僚为讨严世蕃之欢心，商议增设。张元谕以祖制坚持不设，严世蕃不得不折服，部僚也不得不停止倡议。但是张元谕从此得罪严党。更令严嵩父子怀恨的是，杨继盛因为上疏严嵩具十罪、五奸，弹劾严嵩被诛杀后，张元谕竟然专门写文前往悼哭，言辞诚恳悲愤，无所顾忌。

张元谕主管铁甲厂时，投靠严嵩的大将军仇鸾软硬兼施，进行拉拢，但未能使张元谕屈服。严党决定除掉张元谕，四处寻找理由。最后以履行职责不力为由，诬陷张元谕及其同事，全部用克减之罪，拟按律处以极刑。嘉靖帝念在元谕掌管工程时，将剩余数万工程款全都上交库房之情，给予减刑，只是将其贬到常州任通判。明代"后七子"领袖李攀龙专程送别，并赋《送张元谕虞部谪常州别驾》一诗以慰藉：

赋就黄花别季鹰，还从迁谪问飞腾。

悬知汉柱名当藉，况复虞刀事可凭。

寒雨大江临楚望，千家秋色暗毗陵。

阊间城外逢摇落，何限吴山客里登。

此时，张父病情日益严重，张元谕决定不再上任，而是告归服侍父亲。守丧期满，张元谕被重新起用，为庐州通判。刚刚到任，就去基层巡视，化解民众困苦，士民拥戴。后转安庆丞，管仪真盐务。当时按惯例，新官上任，盐商们合伙送礼金数千，张元谕拒收，商人们啧啧称颂。当时，巡视安庆的使者董昆办案过分严厉，民众常因一点小事损失严重。张元谕约同僚为吏民请求宽大处理，但是一进见董昆，同僚都退缩不敢直言。只有张元谕高声为民请命，董昆恼怒而不予采纳。在拜谒文庙时，董昆故意叫人撤掉府丞的座位，以泄旧日之愤。张元谕见此，即刻拂衣而出，准备驾扁舟直接回乡。提学周如斗、郡守朱瑞极力挽留，不少百姓听说后也来劝说。董昆知此，知道自己有些过分，也向张元谕致歉，元谕才继续履职。

不久，张元谕擢升为吉安太守，办事一心为民，仍不以上司之意而改变。张元谕曾经应一位御史的要求，抓捕一名奸人，但是审查之后，却为奸人请求宽宥。御史指责他，张元谕说："我本是被人所误，不敢以人命履行以前的话。"当时，岭南流寇数千窜袭江西，滥杀无辜，将到吉安。张元谕提早在路上张榜告示，晓以利害。贼寇听说太守对百姓以恩信著称，知道不可硬闯，便从其他小道逃去。而后，备兵使向上邀功不成，巡抚要挟张元谕给予贿赂，张元谕置之不理。巡抚以张元谕"纵寇"上报，张元谕被令赴京另外调用。张元谕听闻，内心不平，丢下官印回乡。当时，太史罗洪先、邹守益，以及当地士民都哭着相送而不忍别离。事后，虽有御史上报事实，但巡抚继续以公众舆论不能容忍为由，免除他的地方之职。

吏部尚书杨博素来看重张元谕，认为元谕没有世俗之情，也无官场之情，肯定不会来京，于是，特例起用他为桂林太守。在桂林，他的政绩跟在吉安时一样突出，后因母亲去世辞官归乡。服除，补为永昌太守，兴学抚夷，人称"治平第一"。又升为滇南观察副使。到京城进呈奏表时，他拒收所有馈赠的路费。可惜在赴湖广辰州途中，因劳成疾而逝。

值得一提的是，隆庆元年（1567），张元谕北上述职，自夏至冬，往返舟中五月，竟然写出一本好书。同舟诸生清闲无事，或看书，或辩论，或危坐，慨叹旅途劳累。张元谕吸纳众长，将大家平常谈论的内容一一记下，特别是大家讨论的各类书中疑惑，有所心得，就立马书于纸上。在永昌太守任上，他将所记的内容整理为十五卷，题名《篷底浮谈》。此书内容丰富，四书五经、天文地理、人生哲理无所不括，所涉问题思考极有深度，"一船学问"成就了一种好书。书中首卷为《论道》，特别精彩，"贪者常不足，非不足也，心无厌也；廉者常有余，非有余也，所愿约也"等观点，一针见血，言人所未言，在平常道理中道出不同感悟，读之令人顿悟。在他去世那一年，湖广学政副使、监察御史徐栻专门作序，并刊行于世。

张元谕性格直爽，清高正直，与人交往，也没有城府。坚守节义，权势也不能夺其志。当官二十四年，只是守好先业，没有什么增置。所有俸余，全部用于周济贫穷的宗亲。回乡时，他也不摆架子，好像无官位者，平易近人，族人也不觉得他是乡中缙绅。他善于作诗，存有《张月泉诗集》《詹詹集》等。曾用心编校文天祥的诗文，于嘉靖三十九年（1560）刻成《文山先生全集》二十卷。万历中，督学洪启浚题请，将张元谕列入乡贤祠。县衙前，浦江人还专门为他立了一块"忠清良翰"的石牌坊，以示纪念。

东皋心越：东渡日本的浦江高僧

贾剑挺

浦江文史爱好者。

清初东渡日本的浦江人东皋心越禅师（1639—1695），是中日文化交流史上一位划时代的重要人物，日本将其奉为"琴学之祖""篆刻之父"和佛教曹洞宗寿昌派的开山鼻祖，被称为自唐代鉴真和尚东渡以来，对日本文化有重大影响的中国使者。

顺治三年（1646），清军攻占浙江和福建。仅八岁的心越在父亲的安排下，在苏州报恩寺剃发出家，初名"兆隐"。从此，心越与佛结缘，风雨飘摇，却至死不渝。十三岁起，心越云游江浙两地寻师访道；二十岁，在江苏天界寺跟随中国佛教曹洞宗寿昌派中兴之祖觉浪道盛禅师参禅。觉浪道盛禅师圆寂后，他再次四方参学。三十岁返浙，在杭州皋亭山显孝寺参禅，师从觉浪道盛禅师的法嗣阔堂大文禅师。康熙九年（1670），心越三十二岁，阔堂大文禅师向他"传佛慧命"，并赐法名"兴俦"，字"心越"，自此东皋心越禅师成为曹洞宗第三十五代法嗣。觉浪道盛禅师和阔堂大文禅师

容质昔欲語晴風

起徘香

東皋心越寫

东皋心越《水墨花卉》　浦江博物馆藏

的书画，都有较高的艺术造诣，至今在日本尚有真迹留存。东皋心越
禅师的文化艺术素养及技能，深得两位曹洞宗禅师的真传。

康熙十年（1671），东皋心越禅师受杭州永福寺住持的邀请，驻
锡永福寺六年，广会文人墨客，交流诗、书、画、印、琴技艺，艺僧
之名广传天下。他人虽出家而心怀故国，参加了当时浙、闽一带的抗
清斗争，斗争失败后"避秦无地"，走上了他的前辈如隐元、隆琦等
走过的路——东渡日本。

康熙十五年（1676），日本长崎兴福寺第四代住持澄一道亮慕东
皋心越禅师之名，邀请其赴日本担任兴福寺住持。是年秋，三十八岁
的东皋心越禅师以杜多傅、越杜多为名，经普陀东渡日本，主持长崎
兴福寺三年；上大阪黄檗山万福寺五个月；在长崎闭关一年零一个月；
寓居江户一年半；寓居水户八年半；后应水户藩主德川光圀迎请，主

持水户岱宗山天德寺四年零四个月。康熙三十四年（1695），东皋心越禅师圆寂于天德寺，时年五十七岁。

东皋心越禅师主持天德寺晋山开堂时，云集日本一千七百多名僧众，使之成为曹洞宗同门的中心，此阶段被称为日本佛教界三百年来从未有过的盛世。东皋心越禅师圆寂后，岱宗山天德寺改名为寿昌山祇园寺，奉东皋心越禅师为开山祖师。两年后，少林山达摩寺也奉东皋心越禅师为开山祖师。

东皋心越禅师东渡，潜心传播中华文化，在修禅问道之余，兼修金石、书画、琴艺、医技等，对日本的文化、艺术、佛教产生了深刻的影响。

东皋心越禅师在日本十九年，传艺功绩最大的当数琴道，被誉为"琴学之祖"。东皋心越禅师在南京师从觉浪道盛禅师时，向当时著名琴人庄臻凤学习古琴。庄臻凤继承了虞山琴派的优秀传统，也继承了先秦以来"弦而歌之"的优秀传统，并积极投入琴曲创作中，这对东皋心越禅师一生琴学的影响巨大。

荷兰驻日公使高罗佩说："夫中国七弦琴者，往昔日本人徒听其名，而未尝知其实，日本旧籍多载'琴'一字，而其意殆指和琴、新罗琴，皆筝课之一种，非中国先圣之制。"东皋心越禅师东渡日本时，七弦琴已在日本失传五百年之久。他携带七弦琴五把，有记载的三把为"虞舜""素王""万壑松"。其中，"虞舜"一琴后归水户德川家，作为历世珍宝，视为拱璧，水户藩国藤川东湖作记于琴匣。琴和匣现存东京帝室博物馆。

东皋心越禅师带到日本的还有《松弦馆琴谱》《理性元雅》《伯牙心法》《琴学心声》和自己撰写的《谐音琴谱》等。东皋心越禅师的七弦琴艺术让当时日本社会各界大开眼界，引起轰动，前来请教者络绎不绝，他无不悉心传授。他的代表弟子有名流人见节（号竹洞，又号鹤山，1620—1688）及幕府贵官杉浦正职（号琴川，1669—

1771）。因为这两个弟子，18—19 世纪，东皋琴道主要在日本的儒官及学者中流传。

杉浦琴川编辑东皋心越禅师的琴曲于宝永年间出版，后来被称为《东皋琴谱》。该谱多次重刻，在日本影响很大。杉浦家茶市小野田东川（1683—1763）受到熏陶，也能弹琴。小野晚年因故被逐，遂以教琴为业，其弟子中著名的有幸田友之助、多纪德，他们又传给桂川月池、浦上玉堂（1745—1820）等。由于东皋心越禅师在日本传授琴乐，以及《东皋琴谱》的刊行，古琴音乐在日本得到空前的发展。儿玉空空的《琴社诸友记》载，小野时期琴友多达一百二十人。从此，失传了五百年之久的中国古琴，又在日本得到复活和使用，所以《日本琴史》认为："（中国）琴学盛于日本，实师（东皋）之功也。"四传弟子儿玉空空更把东皋心越禅师尊为"日本琴学的发轫者"。

东皋心越禅师还在日本传播篆刻，被奉为"篆刻之父"。东皋心越禅师跟随觉浪道盛禅师数年，诗文书画深受其影响。觉浪道盛禅师将与之交往的文人介绍给他，如杭州的陈策（？—1672），"素工石鼓，深心嗜古，四方来武林者，咸来问字焉"；又将《篆文纂要全宗》传给他。东皋心越禅师回杭州驻锡永福寺，结交湖畔文人墨客，通过艺术交流，技艺精进。

东皋心越禅师的篆刻也深受汉印和文彭、何震等人的影响，风格属于明末清初今体派一系，虽不全备汉印浑朴之神，但仍具时代锋刃之力、圆转劲拔之趣。他将明代中后期篆刻界兴起的一股崇尚汉印的复古风，以及因铜易石印材产生的具有笔意和刀味的新的审美风尚及技法带到日本，使日本印人"第一次领略到篆刻的妙趣"，使日本篆刻界的审美观有了新的飞跃，被誉为"日本近世篆刻法传授之始祖"，被学生称为"日本篆刻之父"。他将带去日本的《韵府古篆汇选》（陈策编撰）交后学者传抄，公开刻印，多次再版。在当时日本书法、篆刻界缺乏篆字工具书的情况下，为日本嗜此道者开阔了视野，起到兴隆与催化之功。值得一提的是，用朱砂、艾绒、晒油所调制的印泥，也是由东皋心越禅师传到日本的。

东皋心越禅师博闻强识，除了在禅学、琴学、篆刻学等方面对日本影响深远外，在诗文、书画、医学等方面也有造诣，被称为"中日文化交流使者"。他常用日语与僧俗赋吟日本和歌、俳句，常用汉诗记其感怀，或与僧俗交流。书法方面，四体皆能，特长草隶。遗墨以皓台寺所藏的屏风二组为精，行书继赵松雪、祝枝山与董玄宰，又有禅风，苍润秀雅，超尘绝俗。绘画长于道释人物，兼工梅、兰、竹、菊，有巨幅《涅槃图》，上绘仙释僧俗人物、树木花卉及翎毛走兽等凡数十具。医学方面，他常为附近僧俗把脉诊病，当时精医学的文人常与之交往，光大发扬心越之术。

日本元禄五年（1692）十月六日，东皋心越禅师以中国佛教曹洞宗寿昌派嗣法的身份在天德寺正式开山，水户藩主德川光圀亲自主持仪式，拜东皋心越禅师为师，前来听东皋心越禅师开堂说法的名僧云衲达一千七百多人，盛况空前。此后东皋心越禅师和德川藩主共同发动了三千座寺庙的僧人还俗修行，开创了日本佛教的一代新风，还开创了日本佛教有别于中国佛教的特有修禅方式，被认为是近三百年来日本最著名的宗教事件之一。

日本元禄八年（1695）九月三十日，东皋心越禅师圆寂。圆寂前一天，东皋心越禅师向弟子吴云、天湫嗣法，把天德寺托付给吴云，把尚在筹建中的达摩寺托付给天湫。东皋心越禅师圆寂后，天德寺作为寿昌派的大本山改名为寿昌山祇园寺，达摩寺于东皋心越禅师逝后两年正式开堂，都奉他为开山祖师。寿昌派教团最盛时支寺达四十余家。

"华夷可异域，美恶不同宫。"东皋心越禅师以其不屈于异族统治的决心和坚韧不拔的毅力，经历了异于常人的坎坷人生，最后却因

"避难"邻邦而传播了中华文化，为中日文化交流做出贡献，对日本文化产生深远影响，得到中日人民的爱戴和尊敬。

殷殷师生情　拳拳学子心

潘朝阳

高级教师，浙江省作家协会会员。

在 20 世纪 70 年代末之前的近两百年时间里，每年正月潘周家玉和堂的堂楼里都要挂出《盘洲草堂图》，供人瞻仰。

画中有两棵高大的苍松，枝干遒劲如虬龙，掩映着一个古朴的书斋，案桌上放着两卷古书。案桌边坐着一位儒雅的老者，神情凝然，若有所思，他便是周璠。童子在其右侧专心研墨。

周璠是谁？这幅《盘洲草堂图》又是谁画的？这背后有什么故事呢？

周璠（1734—1808），字鲁玙，号障斋，别号盘洲，是清代浦江县政内乡新田里周家（今檀溪镇潘周家）人。幼年聪慧，弱冠游庠，遥遥领先。二十四岁举荐于乡，早负经济才，留心民生实业，关心山川、井邑、农业、学校，很想建立事功，施展抱负。曾三游杭州万松书院。乾隆二十三年（1758），浙江院试窦东皋非常器重周璠，招他到杭州万松书院学习，周璠有机会向史学家、地理学家齐召南学习，学业大进。万松书院内，两浙名士云集，周璠

倪象占《盘洲草堂图》 洪庭耀摄

历代先贤

157

无不退让，择交俊杰。学成归来后，深入钻研经史和百氏之书，著书立说，推古出新。可惜屡试不中，壮志难酬。乾隆四十七年（1782）充岁贡之后，周璠谢绝作科举应试之文，重理"四书"，切己体验。这正是他理学思想的转折点。他少嗜陆九渊和王阳明的心学，晚年热衷于朱子（朱熹）之学，融会贯通，了然于心。为人处世上，他向金华学派的范浚和潘默成等前辈学习，想超越先贤。嘉庆十二年（1807）春，七十四岁的周璠以岁贡生的身份赴海盐担任儒学训导。在任期间，关心当地的水利问题，拿出俸禄资助贫穷的好学者，可惜次年便病逝于官署。

周璠学问扎实，被同时代的学者尊称为"盘洲先生"。读书力求理解文章义理，诗文创作注重神气蕴积，文追两汉，诗宗杜（甫）韩（愈），立意之高，取裁之峻，持论之坚，不让古人。有《盘洲文集》六卷，《盘洲诗集》两卷存世。今有嘉庆十六年（1811）王氏刻本、清光绪二十七年（1901）木活字本两种版本。《光绪浦江县志稿·儒学》中有传。

《盘洲草堂图》的画风严谨，画面高雅。这幅画是谁画的呢？

倪象占（1736—1820），象山丹城人，久居鄞县（今宁波），与东阳叶蓁、新昌杨世植、浦阳戴殿泗并称"浙江四杰"。擅诗文，善绘画，所绘兰竹几入逸品，松石大幅尤见功力，作画往往不署姓名。

为什么周璠后人会在近两百年的时间里，每逢正月就挂出《盘洲草堂图》呢？这要说到周璠的弟子戴殿泗（1746—1825）。戴殿泗，字东瞻，号东珊，清代浦江县兴贤乡马剑（今诸暨）人，嘉庆元年（1796）会试第八十三名，殿试中二甲第一名传胪，授翰林院编修，入值御书房，参与编修《高宗实录》，充日讲起居注官。著有《风希堂诗文集》四卷。他与倪象占是参加乡试时的同年，两人在一起晤谈时，总要夸赞自己的先生周璠。在先生四十九岁那年秋天，请同年作《盘洲草堂图》作为寿礼献给先生。画中的周璠先生正在校对古书，正好可以反映他一生"崇尚古学，购求四库书"、评点校勘古籍不遗余力、传承文化、培育青年学子的特质。

弟子戴殿泗告老还乡后，回顾先生的生平事迹，为先生题写人物像赞："瑶峰铁岭，峻其丰骨，盘溪潄水，壮其波澜。少游武林，交十一郡之英杰；晚校书库，订廿一史之丛残。拓山中未拓之风气，振千古未振之羽翰。浙西教传，海邑风动，东乡集播，宝掌云攒。门生作赞，抚松栋而汰澜。盘洲先生松栋校书像赞，受业戴殿泗谨题。"

遥想戴殿泗提笔题写像赞之前，脑中一定会浮现出许多与先生朝夕相处、得到先生教诲的画面。

"至殿泗甫知向学，遂从游焉。或授馆九灵山房，或请业盘溪精舍，或从之武林习业书院，或游息湖滨野寺中。计殿泗十六七龄以后，十余年间无日不追从也。其所披抉指示非寻常举业之道，于凡所谓执经

潘周家古建筑群　张雪松摄

之心，服古之蕴，罔勿周至。惜殿泗资质愚钝，未竟其百一，为可憾也。"（戴殿泗《周盘洲先生墓志铭》）戴殿泗追述自己跟随先生学习十余年，先生学问渊博，自己却未能领悟百一。

戴殿泗或许想起先生给自己写的《戴东瞻三十初度序》。开篇观点鲜明，以"君子贵自树也，而不可以为人树，又不可以树树"劝导弟子，文中以种树的事例晓之以理。文末以"戴生东瞻三十初度，锐然有志于学，其不为人所树者，毋树树也，能自树者也。序以勉之"寄予对弟子的期许。

戴殿泗或许会吟诵先生赠予的诗句："立德期千载，加餐诵古人。几看风雨后，曾垫葛乌巾。"（周璃《赠东瞻》）"强劳笔舌费研磨，怪事书空真咄咄。伊我论诗重性情，不得其平物则鸣。"（周璃《与东瞻论诗》）

戴殿泗或许会想起自己晋京后与先生的往来书信，或请教或汇报。《与周盘洲先生书》《答周盘洲先生书》收入其《风希堂文集》中。前书向恩师汇报研读"四书"、《易经》和"宋五夫子书"的读书体会。后书探讨著述的流传问题，结尾言及"承谕示论德、功、言三不朽，以及应酬文字之利病"，婉转地提出自己亦有立言存世之志。

面对弟子的疑问，周璃答疑解惑。其《盘洲文集》中有周璃回复戴殿泗的《再与答戴编修论平教匪事宜书》《答东瞻言理财书》《答东瞻论易书》《答东瞻论某公文集书》《答戴编修书》等书信，周璃乐为人师，充满期待，旁征博引，鞭辟入里，耐心解答。涉及的内容相当广泛，学术、政治、军事、作文无所不包。这些书信记录了师生之间学术研讨的过程。

四十八年后，即道光十年（1830），周璃的另一位弟子戴聪（1760—1843）[戴殿泗的侄儿，字惟升，号春塘，清代浦江县兴贤乡马剑人，乾隆五十四年（1789）拔贡，嘉庆四年（1799）进士，翰林院庶吉士，官至山西按察使署布政。著有《政学堂诗文抄》六卷，

《星轺日记》两卷]，在展玩《盘洲草堂图》后，恭敬地题道："是赞作于叔父归田后，时先生已归道山，尚未题图也。今年夏，先生之孙谦光文学以像及赞寄马剑，乞聪书之。聪怀仰数十年师资之谊，继之以姻娅。盘洲建水数十里而近，时相过从，侍颜诲，承謦欬，如在目前。今老成云亡，典型犹在，瞻拜遗像，慨焉思慕，不能已已。道光十年，岁次庚寅，受业侄婿戴聪谨书并识，时年七十有一。"

戴聪还作诗一首："滇渤非蠡测，岱华难梯攀"，赞扬周璠先生的学问之高；"季父昔从游，十年孔铸颜。学成辞乡邦，旅食燕台山"，追述周璠先生造就叔父戴殿泗的功德；"夜深念师资，求友情非悭"，感念叔父戴殿泗为报答先生栽培之恩、求同年画先生容像的深厚情怀；"景仰图中人，清风时往还"，抒发自己对先生的拳拳感激之情。

一幅名家的画和题于上方的两篇人物像赞、师生间的往来书信，还有众多诗友唱和的诗篇，足以见证一段醇厚的师生情谊，也难怪近两百年每年正月周璠后人把《盘洲草堂图》挂于堂楼中间，与亲友们分享这份师生情谊。

周璠去世后，生前诗文由戴殿泗、戴聪、戴铺、陈宗叙、钟绳武、杨光洁等弟子搜集，分类抄写，由他生前老友朱兴悌评选，金华曹开泰筛选，山阴何小山精选，最终留下一百六十首。后弟子王龄历时五个月，出资雕版，勤于校对，一人专门负责刊印《盘洲诗文集》。弟子戴殿泗的序文中有整个过程的详细记载。搜集、编辑和刊印先生的诗文集，足以见证弟子们对先生的敬仰之至。

王龄（1751—1819），字梦九，号埜园，又号兰庭，例贡生，候选儒学训导，浦江县郑宅镇深溪前店村人。为先生刻书，需一笔巨额的开支，王龄能下定决心刻书，一定是师恩深厚所致。

王龄曾跟从周璠学习五年。乾隆三十八年（1773 年）正月，周璠坐馆深溪双桐书屋，为弟子王舟、王龄作《题〈惜阴编〉示王济川、梦九二子》，建议弟子不要满足于经史、古文、诗赋、时文、钞字、临帖、听讲这些日常功课，要勤于记录自己一天的所为，用来修德进业。周璠又为弟子作《题〈省习编〉再示王济川、梦九二子》，提醒弟子为准备科举考试学习时文时注意明白"圣贤之理蕴"。还作《培元气说示王梦九》，提出诚是培元之道，每天积累点滴，培养恻隐之心、羞恶之心、辞让之心、是非之心，提高自己的道德修养。

先生周璠赴海盐担任训导后，王龄曾作《寄怀周盘洲师》："结庐喜在万山深，方寸宁容半点侵。风月襟怀老梦想，松篁高节自清音。从知健翮终遥举，那计秋虫只苦吟。遥忆人文高会地，依然杖履共追寻（乡试送考在省）。"赞誉先生高尚的德行品性和高远的济世情怀，而追随先生是他的人生夙愿。他把对先生的这份崇敬化作对先生道德文章的守望，自然会倾注财力和人力，心无旁骛地刊印先生的遗著。

《盘洲诗文集》的出版，凝聚了周璠众多弟子的心血，体现了弟子们景仰先生的一腔衷情，无意间又留给后人一段尊师重教的佳话。

浦江乱弹六合班班主王可诗的传奇人生

王向阳

《市场导报》社主任记者，中国作家协会会员。

作为首批国家级非物质文化遗产、婺剧六大声腔之一的浦江乱弹唱腔高亢激越，表演粗犷奔放，富有乡土特色。跟绝大多数传统戏剧一样，浦江乱弹的发展历史和表演艺术基本上是靠师徒相授、口耳相传，天长日久，日渐湮没，甚至以讹传讹。我检索各种地方史料，有具体名字的浦江乱弹戏班，最早的当数清朝末期浦江县郑宅镇樟桥头村办的六合班，班主是王可诗（1849—1929）。但是他的生平事迹，缺乏早期的文字记载，即使近年有所补述，也是语焉不详，未必完全准确。

为此，我于 2013 年查阅了《深溪义门王氏宗谱》，并走访了王可诗的孙子王兴策、曾孙王振其、曾孙女王玉芳以及时年九十一岁的王可宝老人，从而勾勒出他跌宕起伏的传奇人生。

中途辍学后场司鼓前场客

道光己酉年（1849），王可诗出身于浦江县郑宅镇樟桥头村的一户小康人家，过着衣食无忧的日子。

童年时代，王可诗被他的父亲王有煦（1819—1861）寄予厚望，送进村里的私塾学习四书五经。当时，村里有一个名为六合班的戏班，唱的就是浦江乱弹。他从小耳濡目染，渐渐爱上了浦江乱弹。后来，他中途辍学，到戏班里学敲鼓板。

当时，戏班里的大多数演员没有文化，不理解剧中人物的戏词和念白，只能死记硬背，学得难，学得慢。而王可诗念过几年书，识文

童年曾亲眼见过王可诗的王可宝老人（右一）、王可诗的曾孙王振其（右二）、曾孙女王玉芳（右三）　王向阳摄

断字，加上天资聪慧，所以在戏班里不仅学会了后场的鼓板，还顺带记住了前场的表演。这样，每逢戏班的某个角色临时有事，无法登台演出时，就由他临时顶替，缺什么顶什么。作为一个后场的鼓板，王可诗居然能顶替前场的六种角色，可谓六场通透。

露宿台门口差点被狼叼走

命运的转折发生在咸丰辛酉年（1861）。地方史料记载，这一年的 7 月 14 日，太平天国军队占领浦江县城。随后，进驻樟桥头村南不远的黄梅岭，与清军展开激烈的厮杀。在兵荒马乱中，王可诗家的房子被烧，父亲被杀，二十二岁的大哥王可谟失散，只留下十五岁的二哥王可诰和十三岁的他。

从此以后，王可诗兄弟俩白天外出讨饭，晚上回村里睡觉。他们睡在台门里的两条石凳上，一边一条，台门一关，倒还安全。当时，还有一个九岁的讨饭佬，就没有这么幸运了，只能睡在台门外的石凳上，台门一关，一个人孤零零地暴露在外，很不安全。有一天早晨，村人打开台门，发现睡在台门外石凳上的讨饭佬不见了。经过追查，发现是半夜里被狼叼走了，不由得让人毛骨悚然。

住在台门左侧的那户人家看到这两个劫后余生的孩子可怜，怕他们有一天也会被狼叼走，起了恻隐之心，每天晚上让他们睡到屋里。两个孩子从此告别了睡露天石凳的生活。

一桌银圆让他重出江湖

在漫长的乞讨和演戏生涯中，王可诗慢慢长大成人。当时，演戏经济收入微薄，社会地位低下，平时难免受人闲气，看人白眼，跟讨饭比也好不了多少，因而有"讨饭行当"的说法。

历代先贤

到了该成家立业的年纪，王可诗因家里穷，讨不到老婆，哪个黄花闺女愿意下嫁给他这个穷唱戏的！当时，浦江县黄宅镇李源村有一个寡妇（1841—1919），比他大八岁，还带着一个女儿，愿意改嫁给他。从此，王可诗总算有了一个家。

成家以后的王可诗不想再演戏了。何以为生呢？他想在家里种田地，可是没有一寸田地。好在村北的山背上，还有一些荒地，于是他背起锄头，起早贪黑去垦荒，再种上一些旱作粮食。就这样，日出而作，日落而息，勉勉强强养家糊口。

有一年，义乌的一个戏班少了一个鼓板，无法开锣，班主急得团团转，找来找去，找到浦江县郑宅镇樟桥头村，听说王可诗的鼓板敲得好，就想聘请他。村里人说，王可诗是请不去的，因为已经不做戏了，即便想短期借去用用，也不一定能请去。

那一天，王可诗正在村北的山背上种地。义乌戏班的班主找到地头，跟他说明来意，被他一口拒绝。义乌班主好说歹说，磨破嘴皮，王可诗就是不为所动，坚决不肯去。

义乌班主碰了一鼻子灰，回到村里，找到王可诗的妻子，从褡裢里摸出一百块银圆，一块一块摊在桌子上，白花花地摊了一桌。他妻子何曾看过这么多的银圆，看得眼花缭乱，就答应下来。

妻子收了人家的一百块银圆，来到山背，把王可诗叫回家。

或许是穷怕了，拿了人家一百块银圆的王可诗重出江湖，去义乌的戏班敲鼓板。从此，他的名气越来越大，成为义乌、浦江一带的名鼓板。

在当时，一百块银圆可不是一个小数目。有了这笔钱，王可诗的妻子在樟桥头的老街上买了一块地基，请人帮工，造起了八间二层砖木结构的楼房。

王可诗家临街二层楼房上的精美牛腿
王向阳摄

儿子不成绑架老子也行

　　虽然家境日渐富裕，但王可诗总有一块心病，就是膝下没有一男半女，"不孝有三，无后为大"。当初结婚的时候，妻子比他大八岁，已经没有生育能力了。为了延续香火，夫妻俩决定领养一个男孩。恰好临近寺口村有一户穷苦人家，先后生了四个儿子，无力养育，把一个儿子过继给三雅村，后来又把三岁的小儿子过继给樟桥头的王可诗，取名王思溯，学名王佐才，那一年是光绪甲申年（1884）。

　　这一下子，惹恼了王可诗本家的一个晚辈，心想如果王可诗不去过继儿子的话，百年之后"断脚后跟"，偌大的一份家产，都归他继承了。他心里气不过，就在私底下给诸暨的土匪通风报信，叫他们来绑架王可诗的儿子王佐才。

　　那一天下午，王佐才刚好回到寺口村去看他的亲娘。奶奶心疼这个小孙子，杀了一只老母鸡，炖得烂烂的，熬出了一碗浓浓的鸡汤。喝了鸡汤，因为迟了，王佐才当晚就住在寺口村，没有回到樟桥头。

人算不如天算，绑匪哪里知道王佐才夜不归宿。当天晚上，他们悄悄地来到王可诗家敲门。王可诗打开家门，迎面被敲了一闷棍，就昏了过去。绑匪在家里找来找去，找不到王佐才，就把昏迷的王可诗背走了。

到了离樟桥头东面三华里的郑义门，王可诗才慢慢地苏醒过来，意识到自己被绑架了，高喊救命。这时，正在郑氏宗祠里值夜的更夫听到叫喊声，心想这不是樟桥头敲鼓板的王可诗吗？于是"咣咣咣"敲起了锣。乡下的夜特别安静，这响亮的锣声传得很远很远，惊动了离郑宅东北方不远的马鞍山村民。村民们听到从郑义门方向传来的锣声，不知道发生了什么事，赶忙出门，在村前的县道上拦下了一伙慌慌张张的行人。绑匪见势不妙，扔下王可诗落荒而逃。就这样，王可诗终于得救了，虽然受伤，但无大碍。

家乡有句俗语，叫作"浦江败子起行头，义乌败子饲操牛"，说明在封建社会里买行头办戏班是一种只亏不赚的赔本生意。光绪丁酉年（1897），王可诗苦心经营了十年的六合班终于停办了。倒不是因为经营不下去，而是十六岁的儿子王佐才考中秀才。这是光宗耀祖的好事情。而办戏班是下九流，会影响儿子的名声和前程。

戏班虽然停办了，但王可诗一生对浦江乱弹痴心不改。1928 年，在他八十大寿的时候，他还邀请戏班到家里来演寿戏。当剧中有一女子蹲身洗衣时，他说演错了，要求重来，一连四遍，都没过关。原来古代女人穿长裙，蹲身洗衣时，要先将裙子撩起来。演员没有做撩裙子的动作，他一眼就发现了。

第二年，八十一岁的王可诗带着对浦江乱弹的无比眷恋，离开了人世。至今，他建造的八间两层楼房，仍然屹立在樟桥头村的老街旁。

俯仰之间石西民

石 磊

浙江日报报业集团金华分社采编中心副主任，曾任浦江县融媒体中心副总编辑。

《周易》有云："仰以观于天文，俯以察于地理，是故知幽明之故。"

所谓"俯仰天地间，磊落一报人"，任何时代的新闻工作者都需要有这样的品质和素养。

百年来，金华这方热土涌现出许多著名报人、新闻界的领军人物，如东阳的邵飘萍，义乌的陈望道，浦江的曹聚仁、石西民、张林岚……在不同的时代，他们或抛头颅、洒热血，探寻信仰之路；或以笔作刀，铁肩担道义，探寻真理味道；或敢为人先，求真求新，探寻先行方向；或拼搏担当，不惧险阻，探寻进步之路。

在上述几位金华新闻巨子中，浦江人石西民的新闻工作经历最全面，几乎涉及所有工作岗位：通讯员、编辑、记者、报纸创办人、新闻单位领导、主管新闻领导、新闻研究专家及研究机构领导。有如此丰富的新闻工作经历者，全国也少有。正如他自己所说的："在我一生中，与新闻工作可算是有缘的。"

案头这本《俯仰之间——石西民纪念文集》，是他的弟弟——《解放日报》原副总编、《报刊文摘》创始人石士助先生早年送给我的。一并赠送的相关书籍还有《报人生活杂忆——石西民新闻文集》和作品自选集《时代鸿爪》等，后者书名的出处正是苏东坡的名句"人生到处知何似？应似飞鸿踏雪泥"。

今天我们就来说说石西民的故事。

浦江县城一路向西，驱车十公里，来到壶源江源头双溪（曹源溪和东岭溪）的汇合处，这里坐落着一座貌似船形的小村庄。

小村庄的地理位置颇有特色，东面可眺望仙华山，村南以黄壁山为屏，西北面群山层叠，而船形般的村居，就如同一颗遗落的明珠，

石西民故居　石磊摄

静静地嵌在群山的怀抱中。

《浦阳河溪石氏宗谱》记载，宋元鼎革之际，石海孙、石道旺看上了石宅好风水，"喜仙华东障，双溪西来可称奇胜"，因此率族人在这里建筑房屋，定居下来，迄今已有七百五十年。

这就是浦江县杭坪镇石宅村，北宋开国将领石守信后裔的聚集地，著名报人石西民就出生在这里。

战地记者　一举成名

1912 年 11 月 4 日，石宅七甲的石宗梅生了个儿子石士耕，排行老大，族名良炳，笔名西民。1928 年，石西民在上海读高中，十六岁时加入反帝大同盟。

1929 年，石西民先是加入共青团，不久后转为中共正式党员。此后石西民主要活跃在上海，从事革命宣传活动。1930 年，他遭到国民党通缉，辗转前往北平，进入北京大学继续学习。1931 年，石西民加入吉鸿昌将军领导的抗日同盟军，担任政治宣传干事。此后很长一段时间，石西民主要从事抗日宣传活动，做了大量有利于促成抗日民族统一战线的工作。

他一参加革命，便与新闻工作有接触，是当时中共中央机关报《红旗》（后改为《红旗日报》）的通讯员。后来当《中国经济情报》的编辑，再后来任《申报周刊》编辑，历任《新华日报》的记者、编辑和领导人，新华社、《解放日报》副总编。南京一解放，他奉命接管在南京的国民党新闻机构，创办《新华日报》。

1937 年 8 月 13 日，上海"八一三"事变爆发。此时，石西民正从华北战场回到上海。《申报》准备在武汉办一个分馆，由俞颂华当总编。俞颂华就约石西民到武汉做分馆的筹备工作。11 月，石西民来到武汉，但他没有参与《申报》武汉分馆的筹备工作，而是参与《新华日报》的筹备工作。此时，中共中央决定在国民党统治区公开出版发行大型机关报——《新华日报》。《新华日报》先是在南京筹备出版，因战事紧张而迁往武汉。石西民是共产党员，党组织要他参与筹办工作。1938年1月11日，《新华日报》正式创刊。

1939年9月，石西民奉命回到重庆，担任《新华日报》编辑主任，在周恩来同志的领导下，从事抗战文化宣传工作。后任采访主任，采访了著名的重庆谈判。

"千古奇冤，江南一叶，同室操戈，相煎何急？"想必很多人都听过这首诗，这首诗是抗日战争时期公开职务为国民政府军委会政治部副部长的周恩来在报纸上发表的一首诗。这首诗在国统区突破封锁和审查最终发表的故事，使曾经的战地记者、后任《新华日报》编辑主任的石西民一举成名。

《新华日报》在重庆发行期间，常常受到当局的刁难和打压，检查与反检查的斗争在双方之间激烈展开。作为主持报社夜班编辑工作的负责人，石西民组织大家采用违检、抗检、暴检等方式，进行有理有力有节的斗争。1941年1月17日晚上，石西民和报社负责人章汉夫一起，与前来坐镇监视的国民党新闻检查官斗智斗勇，使周恩来同志"为江南死国难者志哀"的题词和"千古奇冤，江南一叶，同室操戈，相煎何急"的四言挽诗在第二天公开见报，向全国人民揭露了国民党顽固派制造皖南事变的真相。这份珍贵的报纸，如今就收藏在《新华日报》报史馆内。

抗战胜利后，国民党在重庆制造震惊中外的"校场口血案"，石西民与刘火子、浦熙修、高集、毕群等五人挺身而出，代表重庆各报进步记者四十二人起草了《致国民党中央社公开信》，指责该社捏造事实，歪曲真相，并呼吁保护人权、维护民主，体现了一个坚持真理、热爱真理的新闻工作者的责任感。

时代鸿爪　一生报人

石西民同志始终保持一位老记者的职业本色。

石西民与新闻工作结缘，始于 1930 年在上海从事党的地下活动时期，他参与编辑《中国经济情报》杂志，从事抗日救亡活动。后又进入《申报》，担任《申报月刊》（后改为周刊）编辑。1937 年"七七事变"爆发，他以战地记者身份，奔赴一线采访，采写了大量华北、华东抗战前线的报道。石西民 1937 年参加《新华日报》创办工作，抗日战争时期是重庆《新华日报》的负责人，解放战争时期是延安《解放日报》和新华通讯社总社的领导成员。

"父亲 1937 年 11 月就参加了《新华日报》的创刊筹备。"据石西民次女石小国回忆，在武汉时期，石西民主要担任要闻版编辑。从 1938 年 6 月开始，石西民又奔赴前线采访，他采写的《活跃在京芜的新四军》《一年来的新四军》《越过江南敌人封锁线》《陈毅将军访问记》等通讯报道陆续在《新华日报》上发表，详细深入地介绍了新四军的英勇战绩，增强了全国军民的抗战决心，他也成为受到读者瞩目和喜欢的知名记者。

中华人民共和国成立后，石西民担任《新华日报》社社长以及南京市委宣传部部长，1954 年，他被调到中宣部，担任中宣部副秘书长，此后石西民又在华东局从事了一段时间的宣传工作，并在 1965 年被调到中央，担任文化部副部长。

1975 年，"文革"期间被关押了九年的石西民复出工作，担任国家出版局局长，主管新闻出版事业与著作权管理工作。在这方面，石西民具有丰富的管理经验，在他的领导下，出版工作如火如荼地开展。

党的十一届三中全会后，1980 年 3 月，石西民出任中国社会科学院副秘书长，主管社科院科研规划和组织工作。其间，他开始推动我国无产阶级新闻事业史的研究工作，他曾到重庆、成都、武汉、南京、上海等地广泛搜集资料，深入探讨几十年来党的新闻事业的经验和教训，研讨党的新闻事业发展规律，在《人民日报》《红旗》等报刊发表了《学者与战士》《党报史上的光辉一页》《增强党性深入群众》等学术文章。

1983 年，在石西民的推动和组织下，《新华日报》暨《群众》周刊史学会成立，这是我国第一个新闻史研究的学术团体。石西民和张友渔等一批老一辈新闻工作者，被大家推举为学会负责人。石西民为党报史这门新学科的创建和发展，起到了开创奠基作用。

新华出版社 1985 年出版的《时代鸿爪》应该是石西民作为报人最著名的作品集了，集合了他半个世纪以来的经济研究文章、新闻通讯、日本研究文章、政论文、回忆录、新闻研究文章等一百零二篇作品。他的老朋友林放先生在序言中说："'人生到处知何似？应似飞鸿踏雪泥'，花开花落，一晃几十年就过去了。现时彼此都已年逾古稀，

石西民著作及纪念文集　石磊摄

白发盈颠，难得再有巴山夜话、浦江雅集的意兴和机缘了。所喜见到这本《时代鸿爪》，有如晤对老友，想象作者生平，也可以略抒故旧情怀。"

浦江赤子　一片深情

1949 年后，石西民曾两次回乡。

他在 1987 年 4 月抱病为《浦江县志》所作的序言中写道："第一次是奔母丧，时在 1960 年初冬，浦阳镇街上冷冷清清，营业的商店货摊很少，走近自己的村庄，田野里没有人影，乡亲衣衫破旧，面有菜色。作为一个党的干部，我怀着负疚的心情，第二天早晨送母亲灵柩上山后，无法不痛苦地告别。第二次回家已是党的十一届三中全会之后，城内大街上熙熙攘攘，商业繁荣，工业也随之而兴，教育文化都有发展。我回到家乡，村中父老笑语相迎，家家户户都吃上了大米饭。两番回家，两番景象。为政者方针政策正确与否，关系国计民生如此之巨大，历史教训永值铭记。"

著名报人张林岚与石西民同志是同乡兼同行。1988 年，他在《新民晚报》上发表过一篇纪念石西民的文章《五十年前认识石西民》，文章写了抗战时期两人的相识经过。

时间又过去了近二十年，2007 年记者节，张林岚在《追怀一位老记者——石西民同志二十年祭》一文中写道："前些日子，我因回乡探亲，曾去浦江县北乡石宅，凭吊西民同志旧居。他家在土名'四都'（应为'廿四都'——笔者注）。1928 年西民到上海读书，入群治大学附中高中部。次年，经初中时的老同学蒋治介绍加入共青团，同年转党。先后从事工运农运活动，遭国民党通缉。直到抗日战争开始、国共二度合作的抗日民族统一战线建立，他才得以第一次回乡探望父母、乡亲和故交旧友。这已是 1938 年的春夏之间，我就是这年认识他的，迄今已有 70 年了。他毕生从事革命活动，回乡不过三两次，每次逗留一两日。最后一次是 1982 年春天，不但看了村里的电站、农田水利工程，还去了严州中学与师生见面。他离开故乡时，感慨万分流了眼泪。回京后赋诗记事，有'今生南北多行路，迟暮犹燃赤子心'之语。"

1987 年 4 月 10 日，石西民将他一生的珍贵藏书捐赠给了故乡的图书馆。

翻开那历经枪林弹雨的藏书，有石西民的题记扉页："此为延安中央图书馆所藏之书。一九四七年三月胡宗南进攻延安时，由我与范长江同志携带撤退，可纪念也。""一九四八年范长江同志随毛泽东同志、周恩来同志等自陕北抵平山西柏坡，与新华总社同志会师。长江与余共居一室，彼以两册自陕北携来之书见赠，此为其一，可念也。"赠书中，有 1948 年出版的《毛泽东选集》，许多章节写满了石西民的学习心得。《孙中山文集》和宋庆龄、何香凝、廖仲恺、柳亚子、朱执信等人的选集送审稿，也留有石西民批注。石西民以编委会副主任身份编辑的《郭沫若全集》，四种版本的《鲁迅全集》、中外名著、解放初期出版的《中国近代史资料丛刊》，以及木刻线装古籍《西厢记》《金玉缘》《四部备要总目》《资治通鉴》《两当轩全集》《阅微草堂笔记》《陆放翁全集》《荀子》《墨子》《韩非子》《东坡乐府》《元史译文证补》等，蔚为大观。藏品中，另有石西民作品自选集《时代鸿爪》和新闻文集《报人生活杂忆》等。

石西民在给县领导的信中说："我一生碌碌，对故乡人民养育之恩无以为报，只能赠送一些书籍，略表微意。赠书中有少量内部书及有历史（革命历史）纪念意义的书，得来不易，希望对故乡年轻一代有些用处，我愿亦满足了。"

石西民曾在 1981 年 5 月 24 日《浙江日报》发表《对故乡的一点期望》一文。《新华日报》社老编辑支德裕回忆："大约是 1981

年1月的一天下午，我去木樨地看望《新华日报》的老前辈石西民同志。西民同志随手把他刚写完的一篇稿件给我看："给提提意见，这是我刚写完的一篇稿件。"我当即把那篇文章从头至尾读了一遍，内容是对故乡的一点期望。"石西民在文中写道："毛泽东同志殷切地向我们几个人谈了乡土教材的重要意义。惭愧的是二十多年过去了，我对此毫无建树。"他说：爱祖国，爱故乡，这是美德，这是力量。他少小离家，时时念及故乡。

1987年7月，石西民病重，但当他得知家乡建设取得成绩，他还写信勉励浦江县的同志："天下事，条件好固然是好事，然有许多人与事，都是在困难中奋斗成功的，望带领全体同志继续努力。"

1987年10月17日，我国杰出的无产阶级新闻家和报刊活动家石西民走了，永远地走了。

前不久，我又去了一趟石西民故居。2010年6月，它成为第四批县级文物保护单位。2021年1月，被公布为浙江省第一批革命文物。同年，为纪念石西民100周年诞辰，又开辟了两层楼的空房子作为石西民故居陈列室。

经过修缮的石西民故居，主体结构并没有发生大的变化。除了路边厢房拆除了几间，院子空地变大外，所有的结构和布局基本上都按照原有的模样保留了下来。一进三开间两层楼房，徽派建筑的阴阳合瓦、五花风火墙，尽显民国风。正门花板雕着犁田、插秧、晒谷、捕鱼、织布、杀猪等春耕秋种图，具有浓厚的生活气息。

行走于石宅——石西民的故乡，时光与历史似乎已沉淀在斑驳的墙壁和门扉上。

石西民同志，一位让人久久怀念的新闻前辈……

百年书画

向美而生的"书画第一村"

石育才

浦江文史专家。

一个山水俱佳的山村中，有一群农民在农忙时荷锄挥镰，春种秋收；在农闲时握笔描彩，绘花画鸟。这就是"书画第一村"浦江县岩头镇礼张村。这里走出了多位誉满画坛的国画大师，涌现了一大批书画爱好者，是浦江"书画之乡"的一张闪光金名片。

走近礼张村村口，迎面是十分醒目的"书画第一村"五字，字字健劲秀美、气韵典雅，与礼张村浓郁的书画氛围相得益彰。

礼张村的村名，有多种说法。1986年版《浦江县地名志》记载："先居有李、张两姓，称李张，后演化成礼张。又传，该村地处双溪源里，张姓迁于此者，称双溪源里张，简称里张，后雅化而成今名。清乾隆、光绪《浦江县志》皆称里张。"又传，平安张氏铢、铼兄弟迁双溪源，铢居夏泉石明堂，铼先居夏湖（下坞），后迁夏泉之里，称里张，雅称礼张。《民国浦江县志稿》记，平安张氏焋迁里张。

礼张村环境幽雅秀美。山水清幽，溪中游

《人民日报》社原社长邵华泽题"书画第一村"　岩头镇人民政府供图

鱼鹅鸭，岸畔桃花垂柳，山岩蕙兰杜鹃，池塘荷莲剑蒲，后山竹林苍松，田里瓜菜芋头，都成为张书旂、张振铎、张钟琦童年时的写生之本，绘画素材，取之不尽，用之不竭。这些常见于他们的作品中，不断被赋予新韵，成为佳作。

礼张村自清末至今，工书善画人物之多，书画作品艺术成就之高，闻名遐迩。

张书旂（1900—1957），名世忠，以字书旂行。幼得家学，熟读文史，尤专书画。深得叔父爽甫（原浦江中学图画教师，工书法，擅国画，尤精花鸟，通经史）的悉心指教，绘画基础深厚。1922 年，张书旂进上海美术专门学校就读，如鱼得水。又幸得高剑父、吕凤子等一代名师的亲授，画艺大有精进。张书旂工花鸟，尤善翎毛，山水、人物亦佳。独创色、粉与笔墨兼施的清新明丽之画风。画作意境深邃、多彩绚丽、形神兼备，布局章法尤为精妙，出神入化。画花鸟善用白粉调色墨，画鸟似乎能见羽毛之丝毫，令人拍案叫绝。张书旂从上海美术专门学校毕业后，曾任金华省立七中和福建集美学校教师。后受聘于南京中央大学艺术系，旋被提升为部聘教授，声誉日隆。时与徐悲鸿、柳谷子被称为"金陵三杰"。20 世纪 30 年代初，张书旂与潘天寿、诸闻韵、吴茀之、张振铎师生五人结为"白社"，切磋画艺，举办画展，出版画集。他的画形神兼备，色彩艳丽，艳而不俗，娇而不妖，人见人爱。张书旂经常现场作画，凝思后，神来之笔，一气呵成，令人惊叹不已。老师吕凤子称赞："画花似闻香，画鸟若欲语，技法卓绝，当代无与抗衡者。"张书旂在友人聚会时有"拳棋牌箫酒，天下无敌手"之言。

张书旂著有《书旂花鸟集》《翎毛集》《书旂近作》《张书旂花鸟集》《书旂小品》《张书旂画集》等画册，以及《中国风格的绘画》《书旂画法》等画论著作。

张振铎（1908—1989），本名道域，又名鼎生，以字行。父景春，兄钟琦，堂兄爽甫，堂侄书旂、纪恩均善书画。振铎童年生活在有浓郁书画艺术气氛之家。1927 年毕业于上海美术专门学校艺术教育系。后在金华作新中学、成美女中和八婺女中任美术教师。1929 年任福建厦门集美学校高师科图画教员和美术科主任。1932 年任上海新华艺专中国画教授。同年，成为"白社"五人之一。1938 年赴延安陕北公学学习。结业后，回浦参加抗日救亡活动，举办讲习班，给民众夜校上课。1939 年与潘天寿一起，经越南辗转到昆明，任国立艺术专科学校中国画教授。1943 年与赵望云、关山月、吴作人、司徒乔等共赴祁连山、敦煌等地写生，临摹壁画。后在西安、兰州、重庆、成都等地举办画展。1945 年后在自贡工专、西南美专、武昌艺专任中国画教授、系主任。1949 年后历任中南军政委员会文化部艺术科长，中国文联委员，华中师范学院教授，湖北艺术学院教授、美术系副主任、副校长、中国画研究生导师，武汉工读学校名誉校长，中国美术家协会湖北分会副主席。

张振铎结集出版作品有《张振铎画展》《花鸟画集》（合编）等。1989年4月11日，张振铎因病在武汉去世。1992年，湖北美术学院与浦江县政协联合编辑出版纪念张振铎文集《越楚心香集——纪念张振铎》。2008年，湖北美术出版社出版《张振铎作品集》《张振铎》（艺术大师之路丛书）。

张世简（1926—2009），原名世钊，字师竹，出身书画世家，自幼爱好书画。1938年入读浦阳小学时，铅笔画《鹰侵鸡窠》在县举办的"抗战图画展览"上展出，初露锋芒。1939年随伯父张子屏入武义中学读书，课余在伯父指导下习画，后又得回乡省亲的张书旂指点。1947年，与张岳健、黄英川、洪涛在县民众教育馆举办画展。1948年，受张书旂（从美国回乡省亲时）鼓励动员，张世简放弃教员工作，考入苏州美专深造。后又经张书旂介绍去中央大学艺术系，旁听傅抱石、黄璧如、陈子佛先生讲课，获益匪浅。1949年以优异成绩考入中央美术学院华东分院，得到潘天寿、吴茀之大师的教导，画艺大进。1951年毕业后，去华东军政委员会科普处就职。1953年调北京幻灯制片厂，从事幻灯美术创作。1956年，北京举办青年画展，张世简多幅花鸟画入展，其中《松鹰图》获二等奖。

1979年，张世简应聘中央工艺美院（后更名为清华大学美术学院）从事教育工作。曾编写出版了《写意花鸟画技法》《写意花鸟画构图浅说》《荷花画谱》《图画辅导》《花鸟画法》《张世简》（中国当代艺术家画库）等十多种著作。他多次应邀出国举办个人画展、进行美术交流活动。1991年，获日本国际文化联盟颁发的第一届世界和平文化大会"宝鼎艺术大赏"。1994年7月，被聘任为中央文史研究馆馆员。1999年，获联合国科教文组织金质奖。张世简曾任中国

礼张村鸟瞰图　严荣摄

书画函授大学教授兼国画部主任。中央电视台录制了《写意花鸟画法讲座》十二讲，在中央电视台、北京电视台多次播出，并由人民美术出版社出版教学录像带，影响了一大批书画爱好者。

1982年，张世简为村里"万年台"绘制大型壁画《松鹤图》，题写"万年台"三大字。张世简十分关心家乡书画人才的培养。原礼张中学设立"书画班"，张世简每次回乡时，都为书画班讲课或指导。他曾捐赠十万元作为书画班奖学金，不遗余力培养家乡书画后继人才，发扬礼张优秀书画传统。书画班走出了陈熙、黄新淼和周成辉、张双文等一批后起之秀，张世简为进一步繁荣礼张书画文化做出了贡献。

张钟琦（1894—1961），原名道坫，字子屏。工书法，擅意笔花鸟，尤善牡丹，用笔豪放秀健，用墨浑厚苍劲，设色古雅大方。1921年考入上海美术专科学校高师科，加入"文人画社"。在《文人画集》中，张钟琦的作品《山茶石头》《天行水仙双禽》《牝鸡雁来红》和《萝卜白菜缶梅》四画作，分别与诸闻韵、吴昌硕、张书旂、吴啄雪的画作并页印刷。1929年，国民政府教育部在上海举办全国首届美展，钟琦的作品《乌衣紫绶》与齐白石、张大千、黄宾虹、潘天寿、刘海粟、林风眠等国画名家的作品一起展出，得到好评。钟琦先后应聘任教于杭州蕙兰中学、武义初中生补习学校、临安中学和浦江简易师范等学校，一生从事美术教学。在浦江简易师范学校，他倡导举办美展，展出学生作品一千零二十九件，其中有中国画、铅笔画、图案画、木刻版画等。

著名书画家、同济大学教授、园林泰斗陈从周和朱畅中、董希文（名画《开国大典》的作者）、裘昌淞等均为钟琦在蕙兰中学的入室弟子。1961年10月，张钟琦去世。1983年，陈从周偶得张钟琦遗作《牡丹玉兰图》，题跋后捐赠给浦江县文管会珍藏。1984年，陈从周与裘昌淞等学友联合为张钟琦修墓立碑，陈从周题词"如蕙之洁，似兰之芳"，纪念在蕙兰中学时期张钟琦的教导之恩，以志不忘师生

礼张美术馆　严荣摄

之深情厚谊。张钟琦是多位书画大师的导师，当之无愧。

礼张村还涌现出一大批从事书画美术教育的辛勤园丁、美术界组织的成员，以及在各类书画展览中参展和获奖的才俊，如张景春、张爽甫、张世禄、张纪恩、张琼芝等。

2006年，在"万年台"旁二楼，建起礼张村书画陈列馆，陈列村人的作品近八十幅。这是浦江第一个村级书画陈列馆。

2016年以来，礼张村"廿四间头"进行修葺改造，先后开设了礼张美术馆、名人馆、"白社"成员作品馆、中国画简史馆、张书旂美术馆等，馆藏作品丰富。

文化振兴是乡村振兴的重要内容。2023年7月22日，"中华优秀文化进万家艺传国风"暨第九届"中华文化自信融入点滴生活·乡村美育论坛"在礼张村开幕，深学"千万工程"助力乡村振兴——

2023 中国美术学院社会美育浦江礼张美育村成果汇报展同时在礼张村举行。礼张村开展美育活动，对今后全面、深入、持久地开展美育教育，必将起到指导和促进作用，进一步提升乡村的文化氛围，也让乡村群众切身感受到文化之美、艺术之美。

礼张村，"书画第一村"，名副其实！

吴溪文化：诗画浦江的璀璨明珠

胡水申

金华市政协常委、经济委主任，金华广播电视学会会长，高级编辑。

何金海

浦江县政协教科卫体和文化文史学习委员会原主任。

家族文化在浦江文化中有辉煌的篇章。自北宋左溪"于氏七星"以来，龙溪张氏、吴溪吴氏、麟溪郑氏、深溪王氏、西隅（朴树里）朱氏、合溪黄氏、建溪戴氏、梅江龙池倪氏等，都是浦江历史文化中活跃灿烂的家族。其中，尤以吴溪文化之吴氏家族为最。

吴溪吴氏先祖自唐中始迁壶源江新田里（现浦江县杭坪镇大楼一带），至第四世唐乾宁初（894）迁居浦阳江大麦山下尊仁里，成为老前吴村始祖，此段浦阳江也因此叫吴溪。传至第十二世，出了吴闻、吴大璋两堂兄弟，一个中宋亚榜进士，一个官至宋工部尚书。此后，每代皆有官出，成为浦江名门望族。

宋末的吴渭（1228—1290），曾任义乌县令，入元后归隐吴溪，将闽人谢翱、括苍人吴思齐和邑人方凤延至家乡，先后成立讲经社和中国历史上第一个全国性诗社——月泉吟社，发起中国历史上第一次全国性征诗活动，刊行中国历史上第一部遗民诗社总集《月泉吟社诗》，为后世诗社组织活动提供了范本，影响广泛而深远，"月泉吟社"被载入《辞海》《辞源》就是最好的证明。

吴渭的长兄吴埙，元初担任过月泉书院山长。吴渭的侄儿吴直方（1275—1356）是浦江"北漂"第一人，官至集贤大学士（正二品），"江南第一家"浦江郑义门在元代受到朝廷关注就与吴直方有关。其子吴莱，虽为一介布衣，寿促早亡，但在浦江的影响力大大超出其父吴直方，被刘伯温称为"浦阳江上大儒"。吴莱的思想体系和才学通过其门生宋濂传向全国。清代纪晓岚在所编《四库全书总目提要》中说："（吴）莱与黄溍、柳贯并受业于宋方凤，再传而为宋濂，遂开明代文章之派。"其才学事迹载入《元史》，足见吴莱在当时的地位和影响力。宋濂成为元明之交的一代文宗和明开国文臣之首，与吴莱的教养师道之功是分不开的。其隐居地"深裒江源"被列为浦阳老十景之一，后人在此建了吴莱庙，每年都吸引成千上万的学子和百姓前去膜拜祭祀。

清代乾隆年间，前吴村出了个吴凤来（1734—1799），八个月内连登三科，从童生一跃登上进士第，被传为佳话，著有《春秋集义》六十卷。吴氏宗祠有副对联就是专门为其立的：甲第联科八月童生成进士，儒林竞秀一枝丹桂接灵椿。清嘉庆十六年（1811）还出过武进士吴大荣（1779—1838），其曾祖父吴日清是邑武生。

如果说，前吴村的名气在清代之前表现为从政和诗文的话，那么清末至今就发展为诗文和书画、科技和实业了，尤其是诗书画集于一身的吴氏族人，成为家族文化传承的代表。吴溪之吴氏家族遂成为浦江家传最盛最久的家族之一，吴溪文化成为"浦江诗画之乡"文化中具有典型性、代表性的家族文化，前吴古村亦成为浦江"西门外第一大村"。

要说吴溪文化的诗书画，从清末开始，吴氏大家族在浦江县域中可谓异军突起，从吴申卿到吴士维（1886—1957）、吴醒耶（1903—

2001）、吴茀之（1900—1977），再到吴世骥（1912—1954）及吴战垒（1939—2005）、吴山明（1940—2021）、吴战堡（1948—），吴敢（中国美术学院教授、博士生导师，吴战垒之子）、吴涧风（浙江美术馆艺术中坚，吴战堡之子）、吴航（吴茀之孙）等，经历了五代的传承和发展，吴溪吴门书画人才辈出。吴门第四代吴战堡，出于对浦江书画历史的完善，潜心梳理一门五代的书画艺术成就，历经数年，先后编辑出版了《丰安吴门四代书画作品选》《吴士维、吴世骥遗作集》《吴战堡书画集》等，2013年先后在金华市和浦江县举办了吴门四代书画展，引起书画界轰动，金华市隆重举办作品首发式。对此，众多书画界权威认为这是独特的"吴门现象"，《浙江日报》、

前吴乡通济湖　高攀摄

浙江卫视、《美术报》诸媒体都做了专题报道。中国美术学院原院长肖峰欣然为《丰安吴门四代书画作品选》作序，序中说："观画史，昔宋时米芾父子、马远祖孙三代为画家，元时赵松雪一门多书画家，至明时，文徵明子侄孙皆善画，历史上都被传为佳话。更加难得的是，吴门五代中，有四代曾在或正在中国美院任教，换句话说，自中国美院（原国立艺专）成立以来，吴门在中国美院任教的，每一代都不乏其人。中国美院发展到今天，可能这也是绝无仅有的，这就不能不令人称奇了，难怪被人们传为美谈。"

先说吴申卿，清末秀才，是吴溪文化由诗文向书画延伸的历史性人物。其诗、书、画皆能，尤擅工笔仕女，清丽脱俗，形神兼具，但因年代久远，加上建造水库吴门老家搬迁，其作品业已难觅。

吴茀之，吴申卿第三子，我国著名花鸟画大家、美术教育家。曾任浙江美院（今中国美院）教授、教务主任、国画系主任，中国美院国画、书法教学的重要奠基人，深得潘天寿先生倚重，曾受周恩来总理接见。其学识渊博，书画造诣精湛，人称其诗书画"三绝"，尤其是"题画诗"更是耐人寻味，有专著多种留世。1928年就出版了《茀之画稿》，著有《画论笔记》《中国画十讲》《吴溪吟草》《茀之题画诗存》及《吴茀之画辑》等。

吴醒耶，上海大学中国文艺院中国文学系毕业，中央训练团党政班第十一期结业。著名画家吴山明先生的父亲。吴醒耶的一生正如他给吴莱书院题写的对联一样——"高风亮节慕先贤，道德文章育后人"，是光明崇高的，是铁骨铮铮的，是坦荡赤诚的，可追比先人、育化后世，他的家国情怀永远流淌在潺潺吴溪中，他和吴申卿一样，也是吴溪文化承前启后式的里程碑式人物，这一点，从他儿子吴山明身上可以体现出来。

吴山明，著名国画家，中国美术学院国画系教授、博士生导师，中国美协理事，浙江省美协副主席，杭州美协主席，西泠画院院长。

精于人物，是中国浙派人物画的新一代领军者，喜作水墨、白描、指墨，笔墨浑朴，格调清逸，形象生动传神。著有《吴山明画集》《意笔人物画选》《意笔人物画教材》等。

吴战垒，能诗能书能画，国学造诣不凡，为国学大师夏承焘先生最得意的弟子。在美学、书画、古砚鉴定方面慧眼独具，富有学者气息。系中国美院客座教授、西泠印社社员、中国作家协会会员、诗词学会理事、古籍出版社编审。著述有《中国诗学》《听涛集》《文艺欣赏漫谈》《千首宋人绝句校注》等。

吴战堡，受先人熏陶，自幼爱好书画艺术，后虽从政，但书画情结不解，临池数十年，为中国书协、浙江美协会员，兼任金华书画院院长二十年，曾任金华书法家协会、美术家协会名誉主席，获浙江省书法家协会成立三十周年贡献奖，系台北故宫博物院书画院终身名誉院长，现为金华市政协书画社社长。

后起之秀吴蓓，吴战垒之女，幼承家学，文学博士。浙江文学与文化特色学科带头人，浙词研究会会长，浙江省社会科学院研究员。词学专著《梦窗词汇校笺释集评》获浙江省第十五届哲学社会科学基础理论类优秀成果一等奖、全国优秀古籍二等奖。任《夏承焘全集》主编。

吴重生，以新闻工作者的身份从浦江一路到京城，现为浙江外国语学院文化和旅游学院学术院长、中国作家协会会员。诗文是他的专长，书画是他的爱好。著有《你是一束年轻的光》《捕星录》《捕云录》等诗集，诗歌《信使》获上海文学奖。

前吴村发展到清末，除诗文、书画、朝官外，在纺织、科技、医药等方面都有人才涌现，具有代表性的是三兄弟，人称"吴氏三杰"。

吴士槐（1899—1972），上海申新九厂厂长，著名爱国实业家，一代纺织先驱，毕生致力于发展民族纺织工业，前国家副主席荣毅仁为之题"纺织先驱，功在申九"。吴士槐对家乡尤为关注，先后招去九厂或介绍至上海其他工厂工作者近千人；独资建造广明小学新校舍，规模宏敞几为全县之冠；出资在家乡开设"金一堂"药铺，施诊给药，惠及乡梓，乡人至今感恩戴德。

吴自良（1917—2008），出身前吴村书香门第，留美博士、中国科学院院士，著名物理冶金专家。1999年，中共中央、国务院、中央军委授予了二十三位科学家"两弹一星功勋奖章"，吴自良名列其中，为我国的国防科工事业贡献卓著。中国科学院原院长路甬祥院士对吴自良评价："他是一位享誉海内外的物理冶金学家，'两弹一星'功勋科学家。在一生的科研实践中，紧紧把握世界科技发展脉搏和国家的重大需求，不断深入拓展本领域的科技前沿，取得了一系列原始创新理论成果和重大自主技术创新成就。"

吴士绶（1904—1981），1924年入浙江医专求学，毕业后东渡日本留学东京大学，钻研医学，获医学博士学位。九一八事变后，他愤然离日回国，在广东陆军军医学校任教授、外科主任医师，兼粤军陈济棠部上校军医。后应江苏医学院之聘，任外科教授兼附属医院院长。1938年回沪开业行医，兼任东南医学院外科教授，他在基层医院三十年，从不以博士、教授自居，坚持亲临门诊，无论手术大小，均与助手于术前反复研讨，一丝不苟，三十年中从未发生医疗差错及术后感染，有"上海第一刀"之誉。著有《实用阑尾炎手术图解》《实用痔核手术图解》《实用疝手术图解》《实用胆道手术图解》《现代外科手术前处理与后疗法》等外科医生必备书。他精通日、英、德三国文字，译作有《泌尿外科》《灼伤的急救疗法》等。

还有一位爱国实业家值得提起。吴海平（1901—1961），一生致力于药学研究，毕业于日本帝国大学，学成回国后曾任医学院教授。"八一三"淞沪会战爆发后，药品缺乏成为最大问题，他毅然决然辞去教职工作，千方百计筹措资金谋办制药厂。后创办上海天平药厂，研制生产"胃舒平"，一时驰誉海内。他为人谦和，潇洒儒雅，有学者风范，一生助人为乐，亲友故旧得其帮助者甚多，对家乡教育事业贡献很大。

综上所述，吴溪文化是浦江诗画文化的源头之一，与左溪（合溪）文化、麟溪文化、梅江文化和建溪文化一起，构成浦江文化的五大源头脉络。值得一提的是，浦江各家族间的师承和姻亲关系，不仅是一种"门当户对"般的相互提携前进，更是一种"抱团"式的强强联合发展，促成了宋末明初和清末民国时期浦江的两个文化高峰。

风雅嵩溪：诗情画意传至今

徐小丰

浙江知美画院理事，
金华书画院特聘画
师，嵩溪学社社长。

浦江北部，嵩溪在此起源汇入浦阳江。嵩溪上游是一座风雅的古村——嵩溪古村。这是一座如诗如画的古村，诗情画意传至今。

浦江县白马镇嵩溪村，在清代属感德乡廿二都，民国时属白马乡。2006 年，嵩溪村被公布为浙江省省级历史文化名村。2012 年，嵩溪村被评为全国生态文化村、浙江省旅游特色村，被公布为中国传统古村落。2014 年由住建部、国家文物局公布为中国历史文化名村。

山村美誉"小杭州"

嵩溪村，地处浦阳江支流嵩溪上游平坦的谷地中，村以溪名。北去五公里，有浦江名山鸡冠岩，自北至西有大青尖、小青尖、十八乌珠峰、蒋高尖、挂弓尖诸峰屏立于村之西北、西南，西南有崖名白虎头；自东有青龙山脉蜿蜒至村口，崖有青龙头；自南有仰龙山脉至村中。

嵩溪之夜　高攀摄

　　嵩溪也称松溪、崧溪，发源于鸡冠岩南麓，东有东坞溪，至村后名后溪，南有大源溪；村西北则有小岩溪发源于殿前坪等地，至树桥头与大源溪汇合名前溪，前溪环村而过。前溪与后溪至村口桥亭合二为一，经孝门、独山，约十公里许注入浦阳江。溪水澄碧，游鱼可数。有"双水长流通浦汭，两山横抱锁鸡岩"的优美自然环境，有鸡冠望潮、燕诒春诵、屏山拱翠、溪桥月色、东壁石斧、西岭秋阴、石潭龙映、样畈禾浪、嵩麓灶烟、庵岩晴雪等十景。

　　群山环抱的嵩溪村，前人称"青龙盘井"。储藏有丰富的石灰岩，氧化钙含量43%—48%，氧化镁含量3%—10%，系生产石灰的原料，村人称之为"青石""乌金"。村里人除了耕樵之外多以烧制石灰为生。1990年版《浦江县志》有述："本县石灰生产，相传最早源于鹧卜坞

（今名贾宝坞），距今已两千余年的历史，其次是涟坞，再次是嵩溪，亦历上千年……"而尤以嵩溪村石灰质量为佳，其灰杂质少、制硬快、强度大、品种多（有铁灰、绿灰、白灰之分），销及浦江、义乌、东阳、永康、诸暨、兰溪、建德等地。在20世纪80年代以前，石灰是农民用以肥田、除虫及建筑的主要材料，因而嵩溪村得以富甲一方，遂有长街宽绰、房舍俨然、飞阁傍山、幽亭临水之景，被人誉为"小杭州"。现有居民千余户，人口三千余人。

诗文书画代相传

前人有云：嵩溪村"士生其间多聪明俊异，不以时代变迁而有衰亡"。

自宋代以来，文风鼎盛，俊彦迭出。明初有邵志远（1378—1454），天性纯笃，颖异不凡，先后任山东滨州蒲台县尹、广东潮州海阳县令，为官清正，惠爱其民，事父母至孝，因心慕林泉，致告还籍，寄情烟霞，并能诗善画，有《嵩溪旧隐图》一画传世，卷末有十八位名人以诗题跋。

清康熙年间，有徐敬臣（1646—1710），善辞令，工诗文，创建嵩溪诗社，集文人雅士唱和吟咏。嗣有徐思祚、徐思琛、徐宗义、徐宗璧、徐宗沛、徐宗泮相继主事，承传数代，诗社延续了一百二十余年。

乾隆年间有著名画家徐子静（1734—1808），擅人物、花鸟、山水、龙虎，尤擅巨幅风俗画，传世作品有《钱江观潮图》《皇家狩猎图》《罗汉渡海图》《白菜图》《钟馗图》等。延及晚清民国时期，则有徐一锵、徐一芬、徐希仁、徐清斋、徐菊傲、徐云傲、徐子棣、徐谢卿、徐晓窗、徐式卿、徐察人、徐天许、徐苕棠等人以书画名世。徐品元、徐子刚父子则以经史文章培育后进。复有徐玉成、徐永源、徐永典、王碧屿、

徐天许《松下游鱼》　浦江博物馆藏

邵孔方皆工于诗，并成立嵩溪吟社。徐闻三精于鉴赏，曾在浦江"广益典"、南京"鸿运"当铺任朝奉先生。徐心泉、徐长庚、徐长安师承周光洪精工雕刻，其中徐心泉有"出蓝"之誉，兼擅壁画人物、山水、花鸟，有杨林村花厅牛腿、斗拱、雀替传世，其所作牛腿上刻有百余人，按历史故事穿插，神态生动，刀法纯熟。1935年，徐心泉受聘于南京中央大学艺术系制作石膏模型。更有徐一锵、徐菊傲、徐天许一门六代，传承书画。徐天许（1898—1994），系中国现代著名画家，师事林风眠、潘天寿、李苦禅等艺术大师，先后任教于沈阳师范学院、辽阳师范学院和中央工艺美术学院（任国画教授），擅长花鸟，亦作人物、山水、走兽，尤以鹰鹜和游鱼著称，与张书旂、吴弗之、戚维新称"浦阳四杰"，与潘天寿、李苦禅称"全国画鹰三老"。其作品融诗、书、画于一炉，堪称"文人画之佼佼者"。有诗赞曰："诗文有社康熙始，书画多风现代灵。"

古村传唱昆山调

昆曲被誉为"百戏之祖"，在嵩溪村的传承由来已久。清代著名戏曲理论家李渔在《无声戏》中称："明嘉靖以来，金华、衢州一带的昆剧已相当流行。"清中期以后，金华的昆班发展迅速，出现了所谓的"兰溪班""浦江班""金华班"等，而"浦江班"尤以嵩溪村徐朝舜于1918年创办的"徐春聚"最为著名。

该班社演员阵容强大，行头新且五堂五彩，能演大戏三十余本和折子戏八十多出，活动于金、衢、严、处及江西玉山一带。1949年后，嵩溪村昆曲班依然活跃，盛时分为嵩一、嵩二两班。今存嵩溪昆曲什锦班尚能演奏《卖鱼》《平原》《采茶舞》等曲子。

在村里浓郁的戏曲文化熏陶下，国际著名剧作家、文艺评论家王卜一（原名王郁生）脱颖而出。他曾就读于香港新亚书院（今名香港中文大学）文史系，学生时代即投稿艺苑，后曾任香港邵氏电影公司编剧达十五年之久，与李翰祥导演合作多年，"李导王编，著誉影坛"，并时常撰写文艺评论。

1971年，王卜一移居加拿大多伦多市，代表作品有《画皮》《梁山伯与祝英台》《一毛钱》《轻烟》《蓝与黑》《我为情狂》《饿狼谷》《西游记》《女儿国》《西施》等二十多部。同时为新加坡、马来西亚、印尼等地编写电影剧本。与著名导演鲍方合作的《画皮》，曾经在国内放映，轰动一时。

巧手剪出艺苑葩

浦江为浙江民间剪纸之乡。浦江剪纸与乐清剪纸、桐庐剪纸合称浙江三大剪纸。原浙江美术学院教授、著名工艺美术家邓白先生曾说："浦江剪纸以人物为主……风格秀丽而不流于纤巧，形象生动而质朴大方；装饰性和想象力极强；题材也相当广泛……"而剪纸艺术在清末民初的嵩溪异常盛行，大放异彩。代表人物有徐子棣、徐桂琴、徐群钗、徐仙兰、黄菊初、楼美菊等人。

徐子棣是一位文人画家，善于绘制剪纸样本，再传至其他民间艺人。1956年，浙江人民出版社出版的《浙江民间剪纸》编有七十二幅作品，其中浦江占二十八幅，而嵩溪村占十幅。中国当代剪纸艺术家吴善增则是继承了其母亲徐青女士的嵩溪剪纸艺术，发扬光大，成为名副其实的剪纸大师。

济世经学勤诵读

嵩溪村依山靠山，村民致富后历来不忘重文崇教，徐氏、邵氏、王氏等家族先后兴办私塾，延聘饱学之士前来任教，优秀学子层出不穷。全村考中秀才以上功名者有一百三十三人，其中徐姓一百一十五名、邵姓六名、王姓十二名。

清末太学生徐玉成有诗《燕诒春诵》描述徐氏宗祠燕诒堂的读书盛况："一经遗自燕诒堂，绛帐春开溯泽长。花鸟胡情皆翰墨，鼎盘无字亦文章。云烟映几琴书静，桃李盈门笔砚香。奕世英才多辈出，后先接踵应文昌。"清末浦江名士金燨有言："回溯前清，凡科举考试，徐氏列前茅而冠群英者比比皆是，全邑中唯沙城陈姓、合溪黄姓可与鼎列为三，他族无与比也！"清代嘉庆年间，徐士仪与弟徐仲秀、族侄徐豹文一同参加金华府试，徐士仪被拔取案元（秀才第一名），仲秀与豹文分别取得第二名、第七名的好成绩。

文苑迎来景丽天

前辈的余韵流风，连绵不绝。改革开放后，嵩溪村大雅犹存。1986 年重阳节，村人徐儒宗、徐承松、徐千意等创办嵩溪学社，以接踵前贤，多次开展诗文书画展览、讲座及对外交流，许多青年才俊得以涌现，分别在诗词、书画、剪纸、根艺、戏曲等领域取得一定的成绩。浙江外国语学院中文系教授、著名诗人张涤云在《贺嵩溪学社三十周年庆》中道："浦江文脉越千年，诗舞词飞逐陌阡。小小山村多墨客，嵩溪学社大名传。"

绝代才女倪仁吉

潘小年

浦江文史爱好者。

浦江历史上，留下诗集并印行流传至今的女诗人仅两位：倪仁吉、盛问渠。盛问渠为清末人，所作诗哀婉凄切，因身弱早逝，所以县人不知其诗名。清初的倪仁吉，生于吉安，长于通化，嫁于义乌，住于浦江县城，诗情横溢，才名盖过父亲倪尚忠进士、兄长倪仁祯进士，在浦、义、兰三地广为人知。

倪仁吉（1607—1685），字心蕙，自号凝香子。倪仁吉生于倪尚忠的吉安府任所。倪父五十七岁得女，尤为珍爱。倪尚忠以出生地吉州为名，取名"仁吉"。同年，倪尚忠自吉安退隐归乡，回到浦江通化的一个小山村，将精力放在培养子女，尤其是幼女倪仁吉的身上。

倪仁吉自小聪慧可人，深得父亲宠爱，也得到父亲的精心教育。七岁开始，父亲授之以《女戒》诸书，十二岁通《四书》《三礼》以及《孝经》等书。在较为宽松的成长环境中，倪仁吉摆脱"女子无才便是德"的桎梏，得以自由成长，艺术细胞萌发。正因如此，倪仁吉

倪仁吉《梅鹊图》　义乌市博物馆藏

一生总是不断地回忆家乡，回想少女生活。她的爱好非常广泛，除诗、书法之外，还喜爱绘画、音律与刺绣，集"诗、书、画、绣、琴"于一体。父亲视她为掌上明珠，每有客人前来，父亲便持她的书画、刺绣等作品示之，倪仁吉因此才名广传。

倪仁吉有四个哥哥，大哥仁祚比仁吉大二十三岁，而二哥仁祐、三哥仁褕在仁吉九岁左右时就去世了，所以平常仁吉与小哥仁祯感情最深。仁祯大她十一岁，精于书法。仁吉向父亲学诗的同时，又向倪仁祯学书法。在倪仁祯的教诲下，加之自身的努力，倪仁吉的书法"笔圆韵胜，于正楷竟不相上下矣，既敏且博，能自成一家言"。

倪仁吉十四岁那年，生母祝氏不幸辞世，倪尚忠身兼父亲与母亲的责任。据说，当时倪尚忠采用了"以文取郎"的择婿标准，结果倪仁吉十七岁那年嫁给了义乌青口大元村秀才吴之艺。吴之艺的家族在义乌也是书香门第，曾祖父吴百朋是明嘉靖进士，官至刑部尚书，曾极力支持海瑞的廉正行动，在抗倭斗争中救民于危急。

两人志趣相投，十分恩爱。吴之艺的母亲龚氏，望子成龙，对儿子的学业要求十分严格。吴之艺身体羸弱，兼之应试不第，无颜回乡，在外滞留了一段时间，身体更加衰弱。在父亲吴存中出葬后，吴之艺突发大病。重病之时，倪仁吉"日至汤药，和泪进"。不久，吴之艺就因病去世。年方二十的倪仁吉悲痛万分，"恸绝复苏""囊土成坟"。

人生最苦是别离，去后更知恩情深。她时时处处都感受到吴之艺的身影，"每对签轴图书，如见之艺"。失夫的悲痛难以消失，心中的悲苦无处诉说，又要防止来自方方面面的流言蜚语，她不得不处处约束自己的行动，压抑至深的痛苦在她的诗中表现得淋漓尽致。《悼亡》诗句句透着悲凉："孤馆无声犹似禁，空帷有案为谁供？残编点点皆余血，弃履尘尘尚剩踪。"

遵照丈夫的临终嘱托，倪仁吉把精神寄托在伺候婆母和培养继子上。吴之艺死后，他的三个兄长分别把自己的次子吴云将、吴云亭和吴云津过继给倪仁吉为子。她在仰止堂办起家庭书院，亲自授课，因材施教，颇有成效，在乡里传为美谈。《义乌县志》记载："抚教为后，三子云将、云亭皆食饩，云津声高黉序。"同时，她"事姑犹母，得暇为称说古传，娓娓承欢"，为补贴家计，"以针绣为程课"。

明末兵乱，烽警相接。三十七岁的倪仁吉回到故乡浦江避居。这是她一生中又一次重大的转折。在大元村，虽然丈夫和公婆均已先后去世，抚育继子已经成人，但毕竟还有许多拘束，行动也不自由。而在浦江南部的山村，车马不到，村人朴野，她的心境又开始放飞。父亲倪尚忠早已在明崇祯庚午年（1630）去世，三兄倪仁祯也在清顺治乙酉年（1645）被害，但有嫂子、侄女均可为伴。

倪仁吉曾愉快地回忆道，回乡后"与吾嫂氏暨二三女伴，选胜尽日，盘桓山径中，于时残雪凝峦，梅馨初逗，竹声戛玉，涧溜鸣琴，野况撩人，清思可掬"。她所钟爱并引为同道的侄女倪宜子也回乡探望她。"寂寂宁堪忆旧游，黄花红树缀深秋。水光漾出玻璃镜，山色堆成翡翠楼。险句每从天外得，丹青只向望中收。闲关难到烟萝地，空对幽窗月半钩。"她的情感和艺术细胞全部复活了。许多优秀的刺绣、绘画、诗歌作品，均在此时诞生。清初局势安定之后，倪仁吉回义乌大元居住。晚年，又回浦阳城中的倪家，与侄子倪立昌居住。

倪仁吉长期独居，或以书抒怀，或以画抒情，或以诗言志，在文学艺术的世界里寻找寄托。五十岁时，她的刺绣、绘画、诗歌都趋于成熟，影响也越来越大。她精于刺绣，《金华征献录》称赞她的绣艺："染色既工，又运针无迹。"刺绣作品观之如画，名重一时。最令人称绝的是她的发绣，传世之作《发绣大士像》，是倪仁吉满怀虔诚恭敬之心，一丝不苟地精心刺绣出的作品，神貌端庄宁静。倪仁吉的小楷，珠圆玉润，秀丽工整。绘画方面，《金华诗录》有记："作小幅山水，近学文徵明，远不愧赵欧波。迄今得书画片楮，珍若拱璧。"她善诗，诗体初为艳体，秀逸清丽；孀居后，华丽尽褪，多发苦声，其意苍凉，其情真切。《明诗综》载《弹琴》一诗，可见心境："梨花小院舞风轻，漫理冰丝入太清。一片梧桐心未死，至今犹发断肠声。"在夫家与娘家晚辈的支持与动员下，倪仁吉的诗作在六十岁时汇为《凝香阁诗稿》付梓。

康熙十二年（1673），倪仁吉六十七岁，因"青年失偶白首完贞"建坊旌表。从此，倪仁吉不得不以贞节的标准来限制自己，自由活泼的天性慢慢泯灭。《浦江县志》载，倪仁吉晚年貌气苍古，戴绒帽，着褐衣，焚香晏坐，校刊图史，遇风日佳丽，与嫂氏侄媳等乘竹舆游览山水，每得佳句便写于纸上。《金华经籍志》亦称倪仁吉："类山泽间耆儒名士，不复如闺阁中人。"这位才华横溢的女子，在孤寂中护持着心中最后一片闲雅与芳菲。

百年书画兴盛地　白社三贤绽异彩

张伟文

浦江县政协教科卫体和文化文史学习委员会主任。

民国的浦江，能人辈出。一大群浦江学子相继进入艺术院校，接受专业指导，挺进中国画坛，在乱世的颠沛中与一流大师切磋交流，大放异彩。张书旂、吴茀之、张振铎、徐天许、郑祖纬等，群星闪耀，在中国艺坛占有一席之地，留下不少佳话。

民国画家中，名气最大的应数张书旂。受家庭氛围影响，书旂自小喜欢涂抹，八岁即跟叔父爽甫学画，以《芥子园画谱》为范。1922年，二十二岁的张书旂在浙江省立第七中学毕业后，考入上海美术专门学校，先学油画、水彩，后学中国画，学吴昌硕、任伯年之风，并拜吕凤子为师，画艺大进。毕业后，回金华省立七中任美术教师。不久，即至厦门集美学校为图画教师。教学之余，潜心研究画理画法，编撰《分类国画入门》第一种——《翎毛集》。1929年夏，徐悲鸿赴厦门参观画展时对书旂的画作大为赞赏，并请吕凤子出面，邀请张书旂赴南京，聘任于南京中央大学艺术系，且为

张书旂《梅月图》　浦江美术馆藏

教育部部聘教授。书旂不喜市区繁华，在市郊的晓庄山丘筑画室"苍横庐"，终日作画，造诣勇猛精进。此时张书旂才三十岁，工花鸟，喜翎毛，善用白粉，与徐悲鸿、柳子谷并称"金陵三杰"，与当时画坛人物傅抱石、陈之佛、吕斯百、汪亚尘等来往频繁。1935年，在南京举办的"张书旂先生画展"，博得中外人士一致好评，张学良、何香凝等也来观展，两百多幅画作当场订购一空。

吴茀之与张书旂同年，幼承家学，酷爱国画。十三岁进县立浦阳高小读书，得舅父黄尚庆指点，画事日进。十五岁，吴茀之考入浙江省第九中学，课余常临蒋南沙、恽南田的画册，学工笔，孜孜不懈。1922年，吴茀之赴上海求学，与张书旂同时考入上海美术专门学校。两人常于晚上欢聚宿舍，轮流作画。受吴昌硕大写意画风启发，茀之主攻写意，深得精髓，受到潘天寿、刘海粟的喜爱。毕业后，他先后在苏州第一师范学校、淮安中学执教美术。课余时间，吴茀之专门编绘一本画册作为学生的国画范本，刘海粟亲题"超逸高妙"四字以勉励。1929年，应刘海粟校长之聘，吴茀之回上海美术专门学校教授国画，同时兼沪江大学及附属中学美术导师，连续任教十年。上海期间，吴茀之与潘天寿、经亨颐等名家亦师亦友，多方取法，融会贯通，自辟蹊径。

同为礼张人的张振铎，比张书旂小八岁，却是张书旂的堂叔。振铎自幼笃志中国画。1924年，年仅十六岁的张振铎考入上海美术专门学校初师科，只比书旂晚三年。1927年，升入高师科，受经亨颐、吕凤子、潘天寿等名师的指授。上海美术专门学校艺术教育系毕业后，张振铎在金华作新中学、成美中学、八婺女中等校任美术教员。1930年，二十二岁的振铎至厦门集美中学高师科任国画教员与美术科主任。1932年，张振铎回到上海，任新华艺专中国画教授。

20世纪30年代初，吴茀之、张振铎都回到上海任教。张书旂虽任教于南京中央大学，也经常赴上海交流。1932年4月，时任国立

吴苪之《牡丹水仙图》 吴苪之纪念馆藏

杭州艺术院中国画主任教授的潘天寿，约新华艺术专科学校国画系主任诸闻韵、南京中央大学艺术系教授张书旂、上海美术专门学校教授吴茀之、上海新华艺专教授张振铎，创立国画研究团体——白社，一起切磋画艺，以研究中国画学为己任。白社最初五名成员，有三名为浦江人，潘天寿、诸闻韵实为三人在上海美术专门学校就读时的老师。白社成立后，先后在上海、杭州、南京等地举办过五次画展，出版过两本《白社画集》，在当时的中国画坛显现出独立的气质与价值。

上海美术专门学校毕业的浦江画家在中国画坛崭露头角的同时，创办于1928年的国立杭州艺术专科学校的浦江学子同样令人瞩目。郑宅新三郑村人郑祖纬，自小受工诗画的父亲郑一新的影响，乡人视其为绘画异才。郑祖纬十八岁考入浙江艺术专门学校，后因学校停办，投笔从戎，参加北伐。1928年春，听闻杭州艺专创办并招生，立即奔赴杭州报考，成为首届学生，得潘天寿、林风眠等名家亲授，专攻写意花鸟，兼攻人物、走兽及山水，艺学猛进。1931年，时年二十四岁的郑祖纬在杭州举行个人画展，观者为之倾倒，为江、浙、皖书画界所瞩目。白龙山人王震慨然惊叹："奇才出世，吾侪徒抱残守缺耳。"

比郑祖纬大十岁的嵩溪人徐天许，得知郑祖纬攻读杭州艺专，放弃已任教十四年的浦江教师职位，于1929年考入艺专绘画系，师承林风眠、潘天寿、李苦禅等人，画风由小写意兼工带写向大写意转变。徐天许长李苦禅一岁，比潘天寿小一岁，同时师事两位国画大家，亲如兄弟。徐天许、郑祖纬、洪勋（浦江人，1928年秋考入国立艺专绘画系）同寝一室，与吴浙灵等六人组织了"六桥画会"，潜研画理，举办画展，并常与同乡张书旂等共同切磋艺术。1934年，徐天许以优异成绩毕业于国立艺专。他曾作册页一套请教潘天寿与李苦禅。潘天寿评其作品"点染入画"，而李苦禅于卷末写道："今人作画，不循古法，谨细无出路，便驰骋放纵，不论笔墨，且设色布局，偃袭雷同。

天许作画，极夥变化，当无此习。盖胸襟奇逸，非可局部律之也！"

张书旂等人创立白社举办画展之时，杭州国立艺术专科学校的郑祖纬学成毕业，被荐为学校暑期班教师，并总揽教务。林风眠称其"办学致志，差与同仁相垺，而国画造就，尤为同辈难能"。潘天寿见其所作巨幅《鹭鸶图》宏阔雄奇，断言："二十年后，必当万人敌。"正当一展雄风之际，1932 年夏，祖纬突染伤寒，遽尔离世，年仅二十五岁。一代画坛新星突然陨灭，学校师生闻之无不痛哭流泪。校长林风眠悲恸长叹"天妒奇才"，潘天寿教授为之痛哭失眠，辍食数日。追悼会上，潘天寿先生亲书挽联痛惜"天才何短命，大造亦忌能"。徐天许参与举办追悼会，并发起募捐出版《郑祖纬遗作集》。潘天寿为之题写书名，院长林风眠亲自作序，序中云："苟天假其年，必能为国画界辟一生路，乃不幸而殁于功亏一篑之际。此固余校之损失，抑亦吾族艺术之厄运也！"

1937 年，全面抗战爆发，白社结束活动，成员奔赴各地。张振铎经武汉八路军办事处介绍，赴延安陕北公学学习。1938 年夏回到家乡，在黄宅为马丁、黄长波举办的农民夜校讲授大众哲学与美术。1939 年秋，他与潘天寿一道，经越南到昆明，任国立艺专中国画教授。后随校迁至四川，又在乐山国立艺专、西南美专、武昌艺专等处任教，中华人民共和国成立后担任湖北艺术学院副院长。

吴弗之受潘天寿之约，1939 年长途跋涉奔赴昆明，应聘国立艺专教授。在国立艺专，潘天寿、张振铎、吴弗之三人同住节孝巷，朝夕相处，被誉为文人相亲的榜样。1941 年，潘天寿离开已迁徙到重庆的国立艺专，返回福建、浙江一带任教。吴弗之随之赴福建南平，任福建省立师专艺术科教授，与包笠三、黄寿祺等一起挑灯吟哦。1944 年，潘天寿被教育部聘为国立艺专校长，吴弗之应潘天寿之邀重回重庆，任国立艺专国画科主任。1946 年，吴弗之随艺专回迁后一直在杭州任教。中华人民共和国成立后为中央美院华东分院中国画

张振铎《鹰石图》　浦江博物馆藏

系主任。

全面抗战爆发后，张书旂随中央大学内迁重庆。1939 年，美国罗斯福第三次连任总统，张书旂在敌机轰炸的恶劣环境下创作的《世界和平的信使》（又名《百鸽图》），被作为国礼，赠送给美国政府，成为悬挂于白宫的第一幅中国画。1941 年 9 月，张书旂以艺术与亲善友好外交特使身份赴美，参加罗斯福总统就职典礼，宣扬中国文化艺术，在华盛顿、波士顿等地举办个人画展，创立画院，开展讲学活动，将卖画所得捐献抗日军民。抗战胜利后，张书旂一度回国，执教于中央大学与安徽大学。1949 年 3 月，他再度赴美，应聘担任加利福尼亚等大学教授，之后在美国、加拿大办展，并设立书旂美术室，传授画艺。中华人民共和国成立后，他屡次寄家信表达回国之意，周恩来总理也曾设法援引，终因胃癌复发未能成行。在 1957 年给家人的绝笔信中，他悲怆写下："书旂死无足惜，惟祖国新兴气象不能一睹，家人不能作最后一别，老母不能送终。赤手空拳来此人地生疏之美国，成家立业，惨淡经营，生活可以维持，满望能享受几年。奈'采得百花成蜜后，为谁辛苦为谁忙'，实实心有所不甘，目有所不瞑耳……"

徐天许于 1937 年任职浙江省教育厅，主管美术教育，参与筹建英士大学，并在英士大学任教，在浙、皖、赣等地举办个人画展。随着战事变化，徐天许先后在浙西一中、衢州一中、衢州师范等学校任教，出版《国画教材》《国画画稿》《天许画稿》等多种图书，中华人民共和国成立后执教于中央工艺美术学院。

民国期间，浦江还有一大批专业画家活跃在县内外。如 1927 年考入上海美术专门学校的戚维新，与丰子恺为同窗，毕业后曾留校任助教，后受聘为国立杭州艺专教授，中华人民共和国成立后归隐浦江。比张书旂早一年考上海美术专门学校的张子屏（张振铎之兄），一生从事艺术教育，作品参加 1929 年国民政府举办的全国第一届美展，颇受好评。又有 1936 年考入国立杭州艺专的张苇研、1940 年就读于福建省立师专艺术科的柳村、1947 年考入国立艺专的张岳健，以及考入苏州美专的袁飞、张世简等，一时都为书画菁英。在浦江民间，有周丽亭、张爽甫、吴士维、朱杏生等画家、书法家，薪火相传，形成源源不息的书画之河。

天纵之才张书旂

龙　渊

荣宝斋特约评论家。

在近现代中国绘画史上，张书旂是位闻名遐迩的传奇人物，在其短暂的一生中，他孜孜求索，推陈出新，集海上画派和现代岭南派风格之长，为传统中国画的改革创新做出了卓越的贡献。他留给人们的世纪杰作《世界和平的信使》（又名《百鸽图》），造就了中美文化交流史上的一段佳话，也成为中美两国和平友好的象征。

近代杰出的花鸟画大师张书旂（1900—1957），原名世忠，以字书旂行。浙江浦江人氏。早年毕业于上海美术专门学校。初学油画，后攻中国花鸟画。最早私淑吴昌硕，走大写意沉雄浑厚一路；不久，改择"形神兼备"之途，转而师法潘椒石、朱梦庐、任伯年，追慕明丽俊逸的画风；后得高剑父和吕凤子亲授，他的花卉翎毛接近现代岭南派风格。

1927年，徐悲鸿在厦门初识张书旂，旋即聘请他任教于南京中央大学艺术系。不久即为教育部部聘教授，在画坛声誉日隆，其时与

张书旂《世界和平的信使》（又称《百鸽图》）全图　美国罗斯福纪念馆及图书馆藏

群飞搏击无功名　争名名字难全

雄会古家字休兵日　使地初伐

古宫

中华民國四十六年　女術林張書旃

敬绘祝　方锡圆就

冩勘绿又恨三届　故戴　無錫楼中廋

冩　書旃　画

徐悲鸿、柳子谷并称"金陵三杰"。

抗战期间，张书旂去美国讲学作画，创立画院，留居旧金山。

1957 年 8 月 18 日，张书旂因胃癌不治，客逝美国旧金山，仅五十七岁，惜哉！张书旂于弥留之际，仍然惆怅望乡，眷念祖国："解放了的祖国，繁荣旺盛，未能一睹，遗憾无穷。"痛哉！当时，《人民日报》载文称其为"爱国主义画家"。

张书旂短暂的艺术人生，是孜孜求索、推陈出新、自成一派的一生。

张书旂对花鸟画下过苦功，临摹过大量古人名作，特别是对任伯年的水墨笔意有着精到的领悟。他的纯墨的飞雁、鸡雏，墨色的饱满、水分的滋润、笔意的洒脱，可谓不逊任伯年。张书旂的光辉与可贵，在于能博采众长，外师造化，中得心源。他认真地领悟吸收，推陈出新，终于创立了具有民族风格的浓丽秀雅一派，作品特色鲜明，让人一目了然。

张书旂的花鸟画独特之处，乃是擅用"白粉"。昔言"墨分五色"，张书旂反其道而行之，以"粉分五色"而为之。他惯于在有底色的素纸上，从黑白两极变化中，加强画面层次感。白粉的应用难度极高，而张书旂则以粉用双勾工写之法，或以没骨渲染之技，写实求真，写意求神，皆能以巧妙的构思和纯熟的技巧创作出画风独具的花卉翎毛。张书旂善用白粉，计白当黑。他大用特用白粉，以"白"作为主色运用，得苍劲秀润之笔，溢纸粉相映之趣，使画面达到不僵、不滞、不混、不俗的艺术效果，每成一幅，皆为精品，令人惊叹。当时画坛戏称其为"白粉主义画家"。他后期运用白粉的技巧更趋圆熟，以至达到"雅俗共赏"的艺术境界。张书旂的画作，先后在法国、比利时、意大利、德国等展出，轰动一时。诸多国家的大博物馆、艺术馆和世界级大收藏家，均藏有他的作品。

张书旂的主要作品有《柳鹰》《鸠》《孔雀》《荷花翠鸟》《鹰》《双

雉》《牡丹》《双鸡》《玉兰》《寒梅双鸽图》等，特别是1941年，他的巨作《世界和平的信使》传诵遐迩。画作笔墨雄阔、气势磅礴，以鸽子象征和平，以橄榄枝象征光明和幸福，以百鸽纷飞的宏伟场面表达在反法西斯战争即将取得胜利时，亿万人民无比欢欣、无比喜悦的大主题。画家在反法西斯战争的严峻时刻前瞻性地抒发胸臆，也表达了世界人民热爱和平的心愿。这幅三米多长、题为《世界和平的信使》的杰出作品，被以国家名义赠送给美国政府，作为庆祝罗斯福第三次当选美国总统的隆重贺礼。同时，张书旂也作为当时政府的艺术使者应邀赴美参加罗斯福总统的就职盛典。《世界和平的信使》是中国画首进白宫的巨作，名扬四海。杰出的画作为张书旂赢得极高名望和声誉，他被受命考察美国的艺术教育、宣扬中国艺术。

张书旂以画鸽名于世，赞者夥矣。徐悲鸿认为："张书旂画鸽应数古今第一。"其实他画鹰同样出色，如《柳鹰图》，运笔犀利，兼工带写，勾飞互用，十分传神。他笔下的《白孔雀》富丽典雅，雍容华贵之极，评家叹为观止。

张书旂作画题材宽广，野花闲草一经点染，便成妙品。有些题材诸如蚕豆花、棉花、芋头很少受到画家青睐，而张书旂却频频入画，且呈佳构。白孔雀、鸽子、白鹦鹉、鸳鸯、白鹭、丹顶鹤、鸡、鸭、鹅等，则是他经常作画的题材。他是多产的杰出的花鸟画家，美术界皆认为其得法于追摹自然，刻意写生，并且在长期的教学中，他不仅身体力行，而且严格要求学生重视写生功夫。张书旂对艺术教育也有着重大贡献。

他的一生，短暂而绚烂

吴建明

民盟浙江华夏书画学会副会长兼秘书长、浙江知美画院副院长。

"鹅湖山下稻粱肥，豚栅鸡栖半掩扉。桑柘影斜春社散，家家扶得醉人归。"唐代王驾的《社日》是我中学期间很喜欢读的一首诗，尤其"家家扶得醉人归"这一句，写尽农家春社散去，以醉扶归之态。我没想到的是，多年后，我见到的第一件郑祖纬作品竟也是《家家扶得醉人归》，可谓有缘。画面中一白发如雪，一满头青丝；一轻盈，一蹒跚，慢慢走向画面深处。此作应为五仙世伯嘱而作，未钤印。画中一老一少，用墨洗练简洁，造型奇倔，线条如锥画沙，凝重而富有节奏，渐具自家面目。

20世纪初，浦江涌现了张书旂、吴茀之、张振铎、徐天许、张子屏、戚维新、洪勋等一批在全国有影响力的画家，而郑祖纬因其才情高和英年早逝，以及林风眠、潘天寿对其器重和痛惜更令人关注。仅有二十五年生命的他如流星一般，短暂却极其耀眼。

郑祖纬，1908年5月28日出生于浦江县新三郑村，字地生，号仙华山人、仙华山民。

郑祖纬《双虎图》
义乌市博物馆藏

他四岁即能吟诗，七岁能用粉团捏飞禽走兽、摹门神灶司，十二岁随匠人去庙宇祠堂作佛像、壁画，故有"神童"之誉。在其十八岁就读浙江艺术专门学校前，郑祖纬除了受家庭影响外，其艺术启蒙主要源于民间艺术。民间艺术博大而富有生活气息，同时又能让人感受到百姓生活之艰辛。也许正因为他有此经历，所以他后来的作品带有浓厚的人文情怀。

就读浙江艺术专门学校对郑祖纬的艺术生涯来说无疑具有重要意义。1925 年，杭人沈定一在杭州城隍山阮公祠开办了浙江艺术专门学校，并任校长。姜丹书、周天初等名家为教员。郑祖纬在学校开办当年即考入绘画系，著名山水画家余任天是他的同学和室友，对他印象颇深。余任天回忆，郑祖纬就学期间生活俭朴，学习刻苦，不善言谈，即便室友之间一天也说不上几句话，他把大部分精力都用在学习和创作上，成绩斐然。可惜浙江艺术专门学校由于时局及经费等因素只办了两年，第二年夏天，郑祖纬在该校的学习生涯也随之结束了。1926年 7 月，广州国民政府发表了《北伐宣言》，国民革命军誓师北伐，郑祖纬毅然投笔从戎，参加国民革命第二十六军北伐，曾任少尉军佐。离开画案，历经生死，饱览天堑之胜，对一位艺术家思考生命和艺术也许有着重要意义。

1928 年至 1932 年在国立艺术院（亦称西湖艺术院，后更名为国立杭州艺术专科学校）的近五年学习经历，是成就郑祖纬艺术高峰和地位的重要阶段。

1928 年春天，郑祖纬以同等学力考入国立艺术院国画系，成为该系第一批十五名学生中的一员。国立艺术院是中国第一所国立高等艺术学院，林风眠任院长，初设国画、西画、雕塑、图案等四个系，学制五年（更名为国立杭州艺术专科学校后，学制改为三年）。艺术院创办初期，绘画系开设有木炭画（素描）、国画、水彩画、油画、速写等实习主科，中国美术史、西洋美术史、美学、解剖学、透视学、色彩学等理论副科，以及国文、体育、外语（英、法、日）等普通科。该院师资济济，当时堪称一流，绘画系师资尤为强大。除校长林风眠直接兼任一些课程外，在绘画系任课的教师有林文铮、吴大羽、潘天寿、刘既漂、孙福熙、李超士、蔡威廉、李风白、王悦之、张光、周天初、李苦禅、姜丹书等名家。还有法国籍油画、素描教授克罗多，日本籍图案教授斋藤佳藏等外籍教师。五年间，除了名师亲授，还有李寄僧、何愔、胡善馀、陆德麟、何浩、彭友贤、蒋黛侠、姜遇文等同学的相互勉励，更有浦江籍同学徐天许、洪勋、项荒途的乡情相慰。郑祖纬既具才情又勤奋刻苦，绘事突飞猛进，学业成绩为同学之冠。国立艺术院学习阶段是其艺术生涯最重要的阶段，他在此受到全面而系统的教育，天赋才情，名师垂青，加上自身刻苦，诸事兼备，林风眠、潘天寿二位先生又对他寄予厚望，可谓前程无限。1931年，他在杭州举行画展，誉满钱塘，为江、浙、皖书画界所瞩目。白龙山人王震观后，叹道："奇才出世，吾侪徒抱残守缺耳！"

然而天妒英才，1932年夏天的一场伤寒，竟让这位画坛奇才匆匆走完人生之路，不由让师友扼腕、亲人痛哭。

1932年夏天，杭州艺专举办暑期学校，郑祖纬为教师并总揽教务，内外操持，不遗余力。谁料忽染伤寒，病势甚猛，因无力治疗而延误时机，不幸于8月4日凌晨3时去世，年仅二十五岁。林风眠校长悲恸长叹："天妒奇才！"潘天寿先生痛惜不止，为之失眠、辍食数天。追悼会上，潘天寿痛挽："天才何短命？大造亦忌能！"

学友含泪汇其佳作，捐款编印《郑祖纬遗作集》五百册，以志纪念。此书由潘天寿题签，林风眠作序，同学徐天许记其生平事略。林风眠在序中写道："……郑君祖纬为余校第一班之学生，其力学致志差与同仁相埒，而国画造就尤为同辈难能。苟天假其年，必能为国画界辟一生路，乃不幸而殁于功亏一篑之际。此固余校之损失，抑亦吾族艺术之厄运也！"林风眠对郑祖纬的痛惜之情，溢于言表。

郑祖纬《渔父》　浦江博物馆藏

　　郑祖纬生活的年代是国运剧变的年代，他经历了帝制结束、北伐战争、军阀混战和日寇入侵等社会剧烈动荡的历史节点。国运难测，民生凋零，加上他出生在农村，对民间疾苦感受尤深，故这一切都将影响他的人生态度和艺术主张。由于他早逝，加之作品散佚、毁坏严重，所以存世的作品并不多。何保华先生在《郑祖纬及其绘画艺术》一文中统计，郑祖纬绘画作品约有七十四件，其中国画六十六件、西洋画八件。中国画中花鸟画三十九件、人物画二十二件、山水画五件。在这有限的存世作品中，我们读到了那个时代所留下的印记，尤其他的人物画，将国难时运、民生维艰付之于笔下，使其艺术取向具有强烈的时代气息，在表达了民族气节的同时，又展现了悲天悯人的一面。

　　郑祖纬是一位具有传奇色彩的画家。他的传奇，一因其生命如昙花，一现即逝；二因其存世的作品极少，难以一窥全豹；三则因有感于二十五岁之年纪有如此造诣，故猜想，如天假其年，他在中国画坛将处何地位？

天妒其才，英年早逝，自然会引起很多人的同情和关注，但生命最大的意义是给这个世界留下什么。由潘天寿题签、徐天许述郑君生平事略的《郑祖纬遗作集》是郑祖纬作品的首次集中展示，共收录国画二十六件、西画八件，惜当时印刷条件所限，图片只能观其大概，笔墨、精神不得一见，难见原作精髓。此后，西泠印社出版过《郑祖纬画作》，而原作只在民间或展览会（拍卖会）上零星得见一二。近年相对集中的展示则是 2021 年在大儒艺术空间的"郑祖纬逝世九十周年国画作品展"上。该展由陈熙、吴涧风等人发起，征集民间藏品二十件，在杭州集中展出。虽然有不少作品收藏于各地博物馆，没能一同展出，但这次民间行动使九十年后的我们得以集中欣赏到这位先贤的真迹，很是难得。

在郑祖纬作品中，人物画显然占有重要地位，因为它能表达更丰富的内涵。如《首阳二难》，它不仅仅反映了艺术水准的精湛，更反映了作者的气节。据说郑祖纬就读国立艺术院期间，因其才华横溢，日本驻杭领事米内山庸夫对他十分赏识，并有资助其赴日留学和招婿之意。九一八事变后，郑祖纬义愤填膺，作《首阳二难》以明"不食周粟"之志，断然停止与领事的交往，积极投身抗日救亡行列，表明不做亡国奴的意志。

他的人物画从取法上看，远师黄慎、任伯年，近学王震，同时又注重写生，所以他的人物画取法不一，有多种面目。其中《首阳二难》用笔刚猛，如铁划石，面部用线亦然，瘦骨嶙峋，以示坚贞不屈。作品中画伯夷、叔齐外只题长款，余不及一物，孤愤激昂，有极强的象征意义；与《首阳二难》相比，《老子》人物用线上概括性更强，更为苍率。老子之白衣、青牛之结体、脸部之表情及右上部之长款，互为呼应，轻重有致，画面到了增一则多、减一不可的妙境；《晴秋》

则从另一角度入手，纵笔直取即成茅棚，后有疏竹，二翁各想"官租急、无朝餐"之心事，而童子执壶茫然，此乃生活之写照，被作者一一收至笔下。《钟馗》则是他酒后乘兴之笔，兴之所至狼藉满纸，乘兴之笔往往醒后不可复得，该作当作如斯观。当然，郑祖纬笔下的人物也不全是"金刚怒目"式的表现，如《春寒赐浴》《林下美人》便有温婉、隽永的一面，包括《风雪中驴子背上》《牧童水牛》等作，均各有所取，体现了其画作的多面性。

花鸟画无疑是最能表达郑祖纬心性的画种。他的花鸟画早年取法于民间绘画，后受海派影响。就读国立艺术院后主要师法潘天寿、李苦禅，能糅合而化为己意，力图形成自家面目。在题材上，他遍写平生所见，虎、牛、犬、猿、鹰、鹭鸶乃至鱼虾，都是他笔下常见之物，但纸上呈现出来的艺术形象异于常人，如《篱菊》《猿戏》；他尤喜画虎，据我所知，他有五件老虎题材的作品存世，创作年份跨度很大。第一、第二件《虎啸图》为一稿二画，后一件技法上较为成熟，由吴山明先生题跋。第三件仅见于《郑祖纬遗作集》。第四件收藏于作者家乡。第五件即是收藏于义乌市博物馆的《双虎图》，此作因多次出版和展出，为人所熟知。他画虎不作常态，方笔写眼，重墨作结构，姿态清冷，极有磊落、孤高之格，气势之大、山君之野，观之悚然，吴茀之先生为之题跋，并判为弱冠时作，为其代表作之一。另作牛、犬，亦如此出，挥写之际，笔下如有风雨，如《耕罢》《阿义》；鹭鸶则用墨徐徐写出，临水而立，倩影无声，如僧入定，布以沙洲、垂柳，不食人间烟火之态跃然纸上，如《寒露》《柳荫三鹭》。由于他有极强的笔墨把控能力，如椽巨笔收放自如，故喜作巨匹大作。他的《群鹰图》《双牛》《双虎图》均为丈二匹作品，《鹭鸶图》更是丈六匹作品，开合之宏大，用笔之雄健，时人为之震惊。潘天寿先生可谓阅人无数，当他看完《鹭鸶图》巨作后，不由断言："二十年后，必当万人敌！"

对于艺术的本质，郑祖纬有着清醒的认识，他曾说过："学艺寻古人蹊径，可少迷路；作画要今人欣赏，方能立足；不然，虽高隐襟怀，魏晋风度，于世何补？"无须讳言，郑祖纬对自己有更高的要求，他希望有更鲜明的自家面目，他要用入世的态度表明自己的主张，从而参悟生命与艺术的终极意义。就此而论，他具备了更上一层楼的所有条件，可惜他的生命在二十五岁这一年被定格了！

九十年后的今天，当我们再次走近郑祖纬时，我们不仅仅是怀念和追忆，更有思考。（何保华《郑祖纬及其绘画艺术》）

桃李不言　润物无声——吴山明教授和山明美术院

徐峰平

山明美术院院长、浦江县美术家协会主席。

吴山明教授是当代中国人物画坛的翘楚，是浙派人物画的代表画家，从艺六十余年，沉潜传统，锐意创新，精进不已，将水墨写意人物画推进到一个崭新的高度。他标志着新浙派进入新阶段，其为人为艺，堪为浦江人的骄傲。

为进一步推进浦江"书画之乡"的文化建设，弘扬传统书画艺术，发现和培养书画艺术人才，广泛开展艺术研究交流，经与吴山明教授及夫人高晔商议，浦江县委、县政府于1994年起筹建山明美术院。山明美术院坐落于风景秀丽的仙华山麓。院落有千年古樟古枫作依托，院内浓荫匝地，四季花卉绽放，鸟语花香，景致宜人，是一块难得的"风水宝地"。

二十多年间，山明美术院的建设发展一直得到了吴山明先生的重视和倾心，给了山明美术院持续健康发展的原动力。建院之初，吴山明先生就将积极发现和培养书画艺术人才作为基本的办院理念。二十多年来，山明美术院在这一理念指导下做了大量工作，取得了丰硕的成果。

十年树木，百年树人。数百年来浦江书画能够薪火相传、人才辈出、经久不衰，很重要的一个原因就是那些从本土走出去的浦江籍画家，成名之后总忘不了故土对自己最初的培育，他们的根总是在浦江。吴山明先生对故乡就是这样一往情深，他认为故乡的一方水土曾经哺育过自己，自己有责任和义务回报故乡。从 20 世纪 60 年代开始，他就经常利用各种机会返浦义务教学，带出了一大批本土美术人才。如今浦江美术界的中青年创作骨干基本上都受过吴山明先生的教诲和提携，其中的佼佼者如马锋辉、胡良勇、石照东、陈琪等更是为当今中国画坛所推重。山明美术院成立以后，吴山明先生把人才培养作为办院宗旨，不顾年事已高，亲自授课。

如今，书画艺术培训已成为山明美术院的特色工作之一，并在实践中摸索出一整套适合基层美术教育的灵活体系。就山明美术院目前的美术培训活动而言，既有高端的研究生主干课程班与人物画名家高研班，又有基础性的美术高考班、青少年书画班；既有纯学术性的全国美展作品加工班，又有群众性的民间工艺培训班……二十多年来，山明美术院累计举办了各种形式的艺术培训八十余期，三千余人在此接受了美术培训，三百余人考上了包括中国美术学院、浙江师范大学、天津美术学院在内的全国各类艺术院校。因此，山明美术院在整个浙中地区具有较大的影响力。

早在 20 世纪 80 年代初，浦江县委、县政府和有识人士就开始设想利用传统的书画文化优势促进浦江经济繁荣发展的战略构想。经过近十年的酝酿，20 世纪 90 年代初，浦江县委、县政府斥巨资先后兴建了吴茀之纪念馆、山明美术院、方增先书画碑刻院等一批书画艺术场馆。在那个年代，作为一个经济并不发达的小县，能够实施这一系列重大的文化工程，这在全国也是绝无仅有的。山明美术院初创之时，正值浦江县政府财政困难之际，但县政府还是给予了倾力支持。尤其

吴山明《胸贮五岳》 山明美术院藏

是吴山明教授，倾注了大量心血。为将美术院建成一个规范化、专业化、高质化的艺术场馆，建院之初，他从自己的作品里精挑细选出 1998 年之前的代表作一百零八幅，捐献给山明美术院，同时捐赠的还有两百余件其他师友、同学、学生的艺术精品以及各个历史时期的文物藏品，极大地提升了山明美术院的品位和文化内涵。吴山明教授对家乡始终怀有一种浓厚的情感，他把美术院当作自己的家，先后斥巨资添置了古门楼、古石墩、古牌匾……使得美术院在布局上更完整、景致更丰富、艺术氛围更浓郁。前人栽树，后人乘凉。目前，山明美术院已成为一个自然景观和人文景观兼具的艺术场馆。

山明美术院始终遵循建院宗旨，以"艰苦创业、科学办院"的理念为本，广泛开展艺术交流和学术研究，坚持发现和培养书画人才，致力于群众美术工作，积极搜集、整理和研究吴山明教授的艺术成果和文献资料，为推动书画品牌建设、提高浦江"书画之乡"知名度、构建美丽浦江、加快加大浦江县精神文明和物质文明建设步伐和力度做出了应有的贡献。

这一批书画艺术场馆的创建，激发了浦江传统书画文化的潜力，促进了县域文化的繁荣。吴山明教授认为，美术院应凭借自身特点和优势，自觉充当起桥梁和纽带的角色，采取"走出去、请进来""造氛围、打品牌"等多种办院思路，着力构建艺术交流和学术研究体系，盘活书画艺术资源，把书画这出大戏唱响唱好。浦江中国书画节是浦江县为了进一步促进对外文化交流、提高浦江美誉度、发挥和培育浦江书画优势所做出的一项重要举措。

自 1995 年开始，山明美术院作为浦江主要艺术场馆，配合主管部门成功举办了多届中国书画节，为浦江进一步扩大开放、招商引资、借助外力发展浦江，促进浦江经济发展做出独特的贡献。

借助吴山明教授和其同人、学生的关心与支持，山明美术院先后举办了十余次省级乃至全国性的书画展览，其中较有影响的有"浙江省当代中国画人物展览""浙江省青年人物画家作品邀请展""全国艺术院校青年人物画家作品邀请展""全国艺术院校青年教师优秀国画作品大展""重返单纯——吴山明中国画作品展""石照东中国画作品展"等。为了让外界更多地了解浦江，山明美术院每年都会赴省内外一些著名城市举办展览，包括在北京中国美术馆举办的"吴山明水墨人物画展""中国书画之乡——浦江书画展览"、在西安美术学院主办的"全国艺术院校青年教师优秀国画作品大展获奖作品巡回展"、在绍兴主办的"山明美术院院藏作品展"……这些活动与浦江本土艺术形成了良好的互动，不仅使浦江"书画之乡"声名远播，更重要的是使书画作者广交了朋友，为今后艺术交流积聚了良好的人脉，奠定了良好的基础。

当书画艺术、书画经济在浦江掀起热潮之时，吴山明教授又冷静地引导我们审视自身。每次回乡，他总是客观地分析浦江书画创作自身的一些局限性，比如：画种较单一，受地域限制艺术讯息传达不畅，观念较陈旧。为改变这种状况，浦江利用浙江省文联浦江创作基地的优势，在吴山明教授的协助下，引进了各类美术创作、写生班，如"中国美术学院研究生主干班浦江采风活动""浙江省群星美术（书法）加工班""浙江省九届美展参展作者中国画作品创作加工活动""《美术报》名家工作室——吴山明人物画创研班赴浦江采风教学活动"……为浦江吹来了新鲜的艺术之风。浦江美术界接触到大批活跃于当今中国艺坛的美术精英，在创作观念、创作方式、创作手法上得到了更多的启示。近年来，浦江美术创作在各级展览中频频获奖，与山明美术院穿针引线、铺路搭桥不无关系。

千百年来画风余韵的沉淀，形成了浦江书画独特的地域风格。在这片土地上，书画氛围极其浓厚，书画创作已成为人们日常生活不可或缺的一部分。山明美术院作为书画专业场馆和浦江县美术家协会驻所，自觉承担起群众美术的普及工作和众多的社会公益活动。浦江县美术家协会会员从 2000 年的六十二人发展到现在的二百二十八人，其中中国美术家协会会员十三人，浙江省美术家协会会员五十一人。二十多年来，山明美术院组织各种类型各种规模的展览、讲座、笔会等活动一百多场，参与人数达一万八千余人次。先后编辑出版了《浦江书画作品集》《浦江籍书画家作品集》《浦江县美术家协会会员作品集》《浦江美术》等十余种专业画册或学术刊物，充分发挥了书画名家场馆在浦江文化大县建设中的窗口和推动作用。

桃李不言，下自成蹊。吴山明教授犹如大树，博大、静穆、厚重。家乡的自然风物、乡俗民情、文化传承启迪了他的情感，融入了他的艺术生命，而他的作品和人品亦成为浦江人民宝贵的精神财富。

宋濂书画题跋中的鉴赏观和文艺观

陈畅捷

浦江县社科联副主席（挂职）、县博物馆副馆长。

宋濂"以文章家名海内"，是元末明初的文坛领袖、明代"开国文臣之首"，与同时代的书画家、收藏家们多有交往，邀其品鉴并作题跋者颇多，《明史·宋濂传》中称："士大夫造门乞文者，后先相踵。"因此，宋濂留下了一大批题跋诗文。在目前公认搜集宋濂文献最全的黄灵庚先生编校版《宋濂全集》中，共有题跋三百余篇，其中书写于书画作品上的题跋约一百三十六篇。

在宋濂的书画题跋对象中，以赵孟頫数量最多，共计十一件，足见其对赵氏书风的推崇。从其文坛领袖的身份和地位可推知，其为赵孟頫书风在明初的宣传推广乃至形成以赵氏独尊的局面起到了较大作用。他还为八件王羲之的作品以及多件苏轼、黄庭坚的作品作题跋。这些书画题跋常被后世引用，其中以对赵孟頫书法"至精至妙，非言辞赞美可尽"和对耶律楚材"字画尤劲健，如铸铁所成。刚毅之气，至老不衰"的评价被引用最广。

从书画题跋中我们可以看到，柳贯、郑氏家族、明初皇家内府收藏和本人的私藏、书法实践对宋濂书画鉴赏能力的形成和提高产生了重大影响。而作为宋濂经学思想和文道观的具体体现，他的题跋也充分反映了其重实用、重学风、重人品的文艺观。

一、书画鉴赏观

（一）接受视觉训练，建立自身经验体系

宋濂在题跋中曾说："多见真迹，故敢鉴定若此。"反映了宋濂书画鉴赏观的核心：书画鉴赏要建立在接受视觉训练和创作训练形成的自身经验体系之上。

他六岁入家塾读书，学于义乌包廷藻；十九岁时受业于金华闻人梦吉，接受了"必先道德而后文艺"的教诲，这影响了他的一生；二十三岁时入诸暨白门方氏义塾，拜师浦江吴莱，其文学创作与观念对宋濂影响颇深；二十五岁时拜浦江柳贯为师，继承了他理学家正统的文道观和创作风格。在这段早期求学生涯中，柳贯对宋濂书画鉴赏能力的形成产生了较大影响。柳贯曾官至翰林待制、承务郎，兼国史院编修官，为元末文章大家、"儒林四杰"之一，在书画收藏、鉴赏方面都有所长。如在《题唐临重告帖后》中，宋濂写道："唐临《重告帖》，予尝见于内翰柳公家……予以薛书飘逸为疑，质之于公。公笑曰：'古人能知变通，所以为不可及也。'"宋濂在柳贯家中看到传为"初唐四大书法家"之一的薛稷书法，认为不符合其飘逸风格，便求教于柳贯，柳贯说古人能够知晓变通，而现在的人做不到这点了，所以在书画鉴赏过程中，要注重对书画家不同时期风格的判断与研究。宋濂还曾见过柳贯摹拓名作，并评价其为"双绝"。他在《题悦生堂褉帖》中说："……先师内翰公尝摹拓为卷，而以赵文敏公所临者继其后，诚可谓双绝矣……"而在柳贯逝世后，宋濂见到了柳贯曾过眼

歐陽文忠公譜圖序作於至和二年乙未後一百三十一年平園
周文忠公得公所具楷一段并嘉祐八年癸卯夜宿中書東閣
詩八句聯為一卷詩陰有中書所錄裕陵出閣百官兩行亦不棄
去而附見之且各題其左而識以中書省印者三卷首又識以益
國之章其慎重之意可謂至矣平園與公皆廬陵人故平生尤敬
慕者於公尤切文學政事詩欲並之非止寶其字畫而已也其
後奉常啟行定名特興公同謚文忠可謂能盡其志者矣然平園
題此卷時乃淳熙十二年乙巳方東政樞庭至十四年丁未之二
月始登右揆其借用中書之印當在此時蓋宋世難得以官印識
私藏若非親蒞其官則亦不敢借用之也若論其事則自十五
年戊申中囧明堂加恩初封益國其封益國乃在題卷五年之後
許國三月拜少保又更封益國並見居士集十三卷中其異稱
與六十二卷中其文皆同唯詩改窒作徒為稍異聞裕陵為光國
公時名仲鍼及賜名頊乃加忠武節度使同平章事而封王矣其
事正在公束閣賦詩之年九月章亥平園之題正興史合或人不
之察著為文辭強謂為十月者其誤多矣金華宋濂再祥謹記

宋濂跋宋欧阳修行书《谱图序稿》并诗　辽宁省博物馆藏

并题跋的赵孟頫书作，写下《题子昂书招隐卷后》："右赵魏公所书《招隐士》一篇……卷左有翰林待制柳公、长芗山长吴公题识。二公皆濂所尝师事者，九京不可作矣！披玩数四，不觉泪落纸上。"他感慨人死不能复生，只能通过反复观赏题跋来追思敬爱的老师，不禁怆然泪下。在后来的过眼鉴赏过程中，宋濂也一直在运用、验证柳贯传授的知识。如《跋鲜于太常行草后》中的"颇闻先师柳内翰云：'公毅然美丈夫，面带河朔伟气，每酒酣骜放，挥毫结字，奇态横生，势有不可遏者。'今观此帖，其言盖可征也……"柳贯曾高度评价鲜于枢的书法，后来宋濂亲眼见到后，认为柳贯的评价得到了验证。由此可见，宋濂在和柳贯学习、交往期间，耳濡目染，过眼了柳贯私藏的历代名家书画，增长了阅历，更学到了很多书画鉴赏与创作的理论知识。

二十六岁时，宋濂接替吴莱执教于浦江郑义门，主讲东明书院前后长达二十余年。郑氏家族"藏书八万卷，家有藏书楼，建文君为书擘窠大字作匾，古名贤书画妙迹亦不下五六百种，后悉毁于火"。经中国美术学院张嘉欣考证，仍有一部分郑氏家族曾经收藏过的作品保存了下来，有据可查的包括王羲之《游目帖》、周朗《杜秋图》、薛绍彭《乍履危涂帖》等三十幅，时间跨度从 14 世纪初期一直到 16 世纪。而宋濂与郑义门的交往就始于和郑鉴一起求学于吴莱，宋濂直到去世前还念念不忘，写下了诗句："平生无别念，念念只麟溪。生则长相思，死当复来归。"在这长达五十余年的时间里，宋濂过眼了诸多郑氏家族的收藏。如《跋东坡所书眉子石砚歌后》中写道："郑君仲舒以读者或未之知也，持以相示，俾濂得以详识之。"郑仲舒即郑氏门人郑涛，曾和宋濂一同求学于黄溍。现藏于台北故宫博物院的《马和之荷亭纳爽图》上有"浦江旌表孝义郑氏""金华宋氏景濂"印章，现藏于美国大都会艺术博物馆的元耶律楚材《〈送刘满诗〉卷》后有宋濂和郑涛等人的题跋，可知宋濂与郑氏在书画收藏上有交往，甚至可进一步推定宋濂直接参与了部分郑氏收藏的鉴定。

元顺帝至正十九年（1359），宋濂任婺州郡学五经师，正式开始为明政权服务。后任江南儒学提举、太子朱标的老师，参与修撰朱元璋的起居注，并任《元史》纂修总裁，还负责裁定朝廷礼乐制度，被朱元璋"屡推为开国文臣之首"，与明初皇室关系十分密切。其间，宋濂经眼了大批皇家内府收藏。如《题韩幹马临本》中提及："余颇获睹东观，所藏图画中有长安韩幹《花骢图》真迹。"东观即泛指皇室修史、著述、藏书的地方。《恭题豳风图后》中说："臣濂侍经于青宫者十有余年，凡所藏图书，颇获见之。"宋濂任太子朱标的老师时，几乎遍览东宫收藏。在其他题跋中，他还多次提到了"中秘""秘府""秘阁"等词，指的都是皇家内府收藏。如《题七才子图》中提及"予于中秘屡见之，因知其非也"，《题唐摹东方朔画像赞》中提及"予在中秘，获观褚登善钩榻《黄庭经》"，《题墨本黄庭经后》中提及"今则又入中秘矣。予屡阅之……"，《题赵模千文后》中提及"予于秘府颇见之"，《题周文矩画狄梁公谏武后图》中提及"于秘府多见二子真迹，故敢鉴定若此"，《题张旭真迹》中提及"唐人之书藏于秘阁者颇多，唯颠张真迹甚鲜"，等等。由此可见，宋濂对明初皇家内府收藏的珍贵书画了如指掌，并以此作为鉴赏依据或参照。

　　宋濂自己也有较多的书画收藏。他在《题宋蔡苏黄米四大家合卷》中说："余垂髫时即喜事翰墨，年来所藏前代名迹颇富，若宋之四大家，则未之有也。搜罗廿年，得汇此册，诚为宇内第一大观。"宋濂自认为收藏的前代名迹非常丰富，却没有蔡襄、苏轼、黄庭坚、米芾"宋四家"的作品，苦心搜罗二十年后才终于汇编成合卷。他在《题冯子振居庸赋后》《题鲜于伯机所书兰亭记后》《题元曹知白双松图》《宋迪书华严经题跋》《米元章书致爽轩记跋》《跋宋马远江山万里图》中也都认为自己得到了珍宝。由此可见，宋濂藏有非常多的历代名家书画。

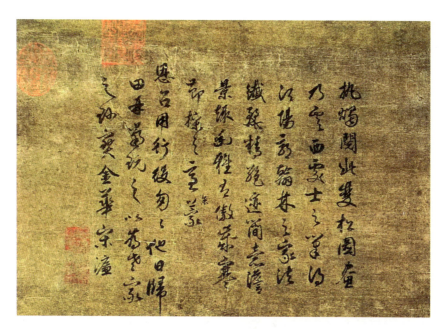

宋濂跋元曹知白《双松图》　台北故宫博物院藏

　　此外，宋濂本人的书法功底也很深厚，善真、行、草书，尤善小楷，虽然不闻名于书法史，但必须承认他仍是明代初期一位出色的书法家。明人曾评价其书"清古有法""真有龙蟠凤舞之象""昭代精细楷者，宋景濂一人而已"。《明史·宋濂传》也称他"视近而明，一黍上能作数字"。这种亲身实践，让宋濂具备了书画鉴赏所需的能力与经验。

　　（二）注重考证历史背景

　　作为史官，宋濂在鉴赏时非常善于使用历史资料来分析考证书画的历史背景，这也是他最重要的鉴赏方法之一。如在《题梁元帝画职贡图》中，他引经据典，指出多处值得怀疑的地方，他分析萧绎其时正与萧詧互相攻战，萧詧降魏后，他就受到北魏攻击而城破人亡，死前将"古今图书十四万卷"全部焚烧，因此怀疑"窃计其时，绎亦何暇娱情于绘画之事？脱诚有之，亦与十四万卷同归灰炉矣，恶能至于今日哉?"然后又考证进贡国家情况,认为与史实相差很大。而《题郝伯常帛书后》中详细考证了元初郝经出使南宋力推和议,被囚十六年终得北归的具体过程,明确指出他在编修《元史》的时候已将帛书内容编入,之后又特意将故事过程题跋在卷末。

(三)注重品评整体风格

在题跋中,宋濂非常关注书画的整体风格,多次使用"神采(彩)""精神""神韵""衡气机""天机"等类似词语进行品评。如《题定武兰亭帖后》中,宋濂考证了"定武兰亭有二刻"的说法,认为其题跋版本"精神气韵,实与他本悬绝,当为定武初本无疑"。在《题颜鲁公书殷氏诰》中,宋濂经过考证之后提出了"宝应二年"纪年、诰命范式等几处值得怀疑,但综合考量整体风格后,最终还是下了"至若字画之美,精神飞动,当为公平生所书第一"的结论。《题龙眠居士画马》则对比后世学习李公麟画风之人,认为"丁晞韩、赵景升虽极力学之,仅仅得其形似,而其天机流动者则无有也,观此卷足以见之矣"。《题郭熙阴崖密雪图》中说:"或者强指为杨士贤相类者,殆未见其衡气机也。"《题子昂书度人经后》则写道:"观其天机逸发,出入右军、大令间,实为晚年妙笔。区区小夫,唯见公早岁书,概以插花美女为病,使其睹此,必将吐舌而走矣。"对赵孟頫晚年所写佳作进行了极力推崇,并批评了那些只见过赵氏早年作品就贬低他的人。他还在《跋子昂真迹后》中提到了从整体风格辨别赵孟頫作品真伪的方法,认为"盖真者猝难入目,笔意流动而神藏不露,愈玩愈觉其妍;赝则其气索然,不待终览而厌之矣"。同样在《题梁元帝画职贡图》中,宋濂分析道:"陶博学善记,以辞翰擅一世,今所书字,形体窘束,绝无俊逸之气,颇类书经手所为……然其书意浑朴而无世俗纤陋之态,固不得为真梁物,要亦为宋代名笔所作,世之粗工涂青抹红以欺人者,见之必循墙而避矣。"从整体风格入手,认为所谓陶穀题跋书风更符合书经手的特点,整幅图不是南梁时的真迹,应是宋代名家的伪作。

（四）其他书画鉴赏观

宋濂在鉴赏书画时，多次通过鉴定印章的方法分析书画的真伪。如《题霜寒帖后》分析了米芾的印章，认定是米芾仿的《鹅群帖》，同时认为"然神彩迥拔，亦可自宝"。《题七才子图》中则说："或者以此图乃祐陵所临。祐陵作画，固有晋唐风致，然画后必有署押，予于中秘屡见之，因知其非也。"

宋濂还注重考察书画的流传过程。如《题墨本黄庭经后》中记录了黄素《黄庭经》从王羲之书写到先后被李福中、朱友文、陶毅、李讳、宣和内府、鲜于枢、乔篑成、汤垕收藏，一直到收入明中秘的流传过程，并将其和墨本《黄庭经》进行对比，认为字体完全不同，一时间不能判断哪个版本为真。《题王羲之真迹后》则说道："别有《喜色帖》在江右，出自丞相周益公家，传授次第，一一有据。"

二、文艺观

受到业师闻人梦吉、吴莱、柳贯、黄溍等朱熹后学弟子的影响，宋濂继承了宋元程朱理学"文以载道"的思想，同时因身处金华，又吸收了陆九渊、吕祖谦的思想，"总的看来，宋濂的理学思想是和会朱陆、兼及吕学"（任永安《宋濂与明初文坛》）。

（一）注重实用

"文之至者，文外无道，道外无文。"（宋濂《徐教授文集序》）宋濂曾在多篇文章中对程朱理学"文以载道"的观点进行了深入分析，认为"明道之谓文，立教之谓文，可以辅俗化民之谓文"。这种注重经世致用的实用性观点也在书画题跋上得以体现。如《题周母李氏墓铭后》中写道："题识之法，盖始见于唐而极盛于宋，前人旧迹或暗而弗彰，必假能言之士，历道其故而申之，有如笺经家之疏云耳，非专事于虚辞也。昧者弗之察，往往建立轩名斋号，大书于首简，辄促人跋其后，露才之士复鼓噪而扶摇之。呜呼，何其俗尚之不美也！……夫发扬其亲之德，孝子事也，何厌乎言之详？使人人皆如友，风俗其有不还淳者乎？故为记其卷末而归之，知言之士必有取焉。"

宋濂认为，题跋之风源于唐代，在宋代达到极盛，功能应为补阙引申，而不是"建立轩名斋号"就请人题跋——这是不良风气。他自己在题跋时，也非常注重这点。如《跋富韩公十二帖》中写道："故濂为详著所遣之时，以足其未备，更为序次如右。"点明题跋的主要目的。《题张樗寮手帖》中写道："因并书之，使览其字者，可以知其为人。"明确指出题跋目的就是引申宣扬张即之的"挺特之气"。

"发扬其亲之德""还淳风俗"等则是宋濂题跋的主要目的，这种通过题跋引申来宣扬惩恶扬善、臣忠子孝的伦理道德思想还体现在多篇题跋文中。如《题李伯时画孝经图后》中评价李公麟所画《孝经图》为"稀世之宝"，"然而王者之所宝，在孝不在画也"，认为晋王朱棡重视这张画的真正原因是对孝道重要性的弘扬，而不是画本身。《赠霄上人序》中则写道："若能幡然改辙，归继宗祧之重，其孝不尤大哉！在家出家，同一法门，居尘而不染尘，浮屠氏之教也，初何伤乎？"他劝诫南宋名臣虞允文后人昙霄上人，在家也能修行佛法，要以继承家族血脉的孝道为重。《题余廷心篆书后》高度评价并颂扬了元末官员余阙保家卫国的义烈忠勇精神："……忠义之气可以惧乱贼，清恶厉，天地因之以位，君臣借之以定，斯岂细故？虽所书不工，犹当传之万世，况能臻其妙者乎？此纸所在定有神物呵护，见者当如张中丞之诗、段太尉之笏，耸然起敬，不可徒以翰墨视之。"认为即使书法写得不好，这种精神也要代代相传。

（二）注重学风

作为文坛领袖，宋濂推崇并注重优良学风，对不重学习研究、急功近利的浮躁之气进行了批判。他在《题危太朴隶书歌后》中写道：

"学必博而后所见精，非惟诸经奥旨皆当研摩，至于隶书之学，汉、魏以来，其运笔结体多不同，苟不历考其变，何以充其知识而祛流俗之陋哉？……呜呼！世以空虚之学，浮谈强辨，如蜂起泉涌者，视此曷知愧哉？"宋濂对危素研究隶书的精神进行了极力表扬，批判了当时盛行的"空虚之学"和"浮谈强辨"之风。

他还在《题赵子昂临大令四帖》中夸赞了赵孟頫勤奋学书的精神，并认为其成就盛名的原因就在于此，之后再次批判了年轻人急功近利的浮躁之气："后生小子朝学操觚，暮辄欲擅书名者，可以一笑矣。"

在《题清微法派仙像图》中，宋濂强调了尊师重教的重要性，对那些拜师求学很短时间就离去的急功近利的学风进行了批判，"师授贵相承，昔人皆以为重，非特道家之为然也……世有从师不旋踵而背去之者，视此可以戒矣"。

（三）注重人品

作为士大夫阶层代表和理学继承人，宋濂和苏轼等前人一样，认为人品和书画品格是统一的，人品的重要性甚至超越了书画本身。他认为"道"高于"技"，这也和他的文道观相符。

在宋濂题跋的绘画作品中，数李公麟的画最多，共计七件。他多次称颂李公麟"固当宋代第一""宋画第一""以为天下更无匹体""笔意之精超入妙品"等，体现了对李公麟绘画的喜爱与推崇。但即便如此，宋濂对李公麟还是感到惋惜，他在《跋李伯时马性图》中写道："然黄庭坚言其风流不减古人，以画为累，世因以艺名之，此又不得不为公麟惜也。呜呼！士大夫择术之不可不慎也如此。"他认为画艺太高超带来的盛名反而成了拖累，告诫世人切勿让"技"压过了"道"。

宋濂在《跋东坡颍滨遗墨后》中谈及苏辙字画平平，后世评价却高于那些排挤陷害他，学习羲之、献之书风比较好的人这一现象："今观少公字画，仅平平耳，其视当时挤陷之者，力追羲、献而姿态横逸，未尝无其人。后之君子，不彼之宝而独宝此者，则夫人心是非之公犹凛然也。吁，可畏哉！"

《题梁楷羲之观鹅图》中写道："为画院待诏，赐以金带，不受，挂于院中而去。君子许有高人之风。或者但知笔势遒劲为良画师，且又谓其师法李公麟，皆误矣。"认为梁楷人品高尚，不能简单地将他视作技法优良的画师。

《跋文履善手帖后》则更明确地阐明了宋濂心中人品和书画品格的重要性区别。他将贾似道题记的《悦生堂本兰亭序》和文天祥的手帖相对比，虽然《悦生堂本兰亭序》书法水平更高，但宋濂对求跋者"因斥去不暇顾"，对相近时间看到的文天祥手帖反而"再拜起观"，"谛玩不能释手"，并告诫世人："善恶之在人心，其不可磨减者如此，虽千万世不易也。深可畏哉！"

历史尘烟话《〈送刘满诗〉卷》

江东放

浦江县月泉学社社长。

六百七十年前，三位浦江名儒同跋一件书法作品，珠玑生辉，堪称经典。

世界著名的美国纽约大都会艺术博物馆珍藏着一件元太宗庚子年（1240）中书令耶律楚材的《〈送刘阳门诗〉卷》（又名《〈送刘满诗〉卷》）手迹，长283.8厘米，宽36.8厘米。元英宗至治元年（1321）至民国二十三年（1934）六百多年间，六位名人落笔题跋，其中包括元末明初浦江名儒宋濂、戴良、郑涛。

这幅历经八百年沧桑的诗卷，是耶律楚材唯一的存世之作，至今仍保存完好，鲁殿灵光，独放异彩。

耶律楚材（1190—1244），字晋卿，契丹族人，号玉泉老人，法号湛然居士，元太祖、太宗时政治家。父耶律履，金国尚书右丞。1215年蒙古军攻占金中都，成吉思汗召耶律楚材，置之左右，日益信任。元太宗三年（1231）辛卯，耶律楚材官中书令。

自成吉思汗建立蒙古国以来，战乱频仍，

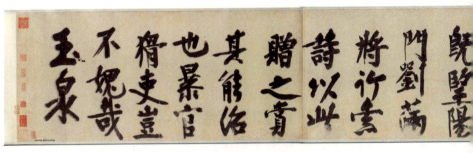

社会动乱，**盗贼日益增多**，百姓流离失所。当时有律令，商贾遭窃一年内没有抓到盗贼，就由失窃所在地百姓赔偿。百姓苦不堪言，纷纷逃亡异乡。州郡官员述职时，上奏其治下百姓逃亡逾半数，只有刘满境内的百姓逃亡甚少。

为表彰刘满治世才能，中书令耶律楚材作诗《送刘阳门》："云宣黎庶半通逃，独尔千民按堵牢。已预天朝能吏数，清名何啻泰山高。庚子之冬十月既望，阳门刘满将行，索诗以赠之，赏其能治也。暴官猾吏岂不愧哉！玉泉。"

八十年后，元至治元年（1321）正月，江浙等处儒学副提举龚璛跋《〈送刘阳门诗〉卷》："中书耶律公此诗，非特为阳门刘侯保境全民而作也，盖时方混一，欲天下皆元结辈耳。故至今观之，使人想见当时人物，无往而非仁心仁政，而吟诗写字云乎哉！"

龚璛（1266—1331），字子敬，自高邮徙居苏州，元代江左名士。初授和靖、学道两书院山长，累官江浙等处儒学副提举。所著有《存悔斋稿》一卷，明朱存理复辑其佚篇为《补遗》一卷附之。龚璛工诗文，诗格伉爽，自出机杼，在元人诸集中别开生面。刻意学书，有晋人风度。

元至正九年（1349），刘满曾孙师稷，字之佐，千里迢迢从河南

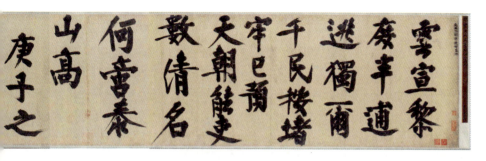

耶律楚材《〈送刘阳门诗〉卷》　美国大都会艺术博物馆藏

戴良跋耶律楚材《〈送刘阳门诗〉卷》

开封赴浦江主簿职，辅佐达鲁花赤廉阿年八哈理县事。刘师稷随身物品中有一件传家之宝，即《〈送刘阳门诗〉卷》。

刘师稷初莅浦江，即以"容斋"名其宅邸西侧屋舍，其意取自《尚书》"有容，德乃大"一语。刘氏出身于大梁名家，饱读诗书，公暇之余，访浦江名士，与戴良过从甚欢。

戴良（1317—1383），字叔能，号九灵山人，浦江县兴贤乡马剑（今属诸暨）人，以忠纯清士、淹博名儒、高秀诗人、出色史家著称。早年学古文于柳贯、黄溍、吴莱，学诗于余阙，博通经史，旁及天文、地理、医卜、佛老诸书。初任月泉书院山长，荐擢淮南江北等处儒学提举。元亡，隐居四明山。洪武十五年（1382），明太祖召之为官，托病固辞，因忤太祖意，次年卒于京师。戴良诗文并负盛名，其诗尤秀，著有《春秋经传考》《和陶诗》《九灵山房集》等。

当年闰七月十五日，刘师稷拿出祖传《〈送刘阳门诗〉卷》，请戴良题跋。戴良欣然应允："一日，刘侯之曾孙之佐来贰吾邑，因出公是诗以相示，请志下方。予于是知公深得古人之遗意矣。盖公之在中书也……至正九年其岁己丑闰月望日，浦江戴良谨题。"

翌年夏六月，浙东海右道肃政廉访司佥事余阙巡视浦江。

余阙（1303—1358），字廷心，一字天心，庐州人，学者尊称青阳先生。元统元年（1333）登进士第，至正九年（1349）擢浙东海右道肃政廉访司佥事。至正十三年（1353）守安庆，因劳绩卓荦，升淮南行省右丞。至正十八年（1358）正月，陈友谅部陷安庆，余阙不屈沉水死，凛凛然比肩于唐烈士张巡、许远。余阙发愤力学，传注五经，多存新意，诗文篆隶皆雅致可观，世传《青阳先生文集》。

余阙"问邑之士于谦斋赵侯，侯以叔能进"（《建溪集前编》卷三衢州教授金华胡翰仲申《天机流动轩记》）。随后在刘师稷陪同下，戴良带着诗文到县衙拜见余阙。余阙阅后，赞赏有加。戴良也向余阙介绍了主讲东明书院的同学宋濂。

闲暇之时，刘师稷邀请余阙参观"容斋"。刘师稷讲述了他的家族史和人生经历，并题赠"容斋"二字："听君一席言，你定能传承和发扬祖辈的德行。"事后，刘师稷悬挂"容斋"匾额于门楣上，又请戴良撰《容斋说》来揭示主旨。

未几，余阙在主簿刘师稷和戴良等陪同下访问麟溪郑义门，视察东明书院。宋濂介绍了东明书院的情况后，又陪同余阙参观郑氏祠堂。

郑氏家长早已在祠堂门口等候。余阙边走边听，深深服膺郑氏孝义同居规范持家的数百年家族史。"从来没见过如郑氏这般孝义的人家。"余阙欣然题写"东浙第一家"五大篆以示表彰。余阙回婺后，又赋诗《美浦江郑义门》："省风浦江浒，凭轼历高门。借问居几何？九世今不分。"

刘师稷与宋濂相识后，成为文友，交往日益频繁。至正十二年（1352）正月，刘师稷任期将满。戴良陪同刘师稷到青萝山房与宋濂告别，请宋濂题跋《〈送刘阳门诗〉卷》以作留念。宋濂沉吟片刻，落墨数行："右《送刘阳门》诗一章，中书耶律文正王之所作也。王生于金明昌庚戌，生二十六年归我国朝，实贞祐乙亥。今诗后题云庚子之冬，以庚子上溯乙亥，又二十五年，则王五十一岁作此也。当是时，金民新附，法制多未定，所得州县，或割裂为诸王贵族汤沐邑。抚绥之道不至，民多亡去。所谓'黎庶逋逃'，似指此也。王之不忘吾民者，何其至哉！王沈毅慎许可，而独以能吏称阳门，则阳门之为政可知矣。王名楚材，字晋卿，耶律氏，辽东丹王突欲之八世孙。为相二十年，军国之务悉委焉。所居近玉泉山，因以自号云。金华后学宋濂谨题。"

啜茗叙谈间，宋濂提议同去拜访郑义门同学郑涛。

郑涛（1315—1386），字仲舒，早年师事吴莱，以文章名世。荐授经筵检讨，每进讲，辄获天子首肯。权参赞官，迁翰林国史院编修，改国子助教，转太常博士。所著有《经筵录》《容台稿》《成均稿》，明永乐间进献史馆而不返，今仅传《药房集》。

宋濂跋耶律楚材《〈送刘阳门诗〉卷》

　　至正十年（1350）冬，郑涛因父忧南归，读《礼》于家中。三人至郑涛家，见其正伏案缀辑《旌义编》。宋濂和戴良向郑涛介绍了刘师稷，四人相谈甚欢。临别之际，刘师稷又拿出《〈送刘阳门诗〉卷》，请郑涛题字。郑涛略一思索，提笔赞许耶律氏独出机杼："古人述作，一言一字皆有关于世教，不轻发也。耶律公之《〈送刘阳门诗〉卷》，使他人为之，不过凄凉离别之辞耳。公独赏其能治，且有暴官贪吏知惧之言，凛然如秋霜烈日，可畏可仰，人欲见之而不可得，矧狎玩之耶？区区字画之工，盖不足以论公也。至正壬辰春正月义门郑涛敬题。"

刘师稷离开浦江前后，江北豪杰并起而争。不久，战火蔓延至江南，天下板荡，四海绎骚。直至洪武帝登基，天地始复清宁。《〈送刘阳门诗〉卷》竟随战火沉寂三百九十余年，直至清乾隆八年（1743）五月廿日，画家李世倬偶睹《〈送刘阳门诗〉卷》，欣喜若狂，一而再，再而三，挥毫题写于其上："《匏翁家藏集》称：'宋太史书清古有法。'郎仁宝云：'公草书有龙盘凤舞之象。'李日华《六研斋笔记》云：'唐宋名公俱以行草擅场，昭代精细楷者，宋景濂一人而已。'何乔远《名山藏》谓：'公自少至老未尝去书，丰体近视，乃一黍上能作数字。'以上皆书家传所集，其出处已详标《明史》，可无更述矣。"

"良，字叔能，载《明文苑列传》。通经史百家暨医卜释老之学。元顺帝用荐者言，授江南行省儒学提举。明太祖定金华，遂归之。"

"耶律文正出处已标青史，手迹之在人间者只此一二，非若松雪辈第以笔墨传耳。卷尾诗跋皆一时名流，遂落有刘氏静安钤印，奈为人割去，仅存四首。静安者，知必刘侯之曾孙，以跋内语可验也。宝此，不可以作书画观。其励人心，正世道，功莫大焉。龚璛，字子敬，为元诗人，载入《元史》。学使林晴江已考其出处，笔诸后矣。"

此后百年间，《〈送刘阳门诗〉卷》再次销声匿迹。1840年后，中国动荡变革，经历了鸦片战争、太平天国运动、辛亥革命、抗日战争、解放战争。《〈送刘阳门诗〉卷》先后辗转于画家狄学耕与金城、收藏家冯公度、政要爱新觉罗·宝熙之间。

20世纪初，《〈送刘阳门诗〉卷》见藏于书法家袁励准。

袁励准（1876—1935），字珏生，号中舟，别署恐高寒斋主。光绪二十九年（1903）进士，授翰林院编修。民国后任清史馆编纂，辅仁大学教授。袁励准工书画，行楷宗米元章，篆书效李阳冰，高秀雅致，今中南海"新华门"三字为其手迹。画学马远，格调亦高。

1934年，袁励准跋《〈送刘阳门诗〉卷》："耶律文正王，相业之盛为诸葛武侯后第一，书法闳深健竺，有泰山岩岩气象。无论何家著录，从未见文正一字，诚我国名书中孤本也。垂七百年，凛凛如生。至书格之高，直合颜鲁公、苏文忠、黄文节为一手。余尝见罗雨峰摹元人画王小象，峨冠衮服，须长几及三尺，具有开国规模，有乾嘉名人题跋十余段。此卷只七绝一首，而勉刘阳门之意，语重心长，末作'暴官猾吏，岂不愧哉'二语，尤见王爱民之深也。此诗为《湛然居士集》所不载，尤为可贵。亡友王忠悫公国维作王年谱，曾假此卷为记载之资，他处则未能得一字也。余尝至颐和园宫门外拜王遗象，谒王遗冢，辄低徊而不能去也。"

宁波收藏家周湘云（1878—1943），殆为国内最后一位收藏《〈送刘阳门诗〉卷》的人。周湘云谢世后，其妻施彤昭恪守夫业，使家中藏品不致散佚。上海解放后，上海市文管会副主任徐森玉亲自登门拜访施彤昭及其女周亦玲，求购文物。周家将两只西周齐侯罍、怀素《苦笋帖》和米友仁《潇湘图》售予上海市文管会。今米友仁《潇湘图》系上海博物馆的镇馆之宝。

《〈送刘阳门诗〉卷》何以流入美国纽约大都会艺术博物馆？这和闻名世界的美国收藏家顾洛阜（1913—1988）有关。第二次世界大战结束后，美国一跃成为世界上最富强的国家，中国艺术品进入美国收藏家的视野。1955年8月，顾洛阜从日本收藏家濑尾梅雄处购买了几件中国古代书画名迹，从此一发不可收，孜孜以求中国书画。上海人民出版社2019年出版的由翁万戈编著的《顾洛阜原藏中国历代书画名迹考释》中说：顾洛阜家境殷实，然只拥有一所房子，从不投资其他产业，视收藏中国书画为生命，因为他深深地领略到中国书画同源之真谛，更悟及诗、书、画为中华文化之精髓。

1984年，顾洛阜将其珍藏的一百七十七件宋、元、明、清时期的中国书画作品捐赠给纽约大都会艺术博物馆,其中包括《〈送刘阳门诗〉卷》。顾洛阜认为收藏者只是暂时的守护人,公共机构才是宝物的正当归宿。他相信收藏应该公诸同好,嘉惠学者及艺术家。学人、高士不远千里而来,共赏世间不轻易一见的瑰宝,对他来说是最快乐的时刻。这也是他作为一个收藏家的人生信条。

顾洛阜中年时与移居美国的华人翁万戈(1918—2020)相识,成为石友,两人纳交达二十六年之久。翁万戈乃著名政治家、书法家、收藏家,同治及光绪帝师翁同龢(1830—1904)五世孙。

1977年,纽约 Dover 公司欲出版一部顾洛阜收藏的中国书画集,翁万戈无偿为藏品摄影。在此期间,翁万戈如同这些藏品的主人,能在家中摩挲观赏历代名手真迹。据翁万戈考证,《〈送刘阳门诗〉卷》应在周湘云后人手中流失,几经辗转传入美国,最后被顾洛阜收藏。

三十余年后,翁万戈编著《顾洛阜原藏中国历代书画名迹考释》,始易耶律氏诗名为《〈送刘满诗〉卷》。

新格局下的浦江书画，如何更多元更开放

吴建明

民盟华夏书画学会副
会长兼秘书长、浙江
知美画院副院长。

在"万年上山·诗画浦江"浦江县书画作品晋京展开幕之际，我不由想到了1982年秋天那场对浦江书画有着特殊意义的展览。

那年7月，一场由刘海粟先生题字、吴战垒先生作序的重量级展览——浦江籍美术作品展览在浙江展览馆隆重举行。该展览展出了徐天许、张书旂、吴茀之、张振铎、郑祖纬、柳村、张岳健、张世简、方增先、吴山明等十四位画家的百余件作品。这个阵容一推出，立即引起轰动。随着中央、省级媒体的大量报道，浦江书画声名鹊起。其中，《光明日报》的《画家之乡举办浦江籍美术作品展览》这篇报道影响尤大，"画家之乡"的称谓即由此起。

2000年5月16日，在江苏省昆山市召开的中国民间艺术之乡命名暨现场经验交流会上，浦江县被文化部正式命名为"中国民间艺术（书画）之乡"，完成了从坊间称谓到官方认定的转换。自此，"书画之乡"成为浦江的另一个代名词。

据了解，获得"中国民间艺术（书画）之乡"称谓的数量并不少，且其书画的属性大多为民间绘画，如渔民画、农民画、装饰画等。但以县为单位的、以文人画为基础的、有较一致认知的并有较高群体鉴赏力的"书画之乡"其实并不多。浦江应该属于这一类型的佼佼者。

有"文化之邦"美誉的浦江，历来重人文传承，重诗文礼乐。远的不论，单就元代的那场以"春日田园杂兴"为题的征诗，其影响力之大即能说明问题。从历史角度看，画与诗有着不可分割的关系，"诗为无形画，画为有形诗"即说明了两者的关系，苏轼评王维的诗"诗中有画，画中有诗"，更细化到具体的人与诗。一百多年来，这方以月泉为发端的诗的故乡，以中国书画的崛起，回应了千年前的风雅，展现了中国书画百年间的变革和创新。

浦江书画的发展，除了上述的历史传承外，还有坚实的群众基础，那把锄即耕作、执笔能书画，那一门数代陶醉于笔墨间的例子并不鲜见。这中间，前有黄尚庆、朱杏生、吴士维、张爽甫等民间贤达之影响，后有张书旂、吴茀之、张振铎、郑祖纬诸名家之引领。20世纪80年代，方增先、吴山明在浙派人物画领域的创新带给家乡人新的气象。县域内，徐福生、洪以瑞、胡良勇等各位老师在县文化馆层面，对人才的挖掘和培养做出了很大贡献。还有，王仲英、朱祖侃、张寅、张树才、吴召南等前辈对浦江书画艺术的普及也起了很大作用。当下，在全国与省级美（书）协的重要岗位上，均有浦江籍书画家在做书画创新和普及的重要工作，推动了家乡书画事业的全面发展。浦江百年书画，因有数代人的努力，得以薪火传承，发扬光大。

1995年11月18日，1995浦江·中国书画节的举办，是政府层面推动浦江书画发展的又一个重要标志，它推动书画艺术向两端深入：一端是学术层面；另一端是普及层面。从那时起，由中国美协参与的浦江·中国书画节三年一届，持续推进，使浦江书画的群众基础更厚实，使业界对浦江书画有了更全面的了解和认可。

"万年上山·诗画浦江"浦江县书画作品晋京展开幕式现场　冯阳康摄

　　2014 年后，浦江县人民政府以"万年浦江"为主题与中国美协签署一年一届连续十年的系列中国画展，使"万年上山"的意义为更多人所关注，并以此为依托，发现人才，推出精品，让家乡的书画家有更多的机会和更大的热情参与全国性的展览，从中发现不足并得到提升。

　　优秀的文化传承，深厚的群众基础，加上政府近三十年的持续推动，形成今日浦江书画的全新格局。据不完全统计，自 1995 浦江·中国书画节举办以来，浦江作者入选中国美协、中国书协举办的全国性展览四百余人次，现有中国美协会员三十七人，中国书协会员四十一人，这是量化一个地区创作水准的重要指标。浦江作为一个常住人口仅四十六万人的小县，如今已形成了老中青创作梯队完备、各画种并进的良好发展态势。有如此体量、如此整齐的创作队伍，是很惊人的，也由此具备了一个地方书画艺术可持续性发展的先决条件。

连续十六届中国书画节的举办，使政府相关部门逐渐有了成熟的运行机制，无论嘉宾界定、展览流程还是观众参与方式均形成了一种固定的模式，可以有条不紊而高效地运行，系列活动能以最经济、最具可操性的方式展开。但模式一经固化，并连续复制，时间一长，就会产生审美疲劳。2023 浦江·第十六届中国书画节在北京和浦江同步举行，无疑是一次新的创举，让人有新的期待，成了一个新的起点。在浦江举行以"'万年浦江'2023·全国中国画作品展览"为主导的系列展览，在北京则举行"万年上山·诗画浦江"浦江县书画作品晋京展。如果前者展示的是一年来全国中国画创作的最新成果，是延续"请进来"模式的话，那么后者无疑是"走出去"的开端，是以时间为轴，在中国美术最高殿堂——中国美术馆展现浦江百年书画的脉络。一横一纵，分别以"上山文化"和"万年浦江"的文化和地域为坐标，让传统书画在这方土地上阐述其当代意义和多元价值。

从家乡角度论，"万年上山·诗画浦江"浦江县书画作品晋京展与 1982 年举办的浦江籍美术作品展览有着相同的意义。相较而言，浦江籍美术作品展览类似浦江书画精英展，十四位画家所代表的并不限于地域概念的浦江。而"万年上山·诗画浦江"浦江县书画作品晋京展虽与前者有重叠，但该展跨度大，体量大，共展出了一百四十八名作者的一百五十一件作品。该展览作者年龄跨度一百三十余年，作者身份既有乡绅宿老、民间匠人，还有学者、职业书画家，更有院校中坚和画坛领军人物。这样的组合，涉及浦江社会结构的每一个层面。他们以笔墨为载体，运用不同的理念和艺术语言建构浦江的视觉体系，全面地反映了浦江书画的发展轨迹，体现了百年来浦江书画的价值取向和审美主流。该展在中国美术馆开幕，是一次全新的亮相，犹如向中国书画界"交作业"。在我国政治、文化中心呈现江南山城——浦

"万年浦江" 2023 · 全国中国画作品展览现场　高攀摄

江的艺术形象，为中国书画界了解浦江、走进浦江、解读浦江提供了最直观的视觉素材，意义非凡。

作为浦江书画队伍的一分子，我有幸参与和见证了连续十六届书画节的盛况。我认为 2023 浦江·第十六届中国书画节的举办还有另一层意义，即我们应该思考将以何种态度去面对或应对"后书画节时期"。

浦江书画持续的发展和再提升的态势是不会变的，因此，我们须就以下问题思考：

如何推动和完善书画团队的自身建设？浦江书画创作成果的呈现，在首届浦江·中国书画节之前，一直是学术机构、院校、民间各方力量从专业层面进行自主推动。浦江书画之所以声名远播，是因为有代表性的书画家和艺术精品持续推出，以专业水准立足于画坛。连续十六届书画节的举办，政府层面结合各方资源和力量进行品牌塑造，使浦江书画在中国书画界占有一席之地。接下来，在"后书画节时期"，

"万年上山·诗画浦江" 浦江县书画作品晋京展现场　冯阳康摄

如何推动和完善书画团队的自身建设，将是我们亟待解决的问题。其核心当赖艺术的自觉和团队的自主。创作团队要守正创新，在艺术核心层面作深耕，结合新的传播方式，再塑浦江书画新形象。

如何理性看待"展览体"的优势和局限性？浦江籍书画家的成就很大程度是从全国性的重大展览中体现出来的。那时全国性展览数量有限，入展获奖难度极高，2000 年后展览则呈井喷态势，让浦江县书画家有更多机会参与重大展览，形成了集群式的水平均衡的创作队伍。由此，为了应对展览，书画界形成了一种模式化的"展览体"，即水平高、技法好而缺乏个性的创作模式，然因其入展率高，从者甚多。艺术表现的本质是在传承的基础上求不同。如果把创作的发力点定位在被设计的层面，那"我"在哪里？因此，"和而不同"的主张将是我们践行的基本态度。

如何构建多元、开放的价值评判体系？浦江通过举办中国书画节和与外界的广泛交流、学习，已形成了以书法、国画为主导，各画种齐全的艺术格局。浦江重传承、重传统，形成了浦江书画的一大特色。正因如此，我们有保守的一面。在数字化泛滥的当下，多元、开放、包容是主流。我们需要摒弃盆地意识，少些排他，多些宽容，以更宽广的胸怀去接受新生事物，去尝试各种实验性、探索性的研究，让艺术表达有更多的可能性，为浦江书画增添时代的气息。

如何建立理论研究与创作相对应的学术生态？近些年来，浦江书画的创作成果主要体现在技术层面上，对理论（学术）研究重视不够，因此形成创作成果丰富而理论研究滞后的局面。据我了解，浦江籍专家中并不缺乏相应人才，只因重视不够，没有发挥其应有的作用。众所周知，理论研究和作品创作是互为依托、相辅相成的关系。这犹如人的两条腿，缺一就走不快，更走不远。如果书画家在理论上有一定的研究，那么看问题会更有深度，做判断会更具前瞻性，由此建立一套新的、理性的思维方式，让作品透过笔墨传达更多的内涵，为浦江书画的可持续发展提供学术支撑。

浦江书画事业的蓬勃发展，是政府和家乡广大书画家的共同心愿，同时也为全国众多书画之乡面对类似问题时提供新的参照。作为浦江书画的一分子，面临新的形势，我作如上思考，意在共同进步，与同道共勉。

多彩非遗

浦江特色的饮食文化——从"十六横签"说起

张 华

浦江县文化和广电旅游体育局原党委书记、局长。

民以食为天。饮食可以说是推动人类社会和文明发展的最原始、最直接、最朴素的动力。上山文化的那粒米告知世人，万年前稻米已是浦江先人的盘中餐，而后出土的陶壶、陶罐中发现了酒的遗存。时间太久远，我们无法从大口盆、平底盘里穿越，识得那时人间烟火。但我想，在盛满米饭的大口盆、斟满米酒的陶杯面前，一定还会有若干个平底盘装满菜肴，散发芳香。

浦江饮食文化的辉煌当数南宋时期，它所延续的宴席的规制、烹饪的技艺，无不佐证着浦江历史上饮食文化的厚重大气与丰富多彩。成型于南宋时期的"十六横签"，曾是江浙一带民间最高规格的宴席。如桐庐称之为"十六回切"（俗称十六会签），义乌称之为"十六汇签"。虽然各地对"横签""汇签""会签"有不同的说法，但对于"签"的解释是一致的。何谓"签"？在古代有多种解释。《康熙字典》中的释疑是："签：籤，笼也。"这里的"签"，

浦江县非遗馆中展出的"十六横签"　浦江县非遗中心供图

应理解为用来制菜的竹制蒸笼，而用之蒸制的菜，统称为"签菜"。由宋代皇宫司膳内人积累记载的《玉食批》和吴自牧所著的《梦粱录》、耐得翁所著的《都城记胜》等反映南宋时期皇家以及都城临安市民阶层的生活与工商盛况的叙述中，可以发现做"签菜"是当时厨师主要的烹饪方式之一，浦江民间更有"无签不成宴"之说。

关于"十六横签"的来历和菜谱的制定，浦江有一个口耳相传的故事。南宋在临安建都后，朝廷寻访民间烹饪高手，浦江一位姓洪的厨师入选。入宫后，这位洪姓厨师使出浑身解数，以浦江民间流传的宴席为蓝本，精心制作了十二道冷盘菜、十二道流水热菜（汤）。宋高宗品尝后，感觉与以往吃的菜肴在色香味上都大不一样，遂问身边人这是什么菜系。内膳总管着洪厨师回话说："这是浦江的'十二横签'。"因"签"与"迁"同音，宋高宗回想自靖康元年（1126）金军第二次南下，他奉命出使金营求和，中途折返，驻节相州。不久，靖康之变发生，他辗转应天府（今河南商丘）登基称帝，建立南宋。在金军的紧逼下，南徙扬州、建康、越州、杭州等地，最终在公元1138年正式定都临安（杭州），刚好十二年。宋高宗于是将此宴席赐名为"十二回迁"，并以此席宴请文武百官，以示不忘收复失土、迁都回东京（开封）之意。

后来洪姓厨师在御宴中加入了海参和鱼翅等高档食材，形成了以海参为主菜的海参席和以鱼翅为主菜的鱼翅席，称为"十六回迁"。从此，上至朝廷百官，下至士绅达人，凡遇重大节事宴请宾客，都以"十二回迁"或"十六回迁"为尊。"回迁宴"开始在民间逐渐流行开来。因各地方言对"回迁"两字发音不同，渐渐导致称谓的变化和书写的差异。但不管如何变化，这一宴席的仪式感和菜肴的制作，大都脱胎于浦江一些传统礼仪和菜品的烹饪方式。江浙一带的"十六横签"，当以浦江为源。

"十六横签"的来源在历代菜谱中没有记载，各地自顾自说本地的传说和故事。但有两点是相同的：一是都名"十六横签"；二是都认为始于南宋。浦江之所以为发源地，一是浦江目前还有称"十二横签"的宴席，这是"十六横签"的母本；二是"回迁"的故事出现在南宋，传说在浦江，顺应朝廷、顺应民心，有一定的说服力。同是南宋时期，浦江一位吴姓女子，编辑了一本菜谱流传至今，那就是吴氏《中馈录》。

中华美食，浩如繁星，但传承记载的脉络不外乎三条途径：一是皇家的宫廷记录，如《玉食批》；二是商业酒肆的菜谱；三是小说或文人撰写的菜谱。而近千年前的一位女性将七十多种自己掌勺的菜肴、制作的糕点，用笔墨记录下来，这在中国历史上绝无仅有。虽然南宋时已有厨娘，如西湖边的女厨师宋五嫂，一碗鱼羹深受宋高宗赞赏，从此"宋嫂鱼羹"成为杭州名菜。这位浦江吴姓女子，有人认为可能是一位厨娘，因为在南宋时期厨娘的地位不低。既能成书又能主持饮食的吴氏，应出身于书香之家，不然不可能识字；同时家中有较富裕的物质条件，她才能有闲情雅致在食物上别出心裁，制作出美味佳肴；并且父母、公婆、丈夫应该较为开明包容，她才能把自己亲手调制、腌拌菜肴的食谱记录下来，并公之于众。她所著的《中馈录》分为脯鲊、制蔬、甜食三部分，展现的都是家常菜，食材为普通的肉、鱼、虾、蟹、蔬果等，基本上取自浦江当地，没有如"十六横签"中海参、鱼翅等高档海鲜。如果吴氏是专业厨娘，那么书中一定会有许多高档名菜的烹饪记录。吴氏《中馈录》虽有几道热菜的烹饪方式，如"炉焙鸡"，煮、焙、炒、烹，加入醋、酒、盐，"如此数次，候十分酥熟"，但除了制作过程复杂些，食材和调味品都十分普通。还有一道"蒸鲥鱼"，"鲥鱼去肠不去鳞……以花椒、砂仁、酱擂碎，水、酒、葱拌匀，其味和，蒸。去鳞，供食"，此菜烹饪方式延续至今。只是我对鲥鱼这种生殖洄游的鱼类录入菜谱曾心存疑惑，后在梳理已消失的浦阳十景之一——"潮溪夜渔"时发现端倪。除此之外，吴氏《中馈录》中更多记录的是采用腌、炙、蒸、煮、晒、封等方法，让鱼、肉、蔬菜得以长期保存；书中还记录了凉拌之法，丰富了菜肴种类。

我曾读过一些古籍菜谱，基本上都由男性书写，这些文人雅士写着写着，就会出现一些说教的内容，甚至将普通的吃的事情由生活上升到生命的高度。只有阅读吴氏《中馈录》让我最感轻松，它就像一个感情细腻的女生，轻声慢语地传授着烹饪技艺、腌制方法，用男性少有的耐心，把细枝末节娓娓道来，就菜谱而菜谱，简单明了，让我产生一种强烈的学而用之的冲动。如"干闭瓮菜"，原文为："菜十斤，炒盐四十两，用缸腌菜。一皮菜，一皮盐，腌三日，取起。菜入盆内，揉一次，将另过一缸，盐卤收起听用。又过三日，又将菜取起，又揉一次，将菜另过一缸，留盐汁听用。如此九遍完，入瓮内。一皮菜上，撒花椒、小茴香一皮,又装菜如此,紧紧实实装好。将前留起菜滷,每坛浇三碗,泥起,过年可吃。"(皮,浦江话为"层";滷,浦江话为"卤"。)菜要腌三天,起出揉一次,另缸再腌三天,再起出揉一次,完成九遍后,放入瓮内,撒上花椒、小茴香,用泥封坛口,过一年后可以食用。如此反复,仿佛时光都被拉长了,一坛菜从腌制封存到开坛,美味要经得住时间的沉淀、岁月的守候。像它的烹饪方式、腌制技艺和甜食制作方法,历经近千年而根植民间,连酥饼制作流程的最早文字记录亦见于此书。

吴氏《中馈录》成于南宋,但先后被元末明初陶宗仪编写的《说郛》、明代秦淮寓客编写的《绿窗女史》、清代编的《古今图书集成》和文渊阁《四库全书》,20世纪70年代日本书籍文物流通会出版的《中国食经丛书》所收录。它不仅在中国饮食文化史上占有一席之地,在国外也受到了关注。

"浦江十大碗"之馒头焐肉　吴拥军摄

浦江，正因为有这般厚重的饮食文化，有从南宋朝廷到民间的"十六回迁"宴席，有吴氏记录的《中馈录》，才给我们发掘、传承、创新传统名菜提供了丰富的资源。2022 年，浦江县文化和广电旅游体育局在打造"浦江十大碗"2.0 版菜单时，"十六横签"中的"开阳羹、板栗鸡、鳖脯三丝"等三道传统菜相继列入。今天，我们可否尝试让"蒸鲫鱼"归来选入"浦江十大碗"，因为近千年前它已是浦江民间的一道家常菜了。

　　在"十六横签"的宴席间、在吴氏《中馈录》的菜肴中，细细体味回想，饮食文化的力量可以让时光变慢变长。

多彩非遗

千古飘香的平民食谱

杨光洲

中国新闻漫画研究会理事，曾任《今日浦江》副总编。

唐宋两代，菜谱开始出现。可一般菜谱只记载粗略的做法，有的菜甚至只有菜名，很少有记载详细做法的。而南宋浦江吴氏所撰的《中馈录》不同，它将三大类品种七十多个菜的做法，全都记录得清晰详细，自编入元末明初的《说郛》后影响更是广泛，在江浙一带颇有盛名，至今供后人学习和借鉴。

儒家在中国思想史上长期占据统治地位，其对饮食文化的态度是颇有些自相矛盾的。子曰："食不厌精，脍不厌细。"意思是粮食加工得越精越好，肉切得越细越好，可见其对饮食的考究。然而，子又曰："君子远庖厨。"意即君子不忍闻动物被宰杀时的哀鸣，不忍睹淋漓的鲜血，又以"修齐治平"为己任，不可耽于口腹之乐，以此来显示自己的悲天悯人与博大高远。有了这种心理，专门研究饮食的典籍又怎能像讲授仁义道德的四书五经一样，大行其道而传世不绝呢？但是，一本专门记录佳肴，传授鱼、蟹、虾、肉、蔬、点加工制作方法的书，自南宋在浦江问世以来，已悠然穿越七八百年的光阴，至今仍"活"在吴越江淮一带百姓的日常生活中。

这本书就是吴氏《中馈录》。

吴氏《中馈录》是一本食谱，成书在南宋，详细记录了二十二种荤菜、三十八种蔬菜、十三种甜点的制作方法，分为脯鲊、制蔬、甜食三部分。其作者，据传乃吴氏，浦江前吴人，为南宋时期著名的巧手厨娘。然而，关于她的资料，史书并无详细可信的记载，但吴氏《中馈录》条目清晰、文字简约，非目不识丁之一般家庭妇女所能为。因此，吴氏或为一知识女性，或有文人托其名集成此书。无论是前者还是后者，凭借吴氏《中馈录》在中国饮食文化史上的特殊地位，对吴氏生平的考证都将是一个极富挑战性又极具学术价值的课题。

关于"中馈"之名的含义，我查阅典籍进行了求证。"馈"字在现代汉语中泛指赠送，而在古汉语中，只有以食物送人才可以称为"馈"。"馈"后来引申为吃饭。"中馈"一词语出《周易·家人卦》爻辞："无攸遂，在中馈。贞吉。"是指居于六二的阴爻柔居正位，宜于中持中馈，守持正固，有女正位乎内之义。"中馈"即谓妇女在家主持饮食等事。"中馈"一词到了魏晋时有了酒食之义。曹植《送应氏诗》云："中馈岂独尊？宾饮不尽觞。"我手头有一本吴氏《中馈录》（2006年3月编印）。有人认为，吴氏在书的体例排列中"先肉食，再蔬菜，后甜点的载录次序，也十分符合浦江酒席的上菜顺序"。据此，《中馈录》中的"中馈"一词似当指酒食。但是，我翻阅后发现，吴氏《中馈录》中讲授菜肴制作方法的脯鲊、制蔬两部分内容，尽为荤菜和素菜的腌制、凉拌，其中虽有蟹生、炉焙鸡等佳肴可上得席面，但作者专讲腌、拌菜肴的本意不可能是专门服务于豪门宴席的，其目的是教给家庭主妇学会腌制之法，使鱼、肉及蔬菜得以长期保存，并教会她们简便的凉拌之法，以常见的材料、简便的方法丰富家庭餐桌。因此，吴氏《中馈录》的"中馈"主要的意思还有家庭妇女操持家庭日常饮食之义。

吴氏《中馈录》菜肴主料的取材，也可充分证明其平民化的特征。书中提及的鱼、肉、蟹、虾等，在当时皆可取自浦江及其附近地区，并不稀贵难求，更无熊掌、鹿唇、鲍鱼、鱼翅之类名贵之物。因此，吴氏《中馈录》当为南宋以来浦江乃至浙西南地区小康百姓之家的食谱，这一点应是没有什么疑问的。正因为吴氏《中馈录》是一本平民化的食谱，所以其学术价值已远远超出了饮食的范畴。此书对于后人研究南宋时期浦江乃至浙中地区的生态环境、社会经济状况都可以提供十分有力的佐证。如该书在"炙鱼"中所提到的鲚鱼、"蒸鲥鱼"中所提到的鲥鱼，均为在淡水与海洋之中洄游的鱼类，它们出现在南宋的民间食谱中，可见古时浦阳江水质之优良与水量之丰沛，更可为浦阳江在古时直接入海提供强有力的佐证。又如吴氏《中馈录》中提到的蛤蜊、蛏、虾等多种海鲜，并不产自内陆的浦江，然而这些美味能上平常百姓的餐桌，说明浦江其时与沿海的联系密切。吴氏《中馈录》中菜肴的主料取材虽不稀奇，但其佐料品种甚多，除日常调料盐、醋、糖及具有吴越地域特色的糟、酱等，来自全国各地的调料均荟萃其中，像砂仁这样原产于越南、缅甸、泰国、印度尼西亚的进口调料也为吴氏《中馈录》所用。由此可见浦江于南宋时期经贸之昌盛。

吴氏《中馈录》堪称浦江乃至吴越饮食文化的活化石。其"蟹生"等菜肴至今仍"活"在百姓的餐桌上，蒸鲥鱼不去鳞的做法至今仍被江浙厨师所遵循，产自金华、名扬海内外的金华酥饼最早记录于此，浦江家庭主妇现在腌制的蒜苗干、芥菜的方法也出自此，连烹饪地方特色小吃所用的木爬、小爬儿，都被记录在册。吴氏《中馈录》中的烹饪方法已根植于民间，自成一家饮食文化。

自元及清，吴氏《中馈录》先后被《说郛》《绿窗女史》《古今图书集成》和文渊阁《四库全书》所收录。20世纪70年代后，国内多家出版社将其收入食谱丛书中。1972年，日本书籍文物流通会出版的《中国食经丛书》收录了吴氏《中馈录》。吴氏《中馈录》在中国饮食文化史上的重要地位，开始受到外国学者关注。

吴氏《中馈录》成书在浦江，扎根在浦江，这是浦江人民的骄傲。研究吴氏《中馈录》，开发吴氏《中馈录》中的饮食文化，是浦江有志之士的责任。如能看到吴氏《中馈录》中的佳肴在浦江形成产业，与极具地方特色的农家菜、土菜一同融入浦江的休闲旅游业，造福家乡子孙，进而走向世界，七八百年前勤劳智慧的吴氏先人当含笑矣。

从"麦绳"到潘周家一根面

张放红

原浦江报社总编辑，
原浦江广播电视台党
委书记、副台长。

潘周家一根面"常红不衰"。《舌尖上的中国》有它的英姿，台湾东森电视台《乡味》有它的倩影，浙江卫视《中国梦想秀》有它的芳容。它在各县市台更是亮相频频，《人民日报》《浙江日报》及各县市报也时有报道。众多门户网站、视频播放平台可谓点击海量。一个地处浦江西北的山村的"一根面"，何来如此吸引眼球的魅力？！

一

"上有朱虞两宅，下有盘洲一畈"的盘洲，便是今日檀溪镇潘周家。它以延续四百多年的潘家和历史达五百年之久的周家之姓氏合并而得名，素有耕读遗风。"三鸿故居"陈列室的同志介绍，潘周家历史上有"盘溪八景"，分别为：独石渔矶、响岩樵壁、盘畈春耕、竹窗诵月、唐岭参禅、盘溪赛社、石狮喷水、篁渡停舟。有明代诗人陈昌言所作颂八景诗为证。

盘洲地处浦江和桐庐交界点，红军长征时途经云、贵、川三省交界处，叫"鸡鸣三省"，潘周家可称得上"犬吠二县"。古时，潘周家算得上驿站，跨村过县之人常把它当作落脚之所。这样，作为万年之前就吃白米饭的浦江，其山区孕育出"一根面"自然有其合乎情理的理由。

二

这已经是二十多年前的事了。2000年油菜花黄的时节，我们来到潘周家采访。午饭时，我们发现满满的一锅面居然只是一根时，被这种名为"麦绳"的面食惊呆了。以往我们见过切成一尺长短手指粗细的面条拉成的"拉拉面"，也见过用面团不断捶打砧板拉成的"龙须面"，却没有见过如此长的"麦绳"。

招待我们的周银珍大嫂介绍，这锅面用了整整四斤面粉。若吃的人多，还可以用更多的面粉搓成，但依旧是一根。

我们有幸目睹了"麦绳"入水的情景：下锅前盘在大钵盂内，水开要下锅了，则拉起一头，抻匀，徐徐牵入水中，似纤夫拉纤，用力均匀，动作协调，富有节奏和韵律。可一人拉，也可三两人齐拉，煞有情趣。

面熟后，捞起装碗，视食量、胃口，掐断"麦绳"，浇上笋干蛋丝葱花盖头。面条白亮亮、笋干乌油油、蛋丝黄澄澄、葱花绿莹莹，煞是诱人。食之软绵、滑爽，温胃填肚，汤顺面入喉，面随汤落肚，直至鼻尖微汗，真如沐春风般惬意。尤其是一些意犹未尽之人，见碗剩一口汤脚，便扬脖"一口倒底"，给人大快朵颐之感。

揉"麦绳"之毛坯——面团，也颇讲究。一般不用手直接搓揉，除了不卫生，更主要的是面多，手劲不足以搓成有韧性的面坯。"麦绳"之面坯是"打"出来的：先垫一棉被于竹篾大包下，将面粉同水拌匀置于大包内，然后用黄檀木槌捶打，这样打成的面韧性足，拉得长细，

制面　吴小杭摄

而不会断。

　　潘周家人好客，每到潘周家节庆日时，他们便在厅堂里拉"麦绳"，据说最多一次拉过一百多斤面粉的"麦绳"，招待了两百多位客人。可以想见，当时拉"麦绳"和吃"麦绳"的场面都是非常壮观的。

三

　　我十分钟情"麦绳"一词，认为它极具岁月的质感。有史料记载，古时，男人出门闯世界，都会随身携一副绳。若赚得银子，便用之缚财；若"一文不名"，则用绳在家附近的歪脖子树上上吊。记得读司马迁《史记》时有"竟不得名一钱，寄死人家"之句。八方来客匆匆然聚于潘周家，一碗麦绳果腹，又匆匆然四下散去，前途茫茫，品味的是面的咸辣鲜香还是绳的"极端"？！

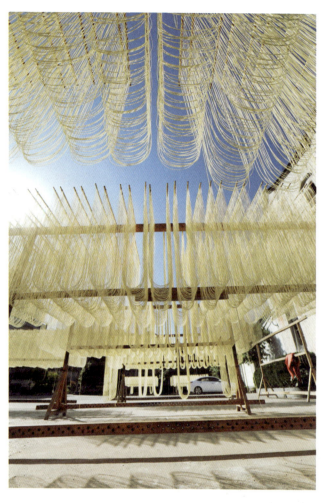

晒面　郑建东摄

　　享用完周大嫂的面条，我便急切地同村支书周金华攀谈起来。周书记质朴得如同这无华的面条，没有一点"花话"，而他的那一口浦江西北部山区的土话，更把他的个性展露得极具田园味道，让人忍不住想顺着他的腔韵学几句。

　　他告诉我，"麦绳"是早年间的叫法，中华人民共和国成立后，村里的老人就叫"一根面"了，一直叫到如今，大家都习惯这称呼。

他说村里没有其他产业，他想把"一根面"弄起来，先自己和村"两委"人员带头，搞出点成绩，然后，带领村民一起干，让大家有钱赚，富起来。

真所谓"面缘"。他的话与我们的想法一拍即合。尽管已是二十多年前的事情，但当时的情形历历在目，我们报社的经济部主任郑家祥当即用面摆出了"商标图案"。摄影部主任郑建东则精心地将图案拍下来。为了借助名人效应，我给当时的县人大常委会副主任、著名书法家何保华先生打电话，请他为"潘周家一根面"题名。他得知是为农民兄弟服务，慨然应允。第二日，同为县人大代表的周金华就登门请来了墨宝。不久，便完成了商标注册。"潘周家手工面"就这样堂堂正正地跃入市场经济的大潮。

有些事，真的只能用缘分来解释。作家唐弢有篇名作叫《一面》，说的是他与鲁迅先生仅一面之交，但一面如旧，成为终身的师友。我们亦然，这一面之缘，数十年交情不断。

四

"潘周家一根面"凭着优良的品质和镇里、县里有关部门的大力推广，迅速走红，行销省内外。我们报社也不停地为其"添柴助火"。那年，恰好全省县市党报工作委员会在浦召开，我们适时组织赴潘周家品尝采风活动，然后向各家县市报提供了"通稿"。潘周家手工面风靡一时。

五

难能可贵的是，周金华和村"两委"一班人并没有陶醉在"一根面"的产销两旺里止步不前，而是不断挖掘、整理这一传统美食的绝技秘藏，让其融入表演性的现代元素，使舌尖上的"有味"，变得"有趣"。

一只二尺八的大铁锅，一锅将沸未沸的山泉水，挨锅架一门板，长可逾两丈，门板另一头置一大盆面坯。一圈一圈盘着。周金华缓缓牵起麦绳，一拉，一甩，一抛，窜入水中，似卧龙陡起，成行龙、升龙、飞龙之势，盘旋而歌，终至蛟龙腾渊。舞者一农民，然双脚轻移，双手所甩，一招一式，如传统婺剧之甩袖，行云流水一气呵成。观者无不为其淳朴所感染，由衷地感叹：生活才是最美的艺术。

六

潘周家村五百余户，已有一千六百余人从事手工面加工。面在华夏大地，实在是历史悠久、品种丰富。其自东汉起源，距今两千年，宋室南渡后，此北方食品更是风靡江南，南北通吃。我想，汉字的"面条"之"面"，为何同"颜面"之"面"为同一字，其间是否有内在之联系？记得作家陆文夫在《美食家》中描写：朱自治先生每日必半夜即起，去抢一碗头汤面。那锅一天要煮几百碗面的水，下的第一碗面，必定是极清爽了。但如此吃习，我总觉得除吃面外，还有轧"面子"的味道，如果说待客以面是给你极有面子的礼遇，我想"一根面"又会多点"浇头"，又可多点文化的味道。但生日要吃面，做寿要吃面，那笃定是上千年不移的中华文化了。

七

暖阳照着一挂挂、一帘帘晒在空基里场院上似瀑布一般的面，它酣畅地吮吸着阳光，色质由银色渐近金黄，穿梭于面缝中的潘周家姑娘大嫂脸上洋溢着幸福的笑容。不远处，"长枪短炮""苹果""华为"正瞄准着，随时按下精彩的憧憬……

竹叶熏腿：最美人间烟火味

周天云

浦江县统计局局长。

"雪沫乳花浮午盏，蓼茸蒿笋试春盘，人间有味是清欢。"春日午后，泡上一壶春毫，炒上一盘春笋，如果上面再放几片火腿，那绝对让人脾胃生津。

说起浦江名产，必提竹叶熏腿。竹叶熏腿又称"淡腿""茶腿"，因其色如凝脂、味道鲜美、有竹叶香、可以佐茶、制作工艺特殊而闻名于世，被誉为金华火腿中的极品。浦江人爱吃火腿，也爱吃竹笋。炖鸡炖鸭炖冬瓜一般都会放几片火腿，名曰"鲜上鲜"。若是搭配冬笋咸菜，那"更是鲜得眉毛都要掉下来了"。而这种在竹叶清香中烟熏出来的竹叶熏腿更是不知道曾让多少人垂涎欲滴。尽管随着时代变迁，火腿行业已不复往日的辉煌，但竹叶熏腿留给我们的不仅仅是历史的印迹。

士大夫眼里的"兰熏"

浦江腌制火腿历史悠久。唐开元年间，

陈藏器编著的《本草拾遗》载："火腿，产金华者佳。"明嘉靖五年（1526）《浦江志略》土产（食类）仅列两种："曰擂茶、曰火腿。"这是目前所见关于金华火腿最早的文字记载。

　　明末第一才子张岱曾经写了一首专门赞美浦江火腿的诗——《浦江火肉》："至味惟猪肉，金华早得名。珊瑚同肉软，琥珀并脂明。味在淡中取，香从烟里生。腥膻气味尽，堪配雪芽清。"该诗寥寥数语将浦江竹叶熏腿的色香味及其工艺特点概括得清清楚楚，尤其是"味在淡中取，香从烟里生"一句，道尽竹叶熏腿的精髓。张岱在《陶庵梦忆》中写道："越中清馋，无过余者，喜啖方物。北京则苹婆果、黄鼠、马牙松；山东则羊肚菜、秋白梨……浦江则火肉；东阳则南枣；山阴则破塘笋……"张岱是位极其讲究的美食家，号称"老饕"，在其眼中金华火腿唯有"浦江火肉"。

　　清初浙江巡抚纳兰常安既是一位封疆大吏，又是一位颇有成就的学者。他在《受宜堂宦游笔记》中写道："兰熏，金华猪腿也，南省

多彩非遗

在在能制，但不及金华者，以其皮薄而红，熏浅而香，是以流传远近，目为珍品，然亦惟出浦江者佳。"晚清学者梁章钜在其笔记《浪迹三谈》中说道："今人馈送食物单中，有火腿者，率开兰熏几肘，初笑其造作不典，而不知其名乃自古有之。"由此可见，至少是在明末清初，文人士大夫已经将火腿称为"兰熏"。对于用竹叶清香熏制而成的浦江竹叶熏腿，这个雅号再贴切不过了。

　　兰熏不仅仅是美食，还有药膳功能。乾隆三十年（1765），赵学敏《本草纲目拾遗》（卷九）载："兰熏，俗名火腿，出金华者佳。金华六属皆有，惟出东阳、浦江者更佳。凡金华冬腿三年陈者，煮食气香盈室，入口味甘酥，开胃异常，为诸病所宜。"在《本草纲目拾遗》中，赵学敏引用了多种文献论述火腿。比如，陈远夫《药鉴》载："浦江淡腿，小于盐腿，味颇淡，可以点茶，名茶腿。陈者止血痢开胃如神。"又，朱氏仆葛三言："少时曾佣金华习其业，知腌腿法甚详，云：火腿，金华六属皆有，总以出浦江者为第一。"赵楷《百草镜》亦云："火腿出浦江县，胫骨细者真，陈者佳，皮上绿霉愈重，其味愈佳。"

晒制中的火腿　魏礼鸿摄

竹叶熏腿之原产地曹源

《民国浦江县志稿》载："火腿、茶叶、竹木、柴炭、烟叶、桐油，吾浦所视为出产大宗者，转于其（他）地为多。"1931年，浦江出口火腿八万只，为浦江出口物品之最。至于竹叶熏腿，据当年浦江汪益生腿栈石耐寒先生估算，真正的产销量不及全县总量的十分之一。

竹叶熏腿出产于浦江西部山区曹源村一带，腿商俗称"曹源腿"。《民国浦江县志稿》载："竹叶腿以出于浦西曹源等村为最佳，因该处风色特异，又此地烧青竹，竹烟熏之，味特清香。"1929年《工商半月刊》载："竹叶熏腿为浦江所特产，距浦江县治数十里，有深山，其地皆毛竹，乡人之房屋器具无一非竹。因交通不便，乡人常用之燃料也皆属竹叶之类。乡人有制腿者，往往将制成腿挂于屋内通风之处熏蒸，竹叶之精华间被火腿吸收，而别具风味，故名竹叶熏腿。"又，1936年《浙江商务》第四期《浦江竹叶熏腿调查纪略》载："竹叶腿最著名之产地曹源，山高天寒，所腌之腿用盐较少亦无霉腐之患，故其味淡而美。其地多山产竹，煮茶炊饭唯竹是赖。熏腿之时，腿则悬于灶间，久受竹叶烟气之熏蒸，自有一特殊之香味。"

如上所述，曹源竹叶腿之所以别具风味，关键是四点：一是料好，所用的都是皮薄、精多、腿心丰满的"两头乌"后腿；二是盐少，普通火腿每百斤鲜肉用盐九斤，而竹叶熏腿只需五斤左右；三是低温，曹源山高天寒，腌好的腿用冰冷的山泉水浸泡后，晾晒脱水，无霉腐之患；四是烟熏，曹源人腌腿是将火腿悬挂于灶间搁栅之下，利用灶台下竹枝竹叶的余烟经年熏烤，达到"熏浅而香"的效果。

胡雪岩曾是卖火腿的小伙计？

杭州城里售卖火腿的店铺很多，位于河坊街四拐角的万隆火腿庄就是专卖金华火腿的百年老店。西湖博览会博物馆至今仍保留着民国时期万隆腿栈的销售广告，从中我们可以看出，当年浦江竹叶熏腿名列其销售榜之首。

据说，河坊街一代巨商胡雪岩年轻时曾在火腿行当过伙计，售卖竹叶熏腿。胡雪岩出身贫寒，十二岁丧父，十三岁时因放牛途中拾金不昧，被失主推荐进入一家杂粮行当伙计。十五岁时在杂粮行遇到一位突然生病的顾客——金华火腿行刘老板，胡雪岩在他养病期间端茶送水、悉心照顾，深得他赏识。就这样，胡雪岩再次改变人生轨迹，成为一名火腿行的伙计。火腿行的规模比杂粮行大得多，在这里胡雪岩经常与各大钱庄周旋。在与阜康钱庄打上交道后，胡雪岩的思维再一次打开，并最终成为阜康钱庄的接班人。

鲁迅先生笔下的茶腿

鲁迅先生很喜欢吃火腿，《鲁迅日记》中多次出现火腿的记载。在厦门的时候，由于包饭难吃，鲁迅"将伏园的火腿用江瑶柱煮了一大锅"来改善伙食。许钦文去看望鲁迅时，有时候留在鲁迅家吃饭，"往往有一大碗金银蹄，就是由鲜猪脚和火腿脚爪用文火炖成功的"。

鲁迅先生不仅自己喜欢吃火腿，也乐意把它分享给亲朋好友。1930 年 10 月 6 日，"是日为旧历中秋，煮一鸭及火腿，治面邀平甫、雪峰及其夫人于夜间同食"。1934 年，曹靖华到上海看望鲁迅，在鲁迅家住了一个多礼拜，临别时鲁迅就送了他一只火腿作为礼物。后来鲁迅两次托冯雪峰给毛泽东送火腿，更是非常有名。

鲁迅先生送礼一般都用茶腿。如 1931 年 4 月 3 日，"下午广平买茶腿一只，托先施公司寄母亲"。7月16日，"夜同广平访三弟，赠以茶腿一方"。9月7日，"广平往先施公司买茶腿两只，分寄母亲及紫佩，连邮费共十四元"。10月26日，"以海婴照相一张，茶腿一只，托人寄赠王家外婆"。

鲁迅先生笔下的茶腿，就是浦江竹叶熏腿。竹叶熏腿因其味淡而鲜，可以佐茶而又称"茶腿"。鲁迅先生平时吃火腿不是很讲究，但送人一定要送最著名的竹叶熏腿。

火腿业内行家——曹聚仁

民国时期著名作家曹聚仁，出身于浦江墩头火腿世家，深谙火腿制作工艺及业内行情。他曾写了《火腿的传奇》《金华二三事·火腿》等散文介绍家乡的火腿。

曹聚仁在文章中写道："据明末清初张宗子说，火腿以浦江竹叶腿为第一，他是识货行家。不过，一般南货店的竹叶腿，并不是张宗子说的那种。"言下之意，很多南货店里卖的竹叶腿其实都是"洋装"。竹叶腿名气这么大，而产量这么低，自然供不应求。所以很多腿商就动了歪脑筋，洗去火腿上原有的招牌，另外加盖竹叶熏腿的字样。曹聚仁不仅出身于火腿世家，更是著名腿商"陈发祥"的姑侄，而且在杭州最大的火腿进出口行——隆昌腿行住过，所谓"洋装"，自是亲眼见过。

腌火腿的诀窍是秘不外传的，特别是用盐要恰到好处，这技术全靠火腿师傅的感觉。曹聚仁在文中说："陈发祥是我的姑母家，那几位姻伯姻亲都是腌火腿能手，他们决不肯把诀窍告诉我们的；我们腌火腿，也是自己找诀窍。我们浦江，有一位留美学生，以腌火腿得博士学位，可是他回到了浦江，腌了火腿，却是臭的（浦江县也只有我们南乡，是做火腿生意的，他是东乡人）。他不懂得用皮硝（皮硝只要抹过皮层就是），又不知道去了盐卤的精盐，不适用来腌腿的，所以闹了笑话。"

曹聚仁不仅会腌火腿，亦懂鉴别。火腿师傅都是用竹签来鉴别火腿的优劣，三签扎在火腿三个部位，然后闻竹签香味。三签都好为上品，二签好为中品，一签好为下品，三签都坏的，那就一钱不值。对于这一技术，曹老先生似乎颇为自负："这凭竹签来鉴别，那只能让我来称行家，连南货店的老板也只能对我说实话了。"

"任三和"与任正非

1929 年的《工商半月刊》载：时浦江有业腿者百数十家，腿行雇工二三十人，小铺亦十余人，其营业之大，可见一斑。经营火腿的大多为行商，从农户家中收购毛腿加工后远销沪杭、港澳及东南亚各国。县内较知名之腿栈有汪益生、张恒泰、陈发祥、任三和等。其中"任三和"商号与华为创始人任正非有着密切的关系。

任正非祖籍浦江，其祖上做火腿的历史至少可以追溯到高祖任宗钦这代。其曾祖任兆源创办"任三和"腿栈，寓意"天时地利人和"。"任三和"极盛时年产火腿数千只，所产火腿大量销往诸暨、杭州、宁波等地。据当地老人回忆，当年在诸暨安华的火腿集市，任家人不到，集市不开市，可见当时"任三和"在火腿行中的规模和影响力。

"任三和"既是商号也是房头号。当年任兆源用做火腿生意发家致富赚的钱盖了任店村里最豪华的"十三间头"，这是一座典型的徽派建筑，粉墙黛瓦、雕梁画栋，如今已改为任正非祖居陈列馆。到了任正非祖父任承柄这一代，抗战爆发，火腿生意日渐衰落。"任三和"也一分为四，各自经营。长房任三和桂记，二房楷记，三房椿记，四房柄记，每房都有"任三和"印章。如今，椿记后人任国勇创办了名盛食品公司，仍有少量火腿生产。四房任承柄培养了任店村第一个大

黄宅镇任店村任氏祖居　张雪松摄

学生任摩逊。任摩逊后来在贵州教书，并在贵州生下了后来改变中国科技、制造业历史的任正非。

在那个物资匮乏的年代，火腿对于普通民众来说是奢侈品，对于有钱人家来说是闲适生活的点缀，而用竹叶熏腿制成的上品"蜜炙火方"更是苏杭大户人家才有福享受的所谓"贡品"。随着社会的进步，物资的极大丰富，火腿早已是平民百姓的家常菜，竹叶熏腿也渐渐淡出了人们的生活。好在原产地曹源村民作为竹叶熏腿非物质文化遗产传承人逐渐恢复了火腿腌肉的生产，浦江金贸火腿公司也创新了竹叶熏腿的传统加工工艺。借此，我们依然可以凭吊，可以品尝。竹叶熏腿清香如初，诱人依旧……

一本《中馈录》揭秘古代女子的厨艺之道

浙江摄影出版社编辑、《中馈录：古法制菜·隐藏的厨娘食单》编译者。

关于古代女子的想象，我们眼前最先浮现的也许是"十指不沾阳春水"的闺房小姐。其实女性中亦出现过不少大厨。五代的尼姑梵正，将鱼、肉、瓜果、蔬菜，切成薄片，创制"辋川小样"拼盘，还原了王维绘制的风景画《辋川图》。宋代时，厨娘成为女性的职业，当时请一位厨娘下厨，贵族甚至需要提前预约，并用暖轿接送。西湖边的女厨师宋五嫂因一碗鱼羹而受到宋高宗赞赏，这道"宋嫂鱼羹"从此成了杭州的名菜。

"中馈"，指妇女在家里主管的饮食之事，而《中馈录》记载的正是古代女子们的烹饪经验。《中馈录：古法制菜·隐藏的厨娘食单》收录了历史上的两本《中馈录》：一本由浦江吴氏撰写；另一本由清代曾懿撰写。两位作者均为女性。

吴氏生平不详，只知是浦江人。吴氏的《中馈录》分为脯鲊、制蔬、甜食三个部分，共七十多种菜点制作方法。其中有一道金华古菜

2023 年 11 月 6 日，首届吴氏《中馈录》学术研讨会在浦江县召开　毛江彪摄

"炉焙鸡"，煮、焙、炒、烹，加入醋、酒、盐，"如此数次，候十分酥熟"，读时脑中便浮现出酥烂、轻轻一扯就分开的鸡肉，仿佛还闻到醋和酒的香气。"制蔬"一章中的"撒拌和菜"是一道适合夏日的开胃小菜，不仅清凉，而且简单。将白菜、豆芽、水芹焯熟后，放入清水中冷却，榨干水分，倒入花椒油、酱油、醋、白糖，拌匀后即可食用。菜色青翠，香脆爽口。菜谱中还有一道甜品"雪花酥"，只用面、油、白糖制成，相比如今添加棉花糖、奶粉、坚果、蔓越莓的雪花酥纯粹得多。

曾懿，字伯渊，华阳（今属四川成都）人，曾随父亲曾咏（1813—1862，字永吉，号仲撰，道光二十四年进士，曾任安庆府署知）和丈夫袁学昌（光绪己卯举人，曾任安徽省滁州府全椒县知县、湖南提法使）去过江南。她擅长绘画作诗，且通医术，除《中馈录》外，还著有《女学篇》《医学篇》《古欢室诗集》《词集》，是一个才女。她的《中馈录》共收录二十多道食谱，包括肉食、河鲜、点心、调味料。其中一道"藏蟹肉法"，与美食纪录片《风味人间》中出现的苏州名菜"秃黄油"何其相似。在螃蟹当季时，将螃蟹蒸熟后剥出蟹肉和蟹黄，倒

参会人员品尝根据吴氏《中馈录》制作的糕点　朱杰超摄

入炼好冷却的猪油，即可长期保存；吃时只需刮去猪油，"随意烹调，皆如新鲜者"。古代没有冰箱，如此保存蟹肉，可使家人在四季都能品尝到蟹的鲜美，真可谓厨人的智慧。菜谱中另有许多菜品，如火腿、肉松、皮蛋等，亦传承至今。

　　中国历代食谱绝大多数都由男性书写，如袁枚的《随园食单》，从文人的审美视角出发，甚至将吃上升到哲学的高度，然而实际生活中主中馈之事的女性却鲜有发声留名的机会。这种稀缺，使得由女性记录自我烹饪实践的《中馈录》在众多古代食谱中显得独特且珍贵。我发现这一点时非常兴奋，待真正细读文本后，更是爱上了这一方方厨娘私房食单。那些制菜经验、烹饪技巧、尺度拿捏，包含着女性独特的细腻感受，只只精巧小菜里融注了男性难以触及的细枝末节；有时也许只是几个熟稔的烹饪手势，读来便活色生香，好像瞬移进入了古代厨娘充满人间烟火的厨房。经过这一路的版本整理、点校翻译，最终让《中馈录》浮出历史地表，以飨读者，达成了我既作为美食烹饪爱好者，也作为一名女性的一个心愿。

"中馈"的现代意义

收录于《绿窗女史》的浦江吴氏《中馈录》和以《中馈总论》开篇的曾懿《中馈录》或许都有点说教的意味，但撇开时代因素，"中馈"有其独特的现代意义。

"中馈"展现的是家常菜，是地方美食与家庭温暖的结合。浦江吴氏《中馈录》和曾懿《中馈录》记录了金华和四川当地的家常菜，其中有不少流传至今，仍频频出现在我们的餐桌上。浦江吴氏《中馈录》中有不少方言，如"安起""盘"等，口语化程度较高，给人一种亲切感。浦江吴氏《中馈录》和曾懿《中馈录》中除了记载菜品的烹饪过程，还尽可能说明食材和调料的分量，使之更具可操作性；更有不少厨房里的小秘诀，如"晒虾不变红色""煮蟹青色、蛤蜊脱丁""治食有法"；时不时还有温馨的提醒，如"糟姜方"中"不要见水，不

根据吴氏《中馈录》制作的糕点　毛江彪摄

可损了姜皮"，"炒面方"中"做甜食凡用酥油，须要新鲜，如陈了，不堪用矣"，"制皮蛋法"中"制皮蛋之炭灰，必须锡匠铺所用者。缘制锡器之炭，非真栗炭不可，故栗炭灰制蛋最妙，盖制成后黑而不辣，其味最宜"。读时，人仿佛置身厨房，到关键步骤，耳边就传来悉心的指导声。

在当代的快节奏生活中，"中馈"是一种找寻"内心平静"的生活方式。中餐是讲究的，同一种食材的不同烹饪方式需要不同的刀法，切丝、切丁、切片、滚刀……不一而足，因需而变。中餐也是玄妙的，西餐常用量勺、温度计等工具进行可量化的操作，而中餐的"适量""少许""大火""文火"，则更需要烹饪者根据经年累月的实践经验灵活调整。

一位拥有四十五年从业经验的外国美食评论家曾坦言："当你开始研究中餐时，你就会意识到中餐可能是地球上最复杂的食物。"正是这份复杂，让中餐烹饪更需要积累沉淀、因材施法，没有耐心是无法收获至臻之味的，在"日晒夜露""七七四十九天"的守候中，时间成就了一代代厨人，也凝练了一道道美味食方。

今天的"中馈"还依托互联网，为女性的生活形态提供了更多的可能。越来越多的女性通过互联网交互平台，拍摄照片与视频，分享自己精心制作的菜品，甚至以此为业，成为全职的美食博主。当然，更多的人只是将其作为爱好。

《中馈录：古法制菜·隐藏的厨娘食单》出版背后的珍贵点滴

策划、编辑《中馈录：古法制菜·隐藏的厨娘食单》的过程中有挫折，也有甜蜜。就像一道药膳，既有药材的苦味，又有细腻的回甘。或许没了这苦味，药膳会更好吃，但正是因此，药膳的滋味更加丰富，也更令人印象深刻。

底本的选择对于古籍出版的重要性不言而喻。在本书的准备工作中，我力求找到最好的底本。虽然未能找到浦江吴氏《中馈录》的原本，但我发现其收录于元末明初陶宗仪编写的《说郛》、明代秦淮寓客编写的《绿窗女史》和清代《古今图书集成》。其中，上海古籍出版社于1988年所出版的《说郛三种》，将近人张宗祥校理的涵芬楼一百卷本、明刻《说郛》一百二十卷本（通常称为宛委山堂本）及《说郛续》四十六卷本三种汇集影印，并根据中国佛教图书文物馆及上海辞书出版社等其余存世版本整理校记，较为权威、完善。通过对照《说郛》（宛委山堂本）和《绿窗女史》（心远堂本，哈佛大学哈佛燕京图书馆藏）中收录的浦江吴氏《中馈录》，发现内容相同。而曾懿《中馈录》的底本是清代光绪三十三年即1907年的线装刻本，存于复旦大学图书馆古籍部。此版本是作者曾懿之子袁励准为母亲于1907年刊印的《古欢室全集》中《中馈录》一卷，字迹清晰，是珍贵的善本。那个下午，当我轻轻翻开一百多年前带着樟木香的线装古籍，那份小心翼翼、心潮澎湃的感受，至今仍清晰地刻在我的记忆里。而给《中馈录：古法制菜·隐藏的厨娘食单》配上风格匹配的插画，就不是这么一帆风顺了。为了找到风格合适的插画，我花了大半年时间，先后联系了八位插画师。其中有已经出版过绘本的插画师，也有还在读研的美院学生。寻找插画师，是一件需要缘分的事情：风格、档期、费用……无论哪个环节出现问题，都会影响合作。出师不利，与好几位插画师的约稿进程因各种因素，都卡在中途。短暂的丧气之后，我还是鼓起干劲继续寻觅。

"众里寻他千百度，蓦然回首，那人却在，灯火阑珊处"，最终敲定的插画师郑雯婷，毕业于浙江工业大学环境设计系，创办了格物艺术工作室，曾作为设计师助理赴意大利参加米兰国际设计周策展；作为策展助理负责"设计上海——The Lake 湖"策展及布展，并获得"The Lake 湖"艺术公益项目"陈设中国·晶麒麟奖"公益民生金奖。

　　回顾这一路，《中馈录：古法制菜·隐藏的厨娘食单》的出版，绝不仅仅依靠我个人的努力。"中馈"将许多人联结在一起。我希望通过它将那一份安静又带着烟火气的温暖，传递给你。

浦江麦秆剪贴：方寸之间演绎传奇

张以进

中国作家协会会员、《读者》签约作家。

朱杰超

浦江县社科联副秘书长，县文化研究院副院长、秘书长。

在浦江县非物质文化遗产馆里，陈列着一件由一百万根麦秆剪贴而成的工艺品——《清明上河图》，这件荣获第十届中国工艺美术大师作品暨国际艺术精品博览会"百花杯"金奖的工艺美术精品，由国家级非遗传承人和工美行业艺术大师蒋云花带着子女和学生历时五千多个工作日制作而成。一根小小的麦秆，长不过几厘米，宽还不到一厘米。从一根根不起眼的麦秆，到长 23.8 米、宽 1.2 米的巨幅麦秆剪贴画《清明上河图》，他们还原了北宋著名画家张择端的不朽名作《清明上河图》，小桥流水、亭台楼阁，各种人物，栩栩如生，小小的麦秆演绎出浓浓的市井风情，让人叹为观止。这幅画成为浦江麦秆剪贴画的扛鼎之作。

浦江麦秆剪贴是中国民间剪贴画的一种，明末开始在浦江民间流传，主要是用作麦秆团扇及麦秆草帽的装饰，代替刺绣；后来逐步发展成挂屏、台屏等，到清代已经成为独立的特色工艺礼品。1956 年，浦江麦秆剪贴开始规

麦秆剪贴画《清明上河图》一角　蒋云花供图

模化生产并出口到国外。20 世纪 80 年代，浦江艺人创作的贺年片、书签、日历牌、台屏、大小挂壁、立地屏风，以及各种动植物型礼品盒、罐、花瓶等二十三件麦秆剪贴在全国工艺展览会上展出，引人注目。

　　从小喜欢麦秆剪贴的蒋云花，1981 年创办了浦江工艺美术公司，全力投入麦秆剪贴工艺的研究与创作中。1982 年，她创立了"云花牌"麦秆剪贴画。由于对浦江麦秆剪贴的钟情，她一直在思考麦秆剪贴的创新与突破。经过长期的思考、不懈的努力，她终于让浦江麦秆剪贴凤凰涅槃，演绎出独有的人间传奇。

一

　　2008 年一个秋高气爽的日子，六十八岁的蒋云花一大早来到位于浦阳江畔的浙江省浦江县工艺美术厂，厂房并不起眼，甚至有点破旧，但这丝毫没有影响蒋云花的情绪。她痴痴地伫立在张择端的作品

《清明上河图》前，这幅设色绢本作品，是蒋云花半年前特意从杭州买来的。半年多来，蒋云花已经数不清多少次站在这幅作品前了，一幅幅场景，一个个人物，甚至连牛羊驴马，都已经深深地印在她的脑海，她在想着一件事——用一根根小小的麦秆，剪贴出这幅鸿篇巨制，这能成吗？

蒋云花与麦秆有缘，她的老家在浦江山区中余乡周宅村。小时候，扎着两根小羊角辫的蒋云花，第一次看到母亲手里拿着的扇芯，就向母亲问个不停：这红红绿绿的花草是什么做的呀？我们这里怎么会有这么美好的东西？

母亲抚摸着云花的头，向她说着麦秆剪贴的往事。这位农家妇女并不知道麦秆剪贴源起于何时，但她知道，有钱人家的姑娘用丝线绣出扇芯；没钱人家呢，就用自家种植的麦秆，染成彩色，然后剪贴出小花小草，做成扇芯，让扇子更加精美，代代传承。母亲的故事娓娓道来，在蒋云花心里打下了深深的烙印。长大后，蒋云花看到浦江集市上的麦秆扇，觉得特别亲切。后来，蒋云花创办了浦江县工艺美术收发站，专业做麦秆画，小小的麦秆成了蒋云花的事业。从巴掌大的扇芯、书签、贺卡，到年画大小的麦秆剪贴工艺品，再到几平方米的大型麦秆剪贴工艺礼品，蒋云花不断揣摩探索着麦秆剪贴工艺，逐渐把这项古老的民间工艺发扬光大。她也因此获得"浙江省工艺美术大师""中国工美行业艺术大师"的称号，还被联合国教科文组织授予"民间工艺美术家"称号。

还可以再突破吗？蒋云花时常思考着这个问题。麦秆剪贴，看似简单，但真正做起来，工艺复杂。薄如蝉翼的麦秆片，要经过浸、熏、蒸、漂、破、刮、染等二十多道工序，最后用麦秆片剪贴成品。数十年来，蒋云花一直在麦秆剪贴艺术之路上孜孜以求，不断创新突破，作品也越做越大。但是，要将原本的绘画作品，用麦秆艺术来表现，困难重重。而且制作巨大的麦秆剪贴工艺品，耗时费力，万一不成功呢？

有了一个目标，不去走一走，怎么能够知道是否达到终点呢？！拼一拼，也许才是人生的意义所在。蒋云花这样想着，便有了创作《清明上河图》麦秆剪贴画的梦想，也有了她站在这幅作品前凝神屏气的日子，思考着，谋划着，行动着……

二

制作麦秆剪贴精品的第一个问题是制作材料。要把麦秆剪贴制作成传世精品，蒋云花最先想到的是底板。麦秆剪贴工艺品，需要把麦秆粘贴在底板上，过去用纸板、三合板等作为底板材料，时间久了，就会出现还潮、发霉、变形等情况，造成作品损坏。《清明上河图》是这样的长卷，在选用底板问题上，蒋云花多方请教，并到金华、东阳等地考察，最后决定选用红木板材，这样可以避免因为潮湿产生的变形损坏情况。

前行路上，困难重重，每克服一次困难，就是一次艺术创作上的提升。经过精心谋划，蒋云花将《清明上河图》原作放大四倍，带着子女和学生开始了麦秆剪贴画《清明上河图》的创作之旅。张择端的《清明上河图》气势恢宏，既有闹市的繁华盛景，车来人往；也有小桥流水的清波荡漾，鸟语花香；还有亭台楼阁的明月清风，诗意盎然。其中人物就有八百多个，神态各异，栩栩如生。撑船的、划桨的、做生意吆喝的、挑担子的、闲聊的等，蒋云花不断揣摩画中人物的神情，逐个突破；在麦秆剪贴表现的基础上，再用电烙铁烫出人物的明暗色调，让人物更加鲜活。《清明上河图》中的建筑美轮美奂，怎么让那些建筑鲜活地展现在观众面前？蒋云花注重每一个细节。建筑物上面的瓦片数以万计，假如简单处理，可以采用长条的麦秆片，再配上适当的麦秆丝，拼贴出屋顶的效果。但是，这样的作品缺乏立体感。怎么办？蒋云花看到建筑工匠在翻盖瓦片的场景后，大胆提出采用建筑工匠的手法，用麦秆片剪出一片片的瓦，然后用镊子一片一片地粘贴在屋顶上。"成了，成了——"蒋云花像小孩子似的跳起来，为自己找到新的创作方法而欢欣鼓舞。那一片片指甲大小的瓦片，就那么一片一片地剪起来，然后一片一片地盖到屋顶上，这多么费时费力啊。这个小小的细节，让人无比震撼，也让人感受到蒋云花对工艺美术事业一丝不苟的卓越追求。

《清明上河图》长卷中的作品名称比较单一，放大以后的几个大字，用麦秆剪贴如何来处理是个难题。蒋云花和学生们想了很多方法，都觉得不满意。有一次，一位学生带来一块十字绣，细细密密的小方形给了蒋云花启迪。说干就干，她裁出了麦秆丝，慢慢拼贴着，正方形、长方形、三角形、六边形……在不断的比较中，她选择了六边形。蒋云花的一名学生，整整花了六个月时间，用麦秆丝编织的六边形，完美地拼贴出"清明上河图"五个大字。

有梦不觉天涯远，难，怕什么呢？办法总比困难多。蒋云花带着子女和学生们在麦秆剪贴艺术之路上不断求索，实现了梦想。2010年4月，耗时五千多个工作日的麦秆剪贴画《清明上河图》终于完成。站在这幅梦寐以求的作品面前，蒋云花感慨万千。她已经记不清度过多少个不眠之夜、流过多少汗水，更记不清付出了多少艰辛，现在，她终于可以安心睡上一觉了。

三

麦秆剪贴画《清明上河图》的横空出世，在浙江文化界引起了轰动，小小的浦江麦秆剪贴就以这样的方式被越来越多的人所知晓。

"这是麦秆剪贴技法的集大成，是对浦江麦秆剪贴工艺的一个总结，更是对麦秆剪贴工艺的一种突破，在麦秆剪贴工艺史上起到了里程碑的作用。"浙江省文化厅非遗处原处长王淼观看《清明上河图》后，发出了由衷的赞叹。

"精美绝伦的《清明上河图》，不仅是蒋云花用四十年匠心坚守演绎出的浦江麦秆剪贴传奇，也让更多的观众通过作品感受到了艺术家孜孜以求的拼搏精神。"教育部统编版中小学语文教材主题阅读首选读本——《伴悦读·语文素养核心读本》选用了描写浦江麦秆剪贴《清明上河图》的文学作品，对蒋云花坚持不懈追求艺术的精神给予了高度评价。（夏斌婷《浦江麦秆剪贴：点"麦"成金　闻香识画》）

《清明上河图》惊艳亮相，在第十届中国工艺美术大师作品暨国际艺术精品博览会上，赢得了评委一致好评，获得金奖。2010 年 5 月，《清明上河图》在中国 2010 年上海世界博览会上展出，博得了中外观众的喝彩。

"美的东西，都是有手的温度的。"是啊，水滴石穿，百炼成钢，蒋云花和她的子女、学生们用巧手剪贴编结着美丽的浦江麦秆剪贴画，她们朴实无华的行动，体现了"匠心就是化普通为神奇"这一哲理。

麦秆很小，《清明上河图》很大。当你站在浦江麦秆剪贴画《清明上河图》前时，也许你也会明白这样一个道理：小到极致，也是一种大美。滴水成海，从小到大，也展现出蒋云花在麦秆剪贴艺术之路上深耕数十年的工匠精神。

"华夏一绝"寿溪人会

王　磊

浦江县前吴乡干部。

浦江迎会（人会）是一种融戏剧、杂技、音乐、雕刻等元素于一体的传统民俗文化活动，凝聚了浦江人民的智慧，深受群众喜爱，于2008年被列入第二批国家级非物质文化遗产名录。其以中国民间传说人物造型为主体，进行精心的艺术设计，具有惊、险、奇、怪、妙等特征，堪称民间艺术的一朵奇葩，代表性人物张根志被评为国家级非遗传承人。寿溪是浦江迎会的重要传承和发展地之一。

《光绪浦江县志稿》中有记载："寿溪，县西二十里，南流与深袅溪并注吴溪。"寿溪发源于前吴乡寿溪村上范西北深袅山南麓，流经上范、寿溪，至马桥村东向东南注入通济桥水库，全长5.75千米，流域面积7.65平方千米。寿溪村以寿溪流经得名，聚落寿溪东岸河谷间，沿着这条蜿蜒流淌的门前溪，呈长块状分布。寿溪滋养着一代又一代张氏、盛氏子孙（张景瑶于明洪武末于水埕巷迁寿溪。《浦阳盛氏宗谱》载，盛复义于元至正初自三都深塘角下迁寿溪前庄坞，其孙盛仕承于明洪武末自前庄坞迁居上范）。吴溪一带，宗族意识强烈，民俗活动丰富多彩。在寿溪村，每年正月十三会举办迎会活动，接太公、祭祖先、迎新春，形成了民俗活动惯例，至今已连续举办二十七年（2022 年停办）。如今，走进寿溪村，村口"非遗古村"几个大字赫然映入眼帘，除了人会，板凳龙、叠罗汉、剪纸也都列入非物质文化遗产。寿溪村因独特的非遗文化，成为浦江首个被评为省级"民俗文化村"的村庄。

如今，一提到寿溪，大家就会想到寿溪人会。其实，寿溪人会是浦江迎会的一种代表性迎会活动。浦江迎会又称"抬阁"，始创于南宋，鼎盛于明清，20 世纪 80 年代后得到弘扬传承。浦江迎会有人会、纸会、人纸合会之分，人会和人纸合会在前吴寿溪、马桥一带得到传承和保护。

南宋末年，黄氏后裔为纪念祖先"九龙门第"荣耀，创制会桌。会桌制作因注重巧妙，得名"迎巧"，是浦江迎会的最初形态，迎巧也仅限于黄宅一带黄姓的村庄。到明代洪武年间，官岩山下以"迎巧"形式接胡公大帝，过渡到迎会，迎会举办范围由黄姓一门演化至黄宅一带，内容也从单一的纪念祖先扩大到迎接胡公大帝。至清朝，浦江迎会广泛流传到全县各乡村，包括吴溪一带，甚至邻县诸暨、兰溪、义乌等地。《民国浦江县志稿》录有清代宋琦《青山岩迎会赋》一文，内称"一十二姓之中，锣声远镇，二十二村之内，旗影高扬"。浦江迎会在清代达到鼎盛期，一直兴盛到新中国成立初期。到 20 世纪 90 年代初，寿溪村以国家级非遗传承人张根志和他的儿子张劲松（省级非遗传承人）为代表，组建了寿溪迎会表演团，并在原先的表演形式上进行大胆创新，一改传统会桌每桌只有两三人的模式，大胆地设计了由十八名小演员组成的大型会桌"蟠桃盛会"，其独特造型，在国内属首创，被《中国文化报》誉为"中国第一会桌"、《人民日报·海外版》称为"华夏一绝"。中央电视台专题采访"蟠桃盛会"表演团，

浦江"蟠桃盛会"表演　浦江县非遗中心供图

并誉称此会为"天下第一会桌"。同时，寿溪人会表演团因其精湛的演绎技巧受到广泛关注，曾多次应邀到北京、上海、广东、杭州、金华等地献演。在浦江书画节开幕式、乡村旅游节开幕式、乡贤大会上也能看到寿溪人会表演团的身影。

　　人会的主要道具由会桌、抬扛、会栅、抬会人、站会的小演员5部分组成。一般的会桌方形，边长1.2米，桌板厚20—100厘米不等，虎头脚，四脚高1米，桌面四周设2—4米高栏栅，用于安装会栅，结实耐用，做工精细。人会以我国传统戏剧人物造型为主体，加以艺术设计。

　　一张会桌，就是一台戏。每台戏的选择又以"利市、吉祥、威武、俏丽"为本，以示政通人和、国泰民安、风调雨顺，并满足观众的审美趣味。寿溪人会根据会桌上不同的故事情节取会名，如"孙悟空借扇""三请梨花""蟠桃盛会""廉吏于成龙"等。每桌挑选数名3—5岁活泼秀丽的童男童女，扮演角色，营造传统戏剧中某一场面，或悬空而立，或凌空飞舞，由 4—16 名青壮年抬着行走。在行走中扮演者变换造型，千姿百态，神采各异，尽显奇、巧、险之特色。人会表演保留了戏剧、杂技等民间艺术的原生形态，具有不可替代的民俗研究价值和民间艺术传承功能。

人会除了主要道具和故事情节以外，还有诸多辅助的元素，包括队伍、表演阵式等。人会队伍除了抬会人外，走在队伍最前头的往往是火铳队（现因危险系数大而不再使用），然后是堂名灯、高灯、铜锣、龙虎旗、执事，一整支仪仗队。再是主角抬会人，由四个或八个甚至十六个身穿民族服装的大汉抬着会桌行走。会桌上或站或坐的小演员，展现某一戏剧的片段，有凌空摇曳之感，扣人心弦。走在队伍最后面的是什锦班，吹打着这一戏剧的乐曲。表演阵式除行路（踩街）外，还有特定的表演阵式，如双开门、剪刀箍、打圆盘等。

多年来，寿溪村国家级非遗传承人张根志致力于人会的传承和发扬，在道具、故事情节和表演形式上下功夫，不断创新，与时俱进。光在会桌制作上就有十余桌，一会多桌（一桌大会可分为七桌小会）、一桌多变（五桌小会能变换十二种造型），构思巧妙，风格独特；同时制作了一批表演的服装道具，进一步增强了表演时观众视觉上的惊险感、技巧感和艺术美感。如今，在几番创新改进后，演出最大的会桌《蟠桃盛会》由十六人抬扛，会桌上由十八名童男童女装扮组成"皇母寿诞、八仙祝寿、福禄寿喜同庆太平盛世、五岳升平、吉祥如意"的精彩画面，将传统戏剧《踏八仙》中人们祈盼国泰民安、五谷丰登和万民同乐的壮观场面，以人会的形式展示给观众。

杭坪摆祭：一场独树一帜的民间庆典

江益清

浦江县杭坪镇文联常
务副主席、秘书长，
副研究馆员。

许多古老的民间习俗，经历无数岁月的淘洗，一代一代传承延续下来，其根本原因就在于它们是构成某一地域最富有认同感的文化要素，也是不同的文化群体区别于他者的基本标识。在一定的时间和空间下形成的具有地域特质的文化类型，是某一群体世世代代享用的精神文化资源。浦江县杭坪镇杭坪村自清朝康熙年间代代相传沿袭下来的正月十九摆祭习俗，即是一种深深扎根在民间的具有强大生命力的传统民俗。这一盛大传统习俗已经热热闹闹地进行了三百多年，让人们领略到它的无穷魅力，并感受到传统文化的强大震撼力。

据记载，894年前，于姓和竹姓就在浦江县杭坪镇杭坪村创基立业。此后，吴、蒋、张、赵、陈、薛、蔡等姓氏先后迁入杭坪定居创业，和睦共处。村里各姓氏族群先后建起了祠堂和厅堂，至今还保存十二座。清康熙年间，当地大旱，水源枯竭，粮食绝收，村民因为干旱抢水的纷争也多了起来。眼看春耕在即，村民在

接关公进厅堂　戴瑞阳摄

正月十九这天自发组织到关公庙，接关公到厅堂祭拜求雨。祭拜完毕，天上当即降下甘霖，解除旱情，村民间的关系也变得融洽了。此后，每年正月十九以迎关公为主要内容的祭祀仪式，一直延续下来。随着时代的发展变迁，演戏、拜斗、民间艺术表演等项目不断丰富了杭坪摆祭内涵。村里也按地域和各姓氏族群分为吴宅、下蒋、张宅、花厅、中明堂、石上头六个社，以六年为一轮，六个社轮流主持杭坪摆祭活动。该活动曾一度中断，到1979年全面恢复，一直延续至今。

摆祭是浦江民间祭神拜祖的一种最高规格礼仪。杭坪村的摆祭习俗始于清朝康熙年间。狭义的摆祭是把各家各户姑娘、媳妇用米粉捏制的米塑（各种花鸟虫鱼、飞禽走兽、瓜果蔬菜等）同其他祭祖用品在正月十九摆放到厅堂一长排供桌上祭祀祖先和关公，供人观赏品评。而杭坪村摆祭仪式十分隆重，成为一个综合性的大型民间习俗活动。

每年正月十九摆祭仪式由杭坪村的六个社轮流主持（六年轮流一遍，周而复始），这六个社是吴宅的存心堂、中明堂的荣寿堂、花厅的饴谷堂、下蒋的仁义堂、张宅的孝友堂和石上头的光裕堂（石上头的光裕堂和上薛宅的高二堂内部轮流）。每次摆祭仪式由当年轮到的社牵头组织，负责经费筹集、日程及仪式安排和人员组织等一系列工作，其余五个社按传统习俗配合主持社做好迎送关公等仪式。每年一次（正月十九至二十一日）的整个摆祭仪式通过迎送关公、摆祭、演戏、迎灯、拜斗、什锦班表演和接香炉等隆重热闹的综合性传统民间习俗活动，来祈佑新的一年五谷丰登、六畜兴旺、风调雨顺、百姓平安，这充分反映出杭坪村六个社齐心协力、团结一致追求美好生活的愿望和行动，充满了团结自强、祥和快乐的喜庆气氛。

　　迎送关公是杭坪摆祭中最隆重热闹的仪式。每年正月十九上午8时，由当年轮到的主持社召集六个社的人在广场集中，然后去村外的关公庙迎接关公。迎接队伍的顺序依次为六个社的马牌高灯、锣队、铳队、旗伞队、香桌（上面摆放装饰着花瓶、财神像、菩萨像等）、什锦班、签筒笔架和香炉，最后是关公大轿和众多手持燃香的村民。在这支队伍中，每个社都有各自一整套的仪仗。整个队伍中，单单铳队就有一百多支大小铜铳，每个社的旗伞队都由龙虎大旗、十二生肖旗以及众多彩旗等组成，整个队伍有大小旗帜数百幅。

　　队伍一上路，就大旗猎猎、铜铳齐鸣、锣鼓阵阵、丝竹声声。参加者每次都达到上千人，绵延近千米，十分隆重壮观。队伍到达关公庙后把关公像请到轿子上，再吹吹打打迎到当年主持社的厅堂里，供人拜祭。抬关公轿的人为主持社挑选的青壮年。轿上的关公一手拿着青龙偃月刀，一手撩着胡须，红脸绿袍，端坐在轿子上，显得特别威武。关公像被迎到厅堂上同祖先一起供人祭拜后，在正月二十一日上午又由六个社送回关公庙，而送关公时持香讨吉祥的村民和外来人更多，仅这些人往往就达千人以上。在关公庙，关公上轿和关公进厅堂时都要举行隆重紧凑的仪式。迎接关公时，队伍中各社人员的顺序为：当年轮到的主持社最前面，明年轮到的为第二，依次类推。送关公时，明年轮到的社最前面，今年主持社最后面，队伍经过六个社的厅堂绕村一周把关公送到关公庙，然后举行香炉交接仪式。当年主持社社长把香炉郑重交接给明年主持社社长，明年轮到的社把香炉接到自己的厅堂，以示香火的年年延续。两社交接，万人见证，成为民俗传承的长效机制，信义精神传递的特殊方式。送关公返回时，每人都能分到一对预示吉祥的大馒头。

用米塑摆祭是杭坪摆祭仪式中最吸引人的，来来往往的人都要赶去一睹为快。正月十九日上午把关公接到厅堂后，主持社在关公像前放好一长排供桌，本社内各家各户把准备好的祭品按属类顺序一排排整齐地摆放到供桌上（每排4—5件祭品），其中花鸟虫鱼、飞禽走兽、瓜果蔬菜和点心等米塑让人驻足观赏品评。此外，正厅两边摆放着打扮漂亮的架猪、架羊。正月十九至二十日，摆祭厅堂里人头攒动，万人观赏。这些祭品到正月二十日晚上演戏结束后由各家各户收回，架猪、架羊在正月二十日早上下架分售给农户，据说吃架猪、架羊的肉有吉祥的寓意。摆祭仪式主要有二重意义：一是通过品评，比一比谁家的媳妇、姑娘心灵手巧，制作的祭品做工精细，形态逼真优美；二是通过祭祀关公和祖先，祈求新年风调雨顺、国泰民安，从中也反映出民众的美好愿望和追求。摆祭前还要在厅堂关公前的正厅由戏班子踏八仙，以表吉利。

杭坪摆祭仪式还有迎灯、演戏、拜斗和什锦班表演等多种传统文化活动。杭坪村每年正月二十日晚上要全村迎"长灯"：由轮到的主持社出灯头，其余各社的子灯按顺序连成一支长灯队，先到关公庙前集中串灯，然后到太平殿胡公庙及村内主要道路、广场等地迎灯，最后到关公庙前散灯。每年正月十九节日期间，杭坪村都会由轮到的主持社出资请本地或周边市、县较有名气的戏班来演古装戏，一般演三

杭坪摆祭活动现场　江益清摄

天三夜，每场戏开演前都要踏八仙，以求吉利。以前演戏地点都在各个社的厅堂上，现在因厅堂地方较小，又摆放着祭品，很拥挤，就把演戏地点统一改到村中的文化广场上。以前，正月十九日晚上戏台演戏结束后（戏台搭在厅堂内），主持社在厅堂里集合全村各社什锦班敲什锦。1949年正月十九，轮到下蒋仁义堂时，全村十三个什锦班进行什锦班大汇演，名震远近。参加表演的什锦班有乱弹、昆腔、时调、徽班等剧种，十分热闹壮观，至今仍为村民津津乐道，引以为荣。一个村能有十三个本村什锦班同场演出，这在浦江历史上也是绝无仅有的。1979年恢复正月十九摆祭后，这种壮观的场景已成历史，每年只有一两个什锦班表演热闹一番。在每年的正月十九，拜斗仪式也是必不可少的。这种"斗"是用锡箔纸折成元宝状——叠放而成的，形似纸塔，高两米多，一般每次两三组（每组"斗"由三座纸塔组成），

多彩非遗

"斗"上贴有"五谷丰登""国泰民安"等剪纸。"斗"摆放到厅堂后，一批又一批善男信女在"斗"前念经，合唱"风调雨顺"歌，祈求一年太平吉祥。"斗"到正月二十日晚上演戏结束后烧祭给关公及祖先。

杭坪摆祭的参与面和影响面很广，多年来各家各户老老少少大多回到村中参加活动，比过春节还要热闹。杭坪村村庄大、交通便捷，每年摆祭全村人共同参与，外来观赏者达数万人次，还有众多来自全国各地的摄影家和新闻媒体记者采风采访，这使杭坪摆祭更加声名远播。2019 年正月十九，正逢"多彩非遗新浦江"2019 全国摄影大展采风活动启动仪式在此举行，县内的十多项特色非遗项目前来集中展示和踩街表演，吸引了来自各地的民众六万余人次。

杭坪摆祭由迎送关公、摆祭、演戏、踏八仙、拜斗、民间艺术表演、接香炉等一系列活动内容组成，其中最隆重热闹的是接送关公，最吸引人的是厅堂摆祭，最有意义的是接香炉。每个活动环节都能让人现场感受到传统民俗文化的强大魅力和震撼力。

杭坪摆祭具有仪式感强、综合性高、时间跨度长、线路场点多、参与人群广、影响范围大等诸多特征，成为浦江县非物质文化遗产重要实践基地的典范，对当地及本县民众的民俗观念、乡土情感产生了较大影响；在民族认同、教化风尚方面发挥了较大作用。

杭坪摆祭习俗特色鲜明，具有重大的历史价值和现实意义，参与人数多、规模巨大，活动内容丰富多彩，具有传统性、综合性和娱乐性，并能产生良好的教化作用。村民在每年正月十九前的几个月就要为摆祭活动做准备，诸如制订活动计划、筹集活动资金、饲养架猪架羊、挑选确定戏班、制作灯彩纸斗、进行什锦班演练等，一种节日的喜庆气氛随之产生，并在正月十九达到高潮。一年一度的杭坪摆祭习俗，先后被列入金华市十大民间传统节日和浙江省非物质文化遗产代表作名录，成为全县规模最大、最有特色的民俗文化活动。在浦江县，民间素有过了正月十九杭坪摆祭活动才算过完春节的说法。这项综合性的大型民间习俗文化活动的开展，极大地丰富了村民的精神文化生活，更有效地促进了非遗文化的传承，推动了传统民间艺术的创造性转化和创新性发展。

一年一度摆祭习俗的延续，使该村和杭坪镇的什锦班、灯队、米塑、剪纸、叠斗等非遗项目有了展示的平台和生存发展的土壤，并使其得到了更好的传承。杭坪摆祭活动的开展表达了广大民众的美好愿望，让民众树立了传承非遗的思想观念，促进了非遗的保护传承，彰显了全村人的团结协作精神，丰富了民众的精神文化生活，推动了文旅融合和乡村旅游业更好发展，为提升乡风文明、促进乡村振兴起到了良好作用，同时，还助推杭坪村成为中国传统村落、浙江省历史文化村和金华市民俗文化村。

浦江黄帝文化：从仙华山走向全国

洪国荣

浦江县文化研究院
院长。

黄帝作为中华人文始祖，是源远流长、博大精深的中华文明的开创者。在浦江，以仙华山为代表，黄帝文化影响至今，非常突出。

根据文史资料和民间传说，黄帝在江南多地播下了文明的种子。就古籍所载的传说而论，他在浙江的故迹至少有三处。一是缙云的仙都，相传是黄帝"铸鼎升天"的地方。二是绍兴的镜湖，相传是黄帝"铸大镜"的地方。三是浦江的仙华山，相传是黄帝之女元修修炼升天之地。

千百年来，浦江人在敬祖追远中汲取了黄帝的创业、创造精神。自仙华山旅游景区开发至今，浦江黄帝文化历经三十余年的发展，终于在 2023 年实现了鱼龙变化，随着黄帝文化联盟的成立，迎来了新的历史机遇。

20 世纪 90 年代初，随着仙华山旅游景区的开发，要求挖掘整理仙华山旅游文化资源的呼声一直未断。1993 年，浦江县委宣传部根据浦江县政协提案要求，责成浦江县文化馆组织采风搜集仙华山传说，自此拉开了挖掘仙华山故事传说的序幕。

在仙华山采风中，我与仙华村时年九十四岁的老农方贤盛闲谈时，听他讲述了天子洞的传说。该传说得到同村七十五岁的老农方小苟的证实，由此引出了一系列有关轩辕黄帝一家二代四人的传说。该系列传说经整理后在《浦江报》《婺星》等地方报刊上发表，引起浦江县内外各界人士的高度重视与浓厚兴趣。浦江籍著名作家洪汛涛在报上撰文说："在浦江的传说中，黄帝一家二代四人到过仙华山，这是一个新发现。"在此之前，浦江从未有人搜集整理并公开发表过轩辕黄帝一家二代四人的民间传说。浦江黄帝文化在浦江民间的传说与浦江历代志书上的记载，第一次得到印证。

1994年2月25日，是仙华山的好日子，这一天仙华山新昭灵宫主殿落成开宫典礼如期举行。昭灵宫主殿总投资240万元，主体长31.5米、宽21.9米、高19.5米，建筑总面积690平方米。主殿采用钢筋混凝土作仿木结构，屋面覆盖青筒瓦。殿内斗拱并木结构，柱红袍色，天花采用典雅古朴、色调明快的图案。殿中有当代著名画家程十发、胡文遂、姜东舒等的题联。昭灵宫又称"仙姑庙"，原建于仙华山之巅，后在昭灵岩山麓平坦处重建。宋嘉泰三年（1203）正月，宋宁宗敕封仙华山庙额曰"昭灵"，这是浦江历史上第一次帝王题赐。昭灵宫、昭灵仙姑就此得名，"昭灵仙迹"也成为浦阳十景之一。

1992年，因旅游景区开发，原有清末民初三进昭灵宫建筑被拆。昭灵宫中工艺精湛的仙华行神轿被方宅村民抬下山，后落入谁手遂成谜题。所幸传说宋宁宗御笔题赐的昭灵宫匾额得到"妥善安置"，至今悬挂于方宅村"仙华庙"，总算"物归原主"了。

鉴于仙华山轩辕黄帝一家二代四人的民间传说影响力和知名度在浦江县内外的不断提高，浦江县文化馆于1994年8月发起组织召开浦江仙华山黄帝文化学术研讨会活动，并得到中国民间文艺家协会和中华炎黄文化研究会的支持。浦江黄帝文化概念由此产生，成为浦江

多彩非遗

仙华山昭灵宫　魏礼鸿摄

黄帝文化研究工作的开端。

　　凡事有因必有果。1998 年 10 月中旬，金华市委、市政府主办金华金秋旅游周，其中有全省旅游工作会议、金华山黄帝文化学术研讨会等活动。此次金华山黄帝文化学术研讨会策划者浙江师范大学洪波教授，是 20 世纪 80 年代我在金华地区群众艺术馆工作时的同事。在他的推荐下，我束之高阁的论文《浦江仙华山轩辕氏传说考》被选入研讨会，我也应邀在会上交流发言，所讲内容引起专家与新闻媒体的关注。浦江仙华山黄帝传说、浦江黄帝文化第一次在浙江省级专业学术研讨会上公开面世。

　　进入 21 世纪，中国非物质文化遗产保护工作全面展开。2005 年，我利用浦江县非物质文化遗产普查工作机会，系统搜集整理有关浦江仙华山黄帝的传说、故事、史料、史迹等。2008 年 6 月，仙华山传说同时被列入第二批浦江县、金华市非物质文化遗产代表作名录。

　　物有偶然，事有凑巧。2010 年，道光村潘怀有、黄良伟、潘东平、潘怀福、方自宝、方能样等村民发起在道观殿旧址上重建"道观殿"的倡议。经我考证后，潘怀有等人采纳恢复初始名称"轩辕殿"的意见，刻我特撰的《鼎湖碑记》于殿侧以记之，这对浦江黄帝文化建设来说，具有非常重要的意义。

浦江黄帝文化历史悠久，内涵丰富。仙华山不仅有仙华庙会等黄帝文化的传承载体，更有轩辕宫、昭灵宫等众多敬仰之所。通过不断的宣传，"黄帝文化是中华民族文化的瑰宝，是仙华山重要的旅游文化资源"终于成为许多人的共识。2011 年 7 月，浦江县政协文史委组织部分政协委员及文史爱好者，在浦江县政协相关领导的带领下，先后就黄帝文化专题赴缙云鼎湖山轩辕祠、浦江仙华山进行考察，并组织召开了参观考察缙云黄帝史迹展览馆和听取浦江黄帝文化专题报告座谈会的活动。

2011 年 11 月 23 日，为深入挖掘与研究黄帝文化内涵，浦江县旅游局、仙华街道、县非物质文化遗产保护中心联合在仙华街道道光村轩辕殿举行黄帝文化报告会。笔者作《浦江黄帝文化的来龙去脉》主题报告，全面介绍了浦江仙华山轩辕黄帝一家二代四人的史料记载、故事传说、流风遗俗，以及历史意义和时代价值。通过本次会议，建立一支浦江黄帝文化理论研究队伍水到渠成，浦江县非物质文化遗产保护中心顺势而为，为之精心策划。2011 年 12 月 7 日，浦江县文化广电新闻出版局同意筹建"浦江黄帝文化研究会"，提名张伯承为会长，洪国荣为副会长兼秘书长，江东放为副会长，潘怀有、黄良伟、张世杰、魏开垒、吴灵刚、陈晓兰等为理事。浦江黄帝文化研究会筹委会的建立，为浦江黄帝文化建设工作搭建了重要平台和载体。

浦江黄帝文化研究会筹委会的建立，离不开张伯承、江东放、张世杰的贡献。张伯承是企业家，曾为浙江省人大代表、浦江县政协常委，只要事关黄帝文化，他即使再忙也身先士卒。江东放也对黄帝文化情有独钟，始终如一，不离不弃。张世杰更是热衷仙华山旅游开发事业。他是石宕村村民，文化虽然不高，却极有文化情怀，一生与仙华山结下不解之缘，写下不少感人的仙华山黄帝文化诗。其中作于2011年的一首《怀念鼎湖》颇有深意，被轩辕殿勒石刻碑。诗曰："黄帝昔年炼仙丹，特造鼎湖制药丸。俗民不解圣人意，错将鼎湖作藕塘。轩辕离世几千年，塘唯蓄水灌良田。今幸伯乐真谛识，鼎湖依旧供轩辕。"

历代以来，浦江仙华山山下一带，有四季祭祀轩辕黄帝、嫘祖、轩辕帝子、轩辕少女的传统。2012年4月4日上午，浦江黄帝文化研究会筹委会根据社情民意分别在浦江仙华山轩辕殿和昭灵宫隆重举行浦江首届轩辕黄帝民祭大典。大典礼仪分击鼓号令、奏乐恭迎、敬献花篮、恭读祭文等内容。来自全国各地的各界代表和当地群众，共同祭拜轩辕黄帝、嫘祖，以及轩辕黄帝的女儿元修和轩辕帝子渊龙。当天下午，由浦江县政协文史委、县文化广电新闻出版局、县旅游管理局联合举办首届浦江仙华山黄帝文化理论研讨会。浦江县内外六十

2012年浦江首届轩辕黄帝民祭大典　甘谷摄

余名专家和本地文史爱好者参加会议进行交流。浙江省民间文艺家协会副主席兼秘书长蒋水荣，浙江科技学院文化科技研究所所长、教授洪波，浙江师范大学文化创意与传播学院执行院长陈华文教授，浙江省文化馆赵征研究员，浙江省社会科学院徐儒宗研究员在研讨会上阐述黄帝文化的历史意义和时代价值。新华社浙江分社、《钱江晚报》等新闻媒体参与报道，在国内产生一定影响。

2014 年 9 月，首届浦江仙华山黄帝文化理论研讨会的研究成果《浦江黄帝文化论文集》由中国电影出版社出版。该书为浦江黄帝文化建设打下了坚实的理论基础。

为纪念轩辕黄帝、嫘祖、轩辕帝子、轩辕少女一家二代四人的功德，浦江把每年农历十月初一定为仙华庙会日，邻近十七个村轮流抬迎轩辕黄帝、嫘祖、轩辕帝子渊龙、轩辕少女元修、大禹等祖像，演戏迎灯，摆供祭祀，连续五十余天，历时之长、范围之广，世所罕见。2018 年 6 月，仙华庙会被列入第七批浦江县非物质文化遗产代表作名录。

2020 年 9 月，陈红焰继任轩辕殿主持，轩辕殿进入新的发展阶段。陈红焰是大畈乡人，爱好国学，热心黄帝文化建设，对黄帝文化活动不遗余力，为轩辕宫建设创造了良好的文化氛围。

山不在高，有仙则名。2020 年，由洪国荣编著的《仙华山传说》一书由九州出版社出版发行。该书共十余万字，以轩辕黄帝、嫘祖、轩辕少女元修、轩辕帝子渊龙的传说为主体，充分体现了浦江仙华山黄帝文化的深厚内涵。正由于仙华山与轩辕殿的特殊与重要，2021 年 4 月，陈红焰专程赴京，邀请全国政协常委、中国道教协会会长李光富先生为轩辕殿题写了额名，并正其名，改为"轩辕宫"。殷殷希望，尽在笔端。

敬祖、崇祖和祭祖是中华民族的传统美德，也是热爱祖国、热爱家乡的具体表现。2021 年 10 月 31 日，浦江县民间文艺家协会在书

多彩非遗

317

院路12号洺辉青瓷工作室组织召开浦江黄帝文化研究与活动推进工作会议。何金海、洪国荣、江东放、朱杰超、陈红焰、黄良伟、魏开垒、赵东方、鲍黎明、郑新蓝等文史爱好者和社会人士参加会议，就浦江仙华山轩辕黄帝民祭大典进行专题探讨。

2021年11月5日，浦江县民间文艺家协会在轩辕宫举行第二届祭祀轩辕黄帝典礼。受新冠疫情影响，参与祭祀人员及活动内容在控制中有序开展。

2023年6月16日至17日，为积极配合由浙江省文化和旅游厅、金华市政府主办的“溯文明之源·游浙里山水”第十八届浙江山水旅游节，浦江县文化和广电旅游体育局倡议并主导开展了祭祀轩辕黄帝及仙华山道教（黄帝文化）名山建设研讨会等系列活动。第三届祭祀轩辕黄帝典礼活动分别在昭灵宫和轩辕宫举行，全国各地千余人怀着崇敬的心情参加了祭祀活动。为营造典礼文化氛围，昭灵宫、轩辕宫还开展了浦江什锦、浦江香溪蔡家拳、浦江擂马、浦江执事等浦江非遗展演活动。17日下午，浦江县文化和广电旅游体育局、浦江县社发集团在浦江檀宫举办仙华山道教（黄帝文化）名山研讨会，研讨仙华山道教名山建设的战略构想、仙华山黄帝文化的历史地位与现代价值、仙华山黄帝文化对仙华山道教名山建设与旅游开发的价值和作用等。会议邀请北京知名学者赵卫国，全国新兴产业发展工作委员会副主任张勇，中国民族大学教授、博士生导师谢路军，北京师范大学教授、博士生导师游彪，全国政协委员、中国道教协会副会长吴理之，中国道教协会常务副会长、浙江省道教协会会长张高澄，浙江省道教协会秘书长周军，中国道教协会副会长、福建道教协会会长谢荣增，福建省政协委员、中华新世代艺术文化交流协会会长吴清菊和福建师范大学教授杨建伟等国内专家学者交流研讨。

成功没有秘诀，贵在坚持不懈。2023年10月20日，浦江黄帝文化迎来历史性的曙光。应缙云县文化和广电旅游体育局邀请，浦江

2023 年轩辕黄帝民祭大典文艺展演　黄双龙摄

县文化和广电旅游体育局指派我等赴缙云参加中国第六届黄帝文化学术研讨会暨黄帝文化联盟启动仪式。2023 年 10 月 21 日，在中国社会科学院先秦史学会的倡议下，浙江省缙云县、河南省新郑市、河北省涿鹿县、河北省迁安市、河南省西平县、甘肃省清水县、四川省盐亭县、重庆市北碚区、浙江省浦江县、安徽省黄山市等十个县（市、区）和西北大学黄帝文化研究院一致同意成立黄帝文化联盟，构建一个跨地域、跨学科的合作平台，汇集黄帝文化领域的专家学者和联盟县市的力量，更好地挖掘黄帝文化的精神内涵和时代价值，共同延续中华民族的根脉。我代表浦江仙华山在黄帝文化联盟启动仪式上按下加盟手印。至此，浦江黄帝文化进入全国层面。

　　2024 年 1 月 10 日，由浦江县政协、县文化和广电旅游体育局、仙华街道联合主办，县文化馆、县文化研究院等承办的中国黄帝文化联盟浦江仙华山推进会在浦江塔山宾馆召开。同时，浦江黄帝文化

多彩非遗

319

专题剪纸展览在浦江县非遗馆开展，这是中国首次黄帝文化专题剪纸展览。这两场活动工作的开展，标志着浦江黄帝文化建设进入一个新阶段。

路虽远行则将至，事虽难做则必成。在新的时代条件下推动浦江黄帝文化创造性转化、创新性发展，是历史的责任、时代的要求，浦江黄帝文化建设任重而道远。

后　记

浦江，这片坐落于江南腹地的美丽山川，以其独有的风土人情与悠久的历史文化，吸引着无数探寻的目光。作为编者，我颇感欣慰，探究浦江脉络的《丰安文理》终于成书了，这里既有对过往的深情回溯，亦有对未来的深邃思索。

回望来时路，星霜已多易。2023年1月3日，新年开工的第一天，浦江县委宣传部与浦江县社科联在潮新闻客户端、《今日浦江》种下了《丰安文理》专栏的第一粒种子——上山遗址发现者蒋乐平先生撰写的《回忆与期待：上山随想》破土而出。当日的朋友圈发文："感恩、感谢，这是集体智慧碰撞的成果。困难依然有，想都是问题，做才是答案，不管怎样，我们出发了。"自此每周二（节假日顺延）推出一篇。

本书初稿虽定格于2024年9月9日，根却已深扎在更早的土壤中。从2021年萌发开设专栏的构想到最终落地，将近两年。而从开栏到成书，又是两年多。那些躬身耕耘的日夜仍历历在目：我与蒋梦桦、徐贤飞老师反复斟酌确定栏目名；方渊部长逐字推敲开栏编者按，三百余字，琢磨了整个下午，并亲自润色方勇教授的文章标题《月泉吟社：千年诗声从此传》，让月泉书院的故事平添金石之声。浙报团队的徐贤飞、石磊、叶梦婷、钱关键，浦江县融媒体中心的朱杰超、王丽娟，等等，都付出了辛勤的汗水。2024年2月，县社科联挂职副主席陈畅捷承续薪火，将散落星辰分辑归位，终成"昭昭史迹""历代先贤""百年书画""多彩非遗"四重华章。本书的编撰过程凝聚了多方心血。从专栏资料的搜集整理到实地的考察调研，从初稿的撰写到反复修改完善，每一个环节都倾注了各位作者以及编辑团队的辛勤汗水。我们以脚步丈量万年上山的陶片纹路，在郑义门牌坊下倾听家风回响；从竹叶熏腿的袅袅烟香中感受匠心，于潘周家一根面的绵延里读懂传承。吴莱的剑气、宋濂的文心、倪仁吉的绣针、吴山明的墨韵都在字里行间重新焕发生机。而最动人的，永远是浦江人说起家乡时眼底的星光，那是比任何文字都璀璨的文化基因。

在此，要特别感谢所有参与本书编写的作者，是你们的辛勤付出使本书得以面世；也要感谢省市社科联、有关部门单位以及社会各界人士长期以来对地方文史研究保护传承和社科普及工作的大力支持。最应该感谢的还是广大读者朋友，《丰安文理》专栏共获得阅读量约两百万次，单篇最高阅读量达二十四万两千次。"板凳需坐十年冷，文章不写一句空"，我们与作者力求更好地体现历史的深度、时代的温度、浦江的辨识度，然虽竭尽所能，但恐有疏漏，唯愿读者不吝指正。

此刻执笔，已是2025年1月。此书付梓，历经前后任的圆满交接，吹响了新征程的号角。浦江文脉承千载，丰安新篇耀万年。当这本书穿越时光抵达您手中时，愿它不仅是过往的总结，更是一把开启未来的钥匙。相信在每个晨昏交替里，在每双托举文化薪火的手中，这片土地的故事，永远鲜活着。受托所作，是以为记。

钟旭妙　浦江县委办副主任、县档案局（馆）长，

时任浦江县委宣传部副部长、县社科联主席

2025年1月